21世纪经济管理精品教材·金融学系列

Introduction to Internet Finance

互联网金融概论

唐勇 赵涤非 陈江城 ◎ 编著

清华大学出版社
北京

内容简介

互联网金融是一门新型的实践性很强的金融课程。本书综合了大量国内外的最新资料、理论与实践，系统梳理了互联网金融这一新生金融业态的产生、成长、发展和监管，使得课程体系更加完善。本书应用大量的互联网金融案例进行实证剖析，使读者更加深入理解互联网金融的本质。

本书可作为财经类或综合性院校金融等专业本科生和相关专业的研究生教材，也可作为相关领域研究人员的参考书。

本书封面贴有清华大学出版社防伪标签，无标签者不得销售。
版权所有，侵权必究。举报：010-62782989，beiqinquan@tup.tsinghua.edu.cn。

图书在版编目(CIP)数据

互联网金融概论/唐勇，赵涤非，陈江城编著. —北京：清华大学出版社，2017(2023.8重印)
(21世纪经济管理精品教材.金融学系列)
ISBN 978-7-302-45640-7

Ⅰ.①互… Ⅱ.①唐… ②赵… ③陈… Ⅲ.①互联网络－应用－金融－高等学校－教材 Ⅳ.①F830.49

中国版本图书馆CIP数据核字(2016)第283856号

责任编辑：张　伟
封面设计：李召霞
责任校对：宋玉莲
责任印制：杨　艳

出版发行：清华大学出版社
网　　址：http：//www.tup.com.cn，http：//www.wqbook.com
地　　址：北京清华大学学研大厦A座　　　邮　编：100084
社 总 机：010-83470000　　　　　　　　邮　购：010-62786544
投稿与读者服务：010-62776969，c-service@tup.tsinghua.edu.cn
质量反馈：010-62772015，zhiliang@tup.tsinghua.edu.cn
课件下载：http：//www.tup.com.cn，010-83470332

印 刷 者：大厂回族自治县彩虹印刷有限公司
装 订 者：北京市密云县京文制本装订厂
经　　销：全国新华书店
开　　本：185mm×260mm　　印　张：15.25　　字　数：349千字
版　　次：2017年1月第1版　　　　　　　印　次：2023年8月第9次印刷
定　　价：39.00元

产品编号：071227-02

前言

互联网金融的起源最早可以追溯至1998年12月PayPal公司在美国成立,这代表着第三方支付的出现。之后,随着互联网技术的不断发展以及电子商务的普及,P2P网络贷款、众筹融资等创新模式不断涌现,逐步完善了互联网金融谱系。我国互联网金融的起步稍晚于国外。1999年12月,首信易支付在北京成立,标志着互联网金融在我国的第一次出现,2012年谢平首次提出"互联网金融模式"的概念,2013年更是被称为我国的互联网金融元年。互联网金融经过几年"野蛮生长",也暴露出发展初期存在的问题,但是随着互联网信息技术发展、社会征信体系的健全和大数据的广泛应用,互联网金融必将是金融业态中不可或缺的新生力量。

相比之下,互联网金融理论方面的探索远远落后于实践的发展。迄今为止,还鲜有全面介绍互联网金融的教材。希望本书能为我国互联网金融人才的培养贡献一份微薄之力。

本书的特点是:综合了大量国内外的最新资料、理论与实践,系统梳理了互联网金融这一新生金融业态的产生、成长、发展和监管,体系更加完善。同时本书应用大量的互联网金融案例进行实证剖析,使读者更加深入地理解互联网金融的本质。

本书共10章,从内容上可以划分为三个部分。

第一部分包括第1章和第2章,这是互联网金融的基础知识。第1章主要对互联网金融的概况进行了介绍,第2章介绍和分析了互联网金融的理论基础。

第二部分包括第3章到第9章,这是互联网金融的核心内容。第3章到第8章分别介绍了互联网金融的几种常见模式:移动支付(第3章)、金融互联网(第4章)、P2P网络借贷(第5章)、众筹融资(第6章)、供应链金融(第7章)、虚拟货币(第8章)。这些章节从原理、运营过程与盈利模式、风险和案例分析等方面介绍互联网金融,是理论和实践的有机结合。第9章着重介绍了大数据在征信系统与网络贷款中的运用,并介绍了芝麻信用评估体系。

第三部分为第10章,按时间顺序探讨互联网金融的监管历程以及相应的政策与法规。

在我国，互联网金融发展迅速，新的监管法规和条例不断更新与完善，在本书编写时还有些新的法规意见稿在征求意见中，没有编入本书。

另外，为了方便学生学习与使用，本书还提供了免费的课件。

李妍参与了部分章节的编写和校对工作，在此表示感谢！

由于编者水平有限，不当之处在所难免，恳请同行专家和读者批评指正，并提出宝贵意见和建议，在此一并表示感谢！

唐 勇

2016年8月22日于福州大学怡山

E-mail：tangyong2018@126.com

第1章 导论 ... 1

1.1 互联网金融概述 ... 1
1.1.1 互联网金融的定义 ... 1
1.1.2 互联网金融构成主体 ... 2
1.1.3 互联网金融兴起原因 ... 2
1.1.4 互联网金融的特征 ... 3
1.1.5 互联网金融与传统金融的区别 ... 5
1.1.6 互联网金融功能 ... 6

1.2 互联网金融发展概况 ... 7
1.2.1 我国互联网金融发展历程 ... 7
1.2.2 互联网金融的发展趋势 ... 8

1.3 互联网金融的模式 ... 10
1.3.1 按主体不同划分 ... 10
1.3.2 按信息生产的方式分类 ... 11
1.3.3 按功能划分 ... 12

1.4 互联网金融带来的影响 ... 13
参考文献 ... 16

第2章 互联网金融理论 ... 17

2.1 金融功能理论 ... 17
2.1.1 金融功能理论概述 ... 17
2.1.2 金融功能观视角下的互联网金融 ... 18

2.2 金融中介理论 ... 20
2.2.1 金融中介理论概述 ... 20
2.2.2 互联网金融对金融中介机构的影响 ... 20

2.3 产业融合理论 ... 21
2.3.1 产业融合理论概述 ... 21
2.3.2 产业融合下的互联网金融发展 ... 23

2.4 普惠金融理论 ··· 23
2.4.1 普惠金融理论概述 ··· 23
2.4.2 普惠金融视角下的互联网金融 ·· 24
参考文献 ··· 26

第3章 移动支付 ··· 27

3.1 移动支付概况 ··· 27
3.1.1 移动支付的定义 ··· 27
3.1.2 移动支付参与主体 ··· 27
3.1.3 移动支付业务流程 ··· 30
3.1.4 移动支付分类 ··· 31
3.1.5 移动支付特点 ··· 31
3.2 移动支付发展概况 ··· 32
3.2.1 移动支付发展历程 ··· 32
3.2.2 移动支付发展存在的问题 ·· 34
3.3 移动支付运营模式 ··· 35
3.3.1 以移动运营商为主导的运营模式 ································ 35
3.3.2 以金融机构为主导的运营模式 ································ 37
3.3.3 以银联为主的运营模式 ·· 39
3.3.4 以第三方支付机构为主导的运营模式 ···························· 42
3.3.5 移动运营商和银行合作的模式 ································ 44
3.4 "余额宝"案例介绍 ··· 46
3.4.1 余额宝简介 ··· 46
3.4.2 余额宝业务流程 ··· 46
3.4.3 余额宝盈利模式 ··· 47
3.4.4 余额宝特点 ··· 47
3.4.5 余额宝发展困境 ··· 48
3.5 "微信支付"案例介绍 ··· 50
3.5.1 微信支付简介 ··· 50
3.5.2 支付方式介绍 ··· 51
3.5.3 微信支付特点 ··· 52
3.5.4 微信支付发展问题 ··· 52
参考文献 ··· 53

第4章 金融互联网 ··· 55

4.1 金融互联网概况 ··· 55
4.1.1 金融互联网的定义 ··· 55
4.1.2 金融互联网与互联网金融 ·· 55

4.2	银行业的金融互联网化	58
	4.2.1 商业银行的互联网化发展进程	58
	4.2.2 互联网金融对商业银行的冲击与机遇	59
	4.2.3 商业银行的竞争优劣势分析	63
	4.2.4 商业银行的金融互联网策略	64
4.3	证券业的金融互联网化	76
	4.3.1 证券业的金融互联网化发展进程	76
	4.3.2 互联网金融对证券业的影响	77
	4.3.3 证券业金融互联网化策略	79
4.4	保险业互联网化进程	81
	4.4.1 保险业的互联网化发展进程	81
	4.4.2 传统保险业发展存在的问题	83
	4.4.3 互联网金融对保险业的挑战	84
	4.4.4 保险业金融互联网化策略	86
4.5	金融互联网的风险	88
	4.5.1 技术风险	88
	4.5.2 业务风险	89
4.6	金融互联网的监管	90
	4.6.1 监管现状	90
	4.6.2 监管措施	90

参考文献 ·· 92

第5章 P2P网络借贷 ··· 93

5.1	P2P网络借贷概况	93
	5.1.1 P2P网络借贷的起源与定义	93
	5.1.2 P2P网络借贷的基本原理和业务流程	94
	5.1.3 P2P网络借贷的发展历程	96
	5.1.4 P2P网络借贷兴起的原因	98
	5.1.5 P2P网络借贷的特点	100
5.2	P2P网络借贷的模式	102
	5.2.1 国外的P2P网贷模式	102
	5.2.2 国内的P2P网贷模式	108
5.3	P2P网贷发展带来的影响	112
	5.3.1 推动利率市场化,合理引导民间投融资	113
	5.3.2 弥补金融市场空白,吸引潜在客户	113
	5.3.3 加速"金融脱媒"的发展	113
	5.3.4 树立全社会诚信风气	113
5.4	P2P网络借贷的风险分析	114

5.4.1 P2P 平台常见的风险种类 ………………………………………… 114
5.4.2 P2P 平台在国内发展的问题 ………………………………………… 116
5.5 发展趋势 …………………………………………………………………………… 120
参考文献 ………………………………………………………………………………… 122

第 6 章 众筹融资 ………………………………………………………………………… 124

6.1 众筹的概念与发展历程 …………………………………………………………… 124
    6.1.1 众筹融资的概念 ………………………………………………… 124
    6.1.2 众筹的发展历程 ………………………………………………… 124
6.2 众筹模式分类 ……………………………………………………………………… 125
    6.2.1 捐赠型众筹 ……………………………………………………… 125
    6.2.2 奖励型众筹 ……………………………………………………… 125
    6.2.3 借贷型众筹 ……………………………………………………… 129
    6.2.4 股权型众筹 ……………………………………………………… 129
6.3 "大家投"网众筹案例介绍 ……………………………………………………… 131
6.4 众筹融资模式的发展意义 ………………………………………………………… 134
    6.4.1 众筹融资模式优势 ……………………………………………… 134
    6.4.2 民间资本与小微企业融资需求 ………………………………… 135
    6.4.3 项目使用有限合伙制度 ………………………………………… 136
    6.4.4 众筹融资的技术基础 …………………………………………… 138
6.5 众筹模式的风险与防范 …………………………………………………………… 138
    6.5.1 法律风险 ………………………………………………………… 138
    6.5.2 道德风险 ………………………………………………………… 139
6.6 众筹的发展建议 …………………………………………………………………… 140
    6.6.1 建立健全相关立法 ……………………………………………… 140
    6.6.2 完善众筹融资方式 ……………………………………………… 140
参考文献 ………………………………………………………………………………… 142

第 7 章 供应链金融概述 ………………………………………………………………… 144

7.1 供应链管理与供应链金融的含义 ………………………………………………… 144
7.2 供应链金融的界定与特征 ………………………………………………………… 144
7.3 供应链金融主要模式 ……………………………………………………………… 145
    7.3.1 应收账款融资 …………………………………………………… 145
    7.3.2 存货融资 ………………………………………………………… 145
    7.3.3 预付款融资 ……………………………………………………… 145
7.4 供应链融资主要风险 ……………………………………………………………… 145
    7.4.1 信用风险 ………………………………………………………… 146
    7.4.2 操作风险 ………………………………………………………… 146

　　　　7.4.3　系统性风险 …………………………………………………… 146
　7.5　传统供应链金融及互联网背景下的新趋势 …………………………… 147
　　　　7.5.1　传统供应链金融 ……………………………………………… 147
　　　　7.5.2　互联网背景下供应链金融新趋势 …………………………… 148
　7.6　平安银行案例分析 ……………………………………………………… 151
　　　　7.6.1　平安银行现状分析 …………………………………………… 151
　　　　7.6.2　供应链金融现有主要营销策略 ……………………………… 153
　　　　7.6.3　营销效果评析 ………………………………………………… 155
　7.7　传统银行供应链金融营销策略优化建议 ……………………………… 157
　　　　7.7.1　商业银行供应链金融营销策略优化目标 …………………… 157
　　　　7.7.2　商业银行供应链金融营销策略优化建议 …………………… 157
　　　　7.7.3　商业银行供应链金融营销策略优化效果预评估 …………… 161
　参考文献 ………………………………………………………………………… 161

第8章　虚拟货币 …………………………………………………………… 163

　8.1　虚拟货币的内涵 ………………………………………………………… 163
　　　　8.1.1　虚拟货币的产生 ……………………………………………… 163
　　　　8.1.2　虚拟货币的界定 ……………………………………………… 164
　8.2　虚拟货币的分类 ………………………………………………………… 164
　8.3　国内外典型虚拟货币系统 ……………………………………………… 165
　　　　8.3.1　国外典型的虚拟货币系统 …………………………………… 165
　　　　8.3.2　国内典型的虚拟货币系统 …………………………………… 167
　8.4　虚拟货币的发展意义 …………………………………………………… 168
　8.5　虚拟货币面临的风险与防范 …………………………………………… 170
　　　　8.5.1　虚拟货币面临的风险类型 …………………………………… 170
　　　　8.5.2　虚拟货币与洗钱行为 ………………………………………… 171
　　　　8.5.3　网络游戏"外挂"与"私服" ……………………………… 171
　　　　8.5.4　虚拟货币的风险防范 ………………………………………… 172
　8.6　虚拟货币的发展趋势及未来展望 ……………………………………… 174
　　　　8.6.1　虚拟货币的发展趋势 ………………………………………… 174
　　　　8.6.2　虚拟货币的未来展望 ………………………………………… 177
　参考文献 ………………………………………………………………………… 178

第9章　互联网征信 ………………………………………………………… 179

　9.1　互联网征信的概念 ……………………………………………………… 179
　9.2　互联网征信现状分析 …………………………………………………… 179
　　　　9.2.1　我国征信业的发展现状 ……………………………………… 180
　　　　9.2.2　我国互联网金融征信体系的建设现状 ……………………… 180

  9.2.3 我国互联网金融征信体系面临的挑战 ·················· 181
  9.2.4 国外征信体系建设模式 ····································· 182
  9.2.5 国外互联网金融征信体系建设经验启示 ··············· 183
 9.3 网络行为数据与个人信用的关系 ·································· 185
  9.3.1 互联网用户行为及其特征 ································· 185
  9.3.2 互联网用户行为的分类 ···································· 186
  9.3.3 互联网用户行为数据的知识发现 ······················· 187
  9.3.4 网络行为对个人信用的反映 ····························· 188
 9.4 芝麻信用评估体系案例介绍 ··· 191
  9.4.1 芝麻信用的用户行为数据分析 ························· 192
  9.4.2 芝麻信用的征信评估体系建立 ························· 195
  9.4.3 芝麻信用征信评估体系的评价 ························· 198
 9.5 互联网金融征信体系建设对策建议 ······························ 200
 参考文献 ··· 201

第 10 章 互联网金融监管 ·· 203

 10.1 我国互联网金融监管现状 ··· 203
  10.1.1 互联网金融监管现状概述 ······························· 203
  10.1.2 我国第三方支付的监管现状 ··························· 206
  10.1.3 我国 P2P 网络借贷监管现状 ·························· 214
  10.1.4 我国众筹融资监管现状 ································· 217
 10.2 国外监管经验及启示 ·· 220
  10.2.1 第三方支付的国际监管经验及启示 ················· 220
  10.2.2 P2P 网络借贷的国际监管经验及启示 ·············· 223
  10.2.3 众筹的国际监管经验及启示 ··························· 226
 10.3 互联网金融其他相关法律法规介绍 ···························· 229
  10.3.1 虚拟货币监管法律法规 ································· 229
  10.3.2 银行互联网业务监管法律法规 ······················· 230
  10.3.3 保险互联网业务监管法律法规 ······················· 230
 参考文献 ··· 230

第1章 导 论

1.1 互联网金融概述

互联网金融的起源最早可以追溯至1998年12月PayPal公司在美国成立,这代表着第三方支付的出现,之后,随着互联网技术的不断发展以及电子商务的普及,P2P网络贷款、众筹融资等创新模式不断涌现,逐步完善了互联网金融谱系。我国互联网金融的起步稍晚于国外,1999年12月,首信易支付在北京成立标志着互联网金融在我国的第一次出现;2012年,谢平首次提出"互联网金融模式"的概念;2013年可称为是我国的互联网金融元年。

1.1.1 互联网金融的定义

虽然早在2013年,中国人民银行在第二季度的中国货币政策执行报告中就已经使用了"互联网金融"一词,2014年李克强总理所做的政府工作报告中也首次明确提出"要促进互联网金融的健康发展",但学界至今并未对互联网金融形成普遍认可的严谨定义。

有些学者认为互联网金融强调的是互联网信息技术进步给金融行业带来的改变。他们认为,从广义上讲,通过或依托互联网进行的金融活动和交易均可划归互联网金融,既包括通过互联网进行的传统金融业务,也包括依托互联网创新而产生的新兴金融业务。

然而,还有许多学者并不赞同这种强调技术的观点。他们认为对于传统金融机构来说,包括互联网技术在内的现代信息技术,只是传统金融机构用于创新金融工具、构建新的网络系统的一个新的工具,与此同时,原有的运行结构和商业模式并没有相应地发生变化,这被称为"金融互联网"。而互联网金融则是指以互联网为平台构建的具有金融功能链且具有独立生存空间的投融资运行结构,这将会对现存金融体系的理念、标准、商业模式、运行结构、风险定义和风险管控等诸多方面提出挑战。简而言之,金融互联网是以互联网技术为工具对传统金融业务进行创新,并由传统金融机构主导;而互联网金融则运用互联网思想进行创新,并由非传统金融机构(外行)主导。有些学者对互联网思想进行了归纳:互联网思想是高效共享、平等自由、信任尊重,是点对点、网格化的共享互联,从而形成信息交互、资源共享、优劣互补,并从这些数据信息中挖掘出价值。

对互联网金融的概念进行界定,一方面需要对现实中的业态进行高度概括;另一方面则是要回归金融的本质。结合中国货币政策执行报告中的相关表述,本书在此给出一个广义的互联网金融的定义:

互联网金融(Internet finance)是指依托于支付、云计算、搜索引擎等互联网工具,实现资金融通、支付和信息中介等业务的一种新兴金融业态。它是依靠大量数据的积累以及强大的数据处理能力,通过互联网平台提供的一系列创新型金融服务。

1.1.2　互联网金融构成主体

互联网金融实质上包括了"互联网"与"金融"的双重特性，就目前互联网金融市场而言，其参与主体大致可以分为以下几种。

1. 资金供给者

传统金融机构的资金供给者主要包括了商业银行、证券、保险、基金和小额贷款公司，然而，与传统金融不同的是，互联网金融的资金供给者不仅包括传统的金融机构，也包括了涉足金融领域的互联网企业；不仅包括了以互联网为渠道的综合型公司，如苏宁、国美、海尔等，这些企业通过互联网渠道将业务进行渗透，还包括部分新兴互联网企业，如阿里巴巴、腾讯、京东、亚马逊等，这些企业借助互联网将传统业务进行外化。由于互联网企业在经营过程中深入运用了互联网思想，因此，它们不仅向市场提供资金，而且还向传统金融忽略的"低净值客户"提供资金。

2. 资金需求者

与传统金融相一致的是，互联网金融模式下的资金需求者包括政府、企业和个体，但同时也惠及被排挤在传统金融机构门槛之外的、相对弱势的组织和个体需求者。

3. 中介机构

互联网金融依靠高效、便捷的信息技术，能够在一定程度上解决金融市场上的信息不对称问题，交易双方通过互联网直接对接，互联网金融主体对于中介机构的依赖性明显减弱，但这并非意味着互联网金融市场就没有中介机构。

就现阶段互联网金融的发展状况而言，移动支付、第三方支付平台等担任了互联网金融模式下中介机构的角色，通过互联网平台进行支付及资金结算，整合资金供需的上下游环节以实现资金配置。

1.1.3　互联网金融兴起原因

任何事物的产生和发展都离不开社会需求与科技进步的推动，互联网金融也不例外，互联网金融的兴起是大势所趋，是社会需求推动下时代发展的必然产物。

1. 信息和网络技术的进步

信息和网络技术的进步，为互联网金融的发展奠定了技术基础，以互联网和信息通信为代表的新一代信息技术（如云计算、搜索引擎、社交网络、大数据、移动支付等）的不断完善促进了互联网金融的兴起。

以大数据和云计算技术为例，大数据包含了互联网、医疗设备、视频监控、移动设备、智能设备、非传统IT设备等渠道产生的海量结构化或非结构化数据，大量的交易数据中囊括了有关消费者、供应商和运营管理方面的信息，运用云计算技术对获取的大数据进行系统的筛选、提炼、统计和分析，不仅能够获取最有效的信息，还能够获取潜在的商业价值。大数据和云计算技术的运用，提高了信息的处理效率，降低了信息处理的成本，增加信息的利用率。

2. 居民生活方式与交易习惯的变化

伴随着互联网技术和移动互联技术的高速发展，以及互联网普及率的不断提高，越来越多用户的生活、工作平台均大规模向互联网转移,互联网金融也因而有了广泛的目标客户群体。

传统金融行业时常面临的排队等效率低下的问题,造成了资源的浪费,不能为客户带来满意的服务,这使得自助化的理财方式应运而生,互联网作为连接金融机构与客户最强大的纽带和平台,使得客户足不出户就能够办理各种业务。方便、快捷、高效的互联网金融模式迎合了客户的需要,因此逐步兴起并快速普及开来。

3. 多样化的理财需求

居民收入、生活水平的提高,催生了个性化、多样化的理财需求。传统金融提供的同质化的金融产品已经不能充分满足客户的需求,客户希望能够有更多的投资理财组合,使其可以根据自身实际财务状况进行选择,以平衡收益与风险。

另外,传统金融业更多关注高净值客户群、机构客户或者VIP客户,这就导致相当一部分小额投资者的资产难以实现有效的保值增值,而互联网金融能够很好地通过碎片化理财的方式解决这一问题。利用了互联网行业的"长尾理论",互联网平台可以将无数的闲散资金汇集起来,进行投资理财。由于互联网平台没有地域限制,加上支付便利,成本较低,可以实现客户闲散资金的"碎片化理财"的期望。

4. 电子商务的快速发展

近年来,我国电子商务市场规模持续高速增长,网络购物逐渐成为消费的潮流。随着电子商务的发展,其对我国工农业生产、商贸流通和社区服务等的渗透不断加深,实现了实体经济与网络经济、网上与网下的不断融合,且跨境合作与全球扩张的趋势明显。电子商务的快速发展导致对便捷网上支付方式的迫切需求,成为互联网金融发展的契机。

1.1.4 互联网金融的特征

互联网金融的出现,对传统金融业特别是银行传统业务构成了一定的冲击,很大程度上归因于互联网金融具有如下特点。

1. 交易成本低

(1) 互联网金融是基于互联网虚拟空间开展的金融业务,各类电子终端替代了传统金融中介和市场中的物理网点与人工服务,省去了传统的庞大实体营业网点费用和雇用众多员工的人力资源费用,降低了交易成本。

(2) 互联网金融利用互联网技术优化了传统金融的运营模式,从而降低交易成本。比如,在传统支付模式下,客户必须分别与每一家商业银行建立联系,然而,在第三方支付模式下,客户只需要与第三方支付公司建立联系,第三方支付公司可以集成多个银行账户,代替客户与商业银行建立联系,从而提高支付清算效率。第三方支付公司通过采用二次结算的方式实现了大量小额交易在第三方支付公司的轧差后清算,从而能降低交易成本。

(3) 互联网金融模式在一定程度上解决了信息不对称的问题。投资者可在开放的平台上通过搜索引擎找到适合的金融产品,交易双方可通过平台信息对交易对手方的信用情况进行甄别,大大地节省了时间和人力。

(4) 互联网金融的去中介化趋势缩短了资金融通中的链条,减少了中间环节,缩减了不必要的开支,降低了交易成本。

2. 运作效率高

(1) 互联网、移动支付、搜索引擎、大数据、社交网络和云计算等先进技术手段的应用,可以突破时空限制,减少中间环节,没有复杂的机构设置,使得决策更加灵活有效,能够快速发现并响应客户的需求,实现高效运作。

(2) 互联网平台能够积累用户的信用数据,参与者通过互联网有了更直接、更有效的接触,透明度更高,能缓解甚至完全消除交易双方的信息不对称,有效提高资金融通效率。

3. 技术依赖性强

互联网金融正是由于应用了互联网技术和互联网思想,才得以在短时间内迅速普及。例如,数据挖掘技术数据挖掘技术作为一项重要的技术工具,可以为互联网金融的市场营销、信用风险管理和个性化金融服务等方面提供有力的支持。例如,近年来获得广泛关注的阿里金融认为:数据库是其最核心的价值,阿里金融中的企业征信系统中仅淘宝就有千万数量级的企业用户,数据库涵盖的内容包括买家基本信息、商品交易量、商店活跃度、用户满意度、库存、现金流,以及支付所有相关的水电运营数据存储等。

4. 创新速度快

创新速度快是互联网产品的一大特色,因此,具有互联网特色的互联网金融产品也在不断地更新换代,如余额宝等投资理财产品、P2P网络借贷、众筹等融资产品都能够在极短时间内快速发展并获取广泛关注。产品的创新速度快,不仅能够满足消费者的猎奇心理,同时还可以根据客户需求提供个性化定制的产品,增强客户对互联网金融产品的依赖性。

5. 交易可能性集合扩展

在互联网金融模式下,客户不再受到时间和地域的限制,可以随时随地在互联网上寻找各类所需的金融服务,同时互联网金融还弥补了传统金融的不足,业务还覆盖了部分传统金融机构的服务盲区,有效扩展了交易的可能性集合。

P2P网络借贷就可以作为最典型的例子,通过P2P网络借贷平台提供的信息,陌生人之间也可以借贷,而线下个人之间的直接借贷,一般只发生在亲友之间。

6. 注重客户体验

(1) 服务更加便捷,借由电脑终端、手机终端,客户能够随时随地随心享受便捷服务、交互服务。

(2) 服务包容性更强,互联网金融模式实质上体现的是"普惠金融"的精神。在互联网平台上,资源开放共享,传统金融无法顾及或难以完全覆盖的小微企业、小商户、农民、学生等草根阶层,也能得到公平对待、享受服务。

(3) 客户体验更好。服务模式由传统的面对面柜台交易向互动式沟通与群体参与转变,并且通过数据挖掘和分析,提前发现潜在客户和潜在需求,为客户提供优质高效的产品和服务体验。

7. 风险特殊性

(1) 互联网金融具有传统金融的风险特点,如流动性风险、市场风险、利率风险和信用风险等。然而在我国,互联网金融尚处于起步阶段,目前我国互联网金融的相关法律并不健全，行业的准入门槛和业务规范也比较模糊，整个行业面临许多风险。此外，作为非金融机构，互联网金融并未接入中国人民银行的征信系统，也不具备类似商业银行的风控、合规等相关机制，因而很容易触发各种风险问题。

（2）互联网金融的互联网特性决定了它的风险因素更加复杂、多变，风险传导速度更快，诱导因素更敏感复杂。由于互联网金融技术依赖性强，存在技术风险问题，一旦遭受黑客恶意攻击，互联网金融的正常运行将受到巨大影响，造成客户的个人信息外露，威胁客户的资金安全。同时，网络虚拟性降低了犯罪成本，加大了监管难度。

1.1.5 互联网金融与传统金融的区别

互联网金融与传统金融的区别主要表现在以下几个方面。

1. 参与者方面

传统金融模式中，除了股票等直接投资方式以外的所有投融资活动都以商业银行为中心展开，商业银行作为金融中介，在间接融资过程中发挥重要作用。因此，传统金融模式的参与者可分为：投资者、银行、融资者。

互联网金融的发展加速了"金融脱媒"的进程，以银行为主导的经济格局受到了挑战。资本市场上，直接融资取代了间接融资，通过互联网金融平台，参与者（投融资方）直接实现了资金对接，参与者可以只包括投资者和融资者。

2. 服务对象与理念方面

传统金融服务的对象以大中型企业和高收入群体为主，对不同类型的客户提供"差异化"的服务。

互联网金融在服务的过程中，秉承着"开放、自有、平等和分享"的互联网精神，服务的对象包括小微企业和普通大众群体，为所有客户提供需要的服务。

3. 渠道和平台方面

传统金融模式提供的渠道和平台以线下网点为主，辅以网络金融的服务渠道，大部分的业务要求消费者到金融机构网点进行实体操作。

互联网金融为每一位用户提供包括电子商务平台、移动互联网平台在内的自助化财富管理渠道，跨越了时间和空间的限制，实现了足不出户的财富管理目标，大大降低了理财成本，方便了群众的投资理财。

4. 支付和结算方面

传统金融机构利用现金、票据和信用卡等传统的支付工具进行支付，依靠银联及相关的金融系统完成支付和结算的整个流程。

互联网金融模式的支付方式以第三方支付和移动支付为主。互联网金融模式下的支付方式具有方便快捷、费用低廉、可移动性等优势。一方面解决了小额支付下产生的货款转账不便的问题；另一方面也大大降低了由于信息不对称所导致的互联网交易的欺诈风险，充分保障了消费者的合法权益，促进了支付行业的健康发展。

5. 信用风险和征信体系方面

在征信方面，传统金融主要依靠人民银行的征信系统，由于人民银行的征信系统统计的指标均是商业银行信贷业务审核的重要信息，所以商业银行信贷业务的开展对人民银行的征信体系有着较强的依赖性。但是,传统金融模式的信贷信息的收集与审核易受到人为的影响和控制,而且在实际生活中能获取的数据信息有限,所以传统金融在信贷风险的评估方面受到较大的限制。

由于互联网金融发展时间较短,尚未形成完整的征信体系,作为非金融机构又无法加入人民银行的征信体系,不能使用征信系统的信息,其征信信息主要建立在客户的网络社交、交易记录的基础上。一方面,大数据和云计算的应用很大程度上解决了信息不对称的问题;另一方面,这种模式无法实现线上、线下信用信息的交换与更新,整个互联网金融行业缺乏一个覆盖面广泛、受众更宽的征信系统以解决整个行业的信用信息缺失问题。

6. 信息处理和运行成本方面

传统金融模式下,开展金融业务时,往往需要通过大量的人力、物力以及营业网点进行支撑,在设置网点、维护设备、职工薪资等方面都需要大量的费用。例如,在开展信贷业务时,传统金融机构获取投资企业的信息成本较高,通常需要花费较高的人力、物力以及时间成本进行考察和审核,由于缺乏有效的信息处理工具,在获得信息后,处理信用信息也需要花费较多的时间和精力,同时还无法避免受到人为主观因素的影响,增加信贷风险。

与传统金融相比,互联网金融企业的成本主要集中在大数据的开发与维护,平台的研发与创新;产品创新上,节省了大量的不必要的开支,节约了人力以及时间成本,提高了企业的竞争力。例如,在开展信贷业务时,互联网企业利用搜索引擎进行信贷审查,通过搜索引擎对数据进行有效筛选和组织,迅速找到目标信息,节省决策时间。

1.1.6 互联网金融功能

作为互联网信息技术与现代金融相结合的产物,互联网金融的功能主要体现在以下几个方面。

1. 平台功能

互联网金融借由互联网技术,为客户提供便捷的交易平台,客户只需要通过互联网平台即可开展支付结算、转账、购买理财产品等金融活动。互联网金融的平台功能,降低了营业网点在金融活动中的作用,一方面提高了客户的理财效率;另一方面降低了金融机构的运营成本。

2. 支付结算功能

商业银行以其强大的资本实力和丰富的运营经验成为了传统支付体系的主体,然而互联网技术的应用使得支付活动得以突破时空限制,加快了资金周转速度,提高了清算交收的效率,在一定程度上对传统金融机构的支付结算业务的垄断地位形成了有力冲击。第三方支付机构虽然在资本实力和客户资源等方面处于弱势地位,但以其先进的技术体系和不断创新的支付产品迎合了时代发展趋势,吸引了越来越多的客户,这也推动着传统金融机构在金融互联网领域的不断探索。

3. 信息收集和处理功能

我国实行"分业经营,分业监管"的金融体制,导致传统金融机构之间的业务相互独立,不同金融机构掌握的信息资源各不相同,各类信息资源无法得到有效地整合,导致了资源浪费的现象。在互联网金融模式下,互联网平台不仅可以作为信息资源的入口,收集不同的信息,还可以通过互联网技术实现信息的有效整合,得到标准化、结构化的信息,并且作为信息资源的出口向互联网用户输出,提高信息的使用价值。

4. 资源配置功能

资金供求双方借由互联网金融平台发布借贷信息,通过平台的自动匹配功能,实现资源配置的去中介化,所以说,互联网金融本质上是一种直接融资方式。由于供求双方发布信息是透明公开的,交易双方可以全面、深入分析对方的信息,快速完成交易,提高资源配置的效率。

5. 价格发现功能

由于互联网金融提高了资金的使用效率,加快资金周转率,促进金融体系内的竞争,因此,资金的价格更加及时、准确地反映资金的供需情况,进而引导资金的合理流动。

6. 风险分散功能

互联网金融提供的开放平台能够收集并分析用户的日常交易行为,通过数据处理手段对用户的交易情况、历史信用、资金运转情况以及行业发展导向进行分析,并通过平台实现资源共享,很大程度上解决了市场信息不对称的问题,从而降低了交易成本,分散了操作风险、信用风险等市场风险。

1.2 互联网金融发展概况

1.2.1 我国互联网金融发展历程

尽管相较于欧美国家,我国互联网金融起步较晚,但近年来发展迅速,尤其是2013年,我国互联网金融呈现爆发式增长。

在我国,归纳起来互联网金融发展有四个阶段。

1. 金融互联网化阶段:2005年以前

2005年以前,互联网金融的发展主要体现在互联网对金融机构提供技术支持方面,借由互联网技术,银行把业务搬到网络上,这时还没有出现真正的互联网金融业态,这个阶段实际上称为"金融互联网化阶段"。

以网上银行为例,1997年,中国银行率先建立了我国首例"网上银行服务系统";1998年4月,招商银行先后在经济发达的北京和深圳推出网上银行服务;1999年8月,建设银行紧随其后,在部分大型城市建立了网上银行服务系统;2000年,工商银行正式推出网上银行;2002年4月,农业银行也推出了网上银行服务。截至2002年年底,我国的国有商业银行和股份制商业银行先后搭建了各具特色的网上银行服务系统,其中共有21家银行开展了交易性网上银行业务。借由互联网技术,客户可以通过网上银行,享受包括账户管理、转账汇款、自助缴费、投资管理业务在内的丰富的服务。

2. 第三方支付发展阶段:2005—2012年

2005—2012年,互联网在金融领域的应用不仅仅局限于技术领域的创新,还深入到金融业务领域。2011年人民银行开始发放第三方支付牌照,这一标志事件说明第三方支付正式进入了发展轨道。

第三方支付的兴起正式开启了互联网化的金融服务,第三方支付平台是买卖双方在缺乏信用保障或法律支持的情况下独立于交易双方的资金支付"中间平台",满足了市场合同同步交换的需求。第三方支付的运作原理即买方将货款付给第三方平台,第三方平台作为资金中转站,为资金提供安全停留服务,买卖双方的交易结果决定了资金的最终去向。实质上,第三方支付作为中间过渡账户,担任了中介保管及监督的职能,通过支付托管实现了支付保证。

3. 爆发式阶段:2012—2013 年

2012—2013 年,互联网金融在我国迅速发展,2013 年更是被称作中国互联网金融元年。从这一年开始,包括拍拍贷、人人贷在内的 P2P 网络借贷平台快速发展,以天使汇等为代表的众筹融资平台开始起步,第一家专业的网络保险公司获批,传统金融机构以互联网为依托对业务模式进行重新改造,电商也加速建设线上的创新平台。

网络借贷平台的出现意味着互联网金融的更深层次的推进,在第三方支付平台的技术基础上,网络借贷平台实现借款人和贷款人之间的直接融资。网络借贷突出了互联网金融虚拟化的特点,从资金募集到分配的过程中,双方基本信息、借贷合同、借贷资金等手续全部通过互联网实现。在我国,电商借贷平台的发展更加迅速,依靠其自身的交易信息和交易数量的优势,为平台上的小微企业提供信贷服务。

这一阶段还有一个标志性事件,即 2013 年 6 月,阿里巴巴推出了"余额宝"投资理财账户产品,仅上市十多天便吸收资金约 60 亿元。短短几个月,余额宝的用户超过 8 000 万,集资金额超过 540 亿元,仅 2014 年一季度就为客户创造了 75 亿元的收益。伴随着余额宝的快速发展,与阿里和余额宝合作的天弘基金一跃成为规模最大的基金公司之一。余额宝的创新性在于账户内的资金可以做到灵活提取,随时用于网上购物、转账、提现等支付活动,具有较好的流动性,并且其利息高于同期银行活期存款,因此受到了广大中小投资者的拥护。

4. 现阶段:2013 年以后

目前我国的互联网金融体系已经发展得较为全面,形成了多种运营模式,包括第三方支付平台模式、P2P 网络信贷模式、众筹筹资模式、虚拟电子货币模式等。这几种模式的不断发展,吸引越来越多企业涉足互联网金融,互联网金融热度不断上升,又加速了互联网金融的创新历程。

1.2.2　互联网金融的发展趋势

1. 技术基础方面

现代互联网技术已经具备了高速、智能、快捷、虚拟等特点,能够融入日常生活中。它提供开放、实时、交互、无中介、成本低廉的信息交流方式,极大地满足了使用者的需要。基于现有的互联网基础,新一代互联网的架构与技术正在不断的探索、演进和革新中,新一代互联网将具有更高的承载量、提供更加高速的响应、更加智能的管控,并保证信息传输的安全性和可靠性。未来是信息化的时代,金融业的发展也不例外,新一代互联网技术能够提高金融交易的便利性、安全性和工作效率,带动新一代互联网金融的发展。

2. 市场参与者方面

我国金融行业的发展一直处于相对垄断的情况，垄断环境带来的低效率导致金融服务需求者的需求无法得到有效满足，未来金融业的发展需要加入更多的竞争者打破垄断，以推动金融改革的进程。

一是互联网企业将利用技术优势及发展电子商务带来的客户优势，积极参与互联网金融业务领域，互联网金融企业进军金融领域，可以通过申请金融牌照或收购中小金融机构的方式实现。互联网企业能够为互联网金融的发展带来创新型发展理念和先进的技术。阿里巴巴、京东、苏宁等互联网企业，在推动互联网金融发展的过程中，发挥了重要的作用。

二是传统金融机构将加速金融互联网化的进程。传统金融机构利用互联网思想和技术对自身的业务进行完善与优化以突破其局限性，金融与互联网的结合能够加速金融改革的进程。

（1）互联网技术的运用能够提供新的服务渠道，减少物理网点，从而降低传统金融机构的运营和维护成本，提高服务效率，提升客户的满意度。例如，通过搭建互联网金融服务平台，银行可以向社区化、轻型化、智能化发展，更加贴近客户需求，满足客户的需要。

（2）互联网技术的运用能够为客户提供定制化服务，为高净值客户及大客户提供更加专业化的服务，满足不同类型的客户个性化的需求，更加方便高效地维护客户关系。

（3）互联网技术的运用还能够帮助传统金融机构挖掘客户需求，为产品和服务的设计提供数据支持，以提高传统金融机构的竞争力。

三是产业实体将顺应互联网时代发展，依托互联网金融市场取得进一步发展。互联网金融将促进实现产业资本和金融资本的合理配置与协调发展，产融结合的步伐不断加快，产业实体将更多地参与到互联网金融活动中。

3. 业务方面

一是互联网金融业务将更加丰富。互联网技术的不断发展，金融需求的不断涌现，将促使互联网金融业务不断发展。

二是互联网金融业务将更加规范。互联网金融在迅猛的发展势头下，形成了多种多样的业务模式，随着市场发展的优胜劣汰，以及监管的加强，互联网金融的业务将得以规范。

4. 监管方面

要保持互联网金融快速发展的势头，合理有序的监管是其发展的必要保障，当前互联网金融领域的许多业务仍处于监管的灰色地带，许多企业踩着"监管红线"铤而走险开展互联网金融业务，无法保障消费者的利益，也不利于业务的推广。未来监管力量将更加强大，互联网金融的法律法规将加快完善，相关的部门规章和国家标准将陆续出台以规范互联网金融发展，保障消费者的合法权益。由于互联网金融将促进多方融合，因此，跨行业、跨市场、跨部门的金融协调保护将趋于完善，监管理念将实现由机构监管向功能监管的转变。

1.3 互联网金融的模式

国外的互联网金融起步较早,从1998年开始,经过近20年的迅猛发展,国外互联网金融的发展已经形成了相对成熟的模式,其主要模式及代表型企业主要如表1-1所示。

表1-1 欧美等国互联网金融的主要模式及代表型企业

	主要模式			国际代表性企业
1	第三方支付			Paypal(1998)/Paymate(2001)/MoneyBookers(2001)/Adyen Amazon Payment(2007)/Google Wallet(2011)
2	网络理财	个人理财服务		Bankrate(1996)/Lower My Bills(1999)/MINT(2006)/Fundsdirect(1999)
		理财社区		LearnVest(2009)/DailyWorth(2009)/Mint(2007)
3	网络融资	众筹融资		Indiegogo(2008)/Kickstarte(2009)/Bockethub(2010)/CrowdCube(2011)/Seeders(2012)
		小额借贷		Kabbage(2008)
		P2P	非盈利公益型	Green America(2008)/Aqush(2009)/Funding Cirele(2011)/Assetz Capital(2012)
			单纯中介型	Prosper(2006)
			复合中介型	Zopa(2005)/Lending Club(2006)
4	服务平台			Beat That Quote(2005)/Lendingtree(1998)/Zillow(2005)
5	信用卡服务			Credit.com(2006)/CreditCard.com(2004)
6	互联网券商			Sottrade(1980)/Charles Schwab(1996)/E-Trade(1991)
7	互联网交易所			Socond Market(2004)/Sharos Post(2009)

目前,对于纷繁复杂的互联网金融模式还没有统一的分类标准,下面介绍分类依据及其分类。

1.3.1 按主体不同划分

互联网金融产品,根据服务主体的不同,可以划分为两大类,一类是金融机构所提供的互联网金融服务,另一类是互联网企业提供的互联网金融服务。

1. 金融机构提供的互联网金融服务

金融机构提供的互联网金融服务,又被称为金融互联网。

商业银行通过建立网上银行,为用户提供服务。通过网上银行,不仅能够向客户提供支付、转账汇款、明细查询等基本的金融服务,还能够提供自助投资理财服务:借由互联网平台展示信息,客户可以深入了解金融理财产品,选择最适合自己的金融产品。

证券券商借由互联网提供证券行情分析软件或证券交易系统。证券行情分析软件可以对证券市场行情、资讯和交易信息进行实时反馈。证券行情分析软件可以提供直观的市场信息数据,并进行整理分析,按照一定的计算模型来给出直观图示,投资者可以根据理论知识和主观评价对自己的交易进行判断。借由证券交易系统,投资者可以在计算机、手机终端下达买卖交易指令,只需输入简单的基本信息,就可以由后台系统自动完成交易。

基金、保险公司可以通过互联网进行产品直销。以基金公司业务为例,投资者直接登录基金公司网站进行买卖基金,申购和赎回不通过银行或证券公司的网点,没有代理费,因此费率更为优惠。

2. 互联网企业提供的互联网金融服务

互联网企业提供的互联网金融服务,指的是包括互联网第三方支付平台、P2P网络借贷平台、众筹平台在内的非金融机构提供的金融服务,即本书重点介绍的部分。

1.3.2 按信息生产的方式分类

互联网金融运用大数据和云计算进行信息生产与处理,实现与投资者之间的信息共享,从而取得快速的发展。可以说信息技术的运用,推动了互联网金融的诞生和发展,因此,按照信息生产方式的不同,可以将市场上的互联网金融分为以下几种模式。

1. 互联网渠道金融

互联网渠道金融,指的是利用互联网来实现之前传统金融通过以柜台为代表的渠道来完成的服务。它是传统金融模式在互联网时代的一种延伸,并有逐步取代传统渠道的趋势。这种模式以网上银行、手机银行和理财超市为代表。

自1998年招商银行推出网上银行后近20年来,网上银行已经发展得较为成熟,对传统柜台业务也产生了巨大的冲击和替代。由于商业银行有悠久的发展历史、雄厚的资金实力、成熟的运营模式,因此银行业的互联网业务规模仍远大于新兴的第三方支付机构。随着移动终端的普及,商业银行开始扩展移动端的业务,由于手机银行可以实现随时随地随心进行支付和理财,迎合了年轻一代和商务人士的需要,因此受到越来越多的关注。

在理财超市方面,通过互联网平台,客户不仅可以充分了解理财产品的特性,根据自身需要选择理财产品,还可以享受交互式的服务,足不出户即可实现对财富的管理。银行积极通过互联网营销、网络财富管理与支付、建立金融信息门户网站和电子商务平台来进一步服务用户;证券和基金公司不断探索网上商城、交易和理财通道、网上开户及金融产品网上销售等;保险公司积极构建电子商务平台,尝试通过互联网进行销售和理赔服务;等等。

这些网上平台和渠道对传统的以柜台为主的渠道起到了较为显著的资金分流和服务替代作用。

2. 互联网小微金融

互联网小微金融指的是利用互联网技术,把本来通过线下完成的金融交易与服务通过互联网的方式在线上完成。它不仅替代了传统渠道,而且替代了传统金融服务的全过程。这种模式关注的是传统金融所放弃的需要过高交易成本的业务"盲区",互联网技术的运用,降低了交易与服务的成本。这种模式以P2P网络借贷、众筹融资为代表。

2006年,国内诞生了第一家P2P网络借贷平台;2011年,P2P网络借贷得到快速发展,新设立的P2P网络借贷平台不断涌现,其中较有特色和影响的有人人贷、陆金所、红岭创投、拍拍贷宜信等。P2P网络借贷是能够针对非特定主体实现"多对多"的融资,由于交易具有高效性和灵活性额度特点,因此极大地满足了供求双方多样化的需求。但在

P2P 业务飞速扩张的背后,大量诸如高利贷、非法集资、庞氏骗局、欺诈等突出问题也不容忽视。

众筹平台的出现充分体现了互联网精神,它的特色在于"多数人资助少数人"和社交网络的有机结合。国内较为人所知的众筹平台有:点名时间、3W 咖啡、淘梦网、众筹网、大家投等。由于受法律的限制,这些平台一般只能以实物(或非实物)而非现金和股权等形式对投资者进行回报,致使众筹目前的发展规模还相对较小。该模式吸引的主要是具有这方面爱好的特定投资者,众筹平台要取得进一步的发展,还需解决信誉、知识产权、盈利模式等诸多关键性问题。

3. 纯互联网金融

纯互联网金融模式指的是由于互联网生态的产生和发展,形成的对互联网上经济活动的金融需求模式。这种模式受互联网的影响最大,完全是由于互联网生态的产生而产生的,发展也最为迅猛。由于这种模式对技术要求较高,因此,提供这种金融服务的基本都是互联网企业。这种模式以第三方支付为代表。

第三方支付最早产生于 2003 年,由于其独立于买者与卖者,处于中立地位,可以客观公正地促成双方交易,因此,主要是为了解决网购的信誉问题而产生的。截至 2013 年年底,我国第三方支付市场规模已超过 19 万亿元,预计未来发展的势头将更加迅猛。

1.3.3 按功能划分

根据互联网金融的主要功能,互联网金融大致可以分为以下四种类型。

1. 支付平台型的互联网金融模式

网络支付是指依托公共网络或专用网络在收付款人之间转移货币资金的行为,支持的支付方式包括互联网支付、移动电话支付、固定电话支付、数字电视支付等。在传统金融行业中,由于商业银行具有资金规模及渠道优势,因此,占据了网络支付领域的主体地位。然而,随着互联网金融的发展,第三方支付已经逐步占据了我国小额支付的市场,阿里巴巴旗下的支付宝、腾讯旗下的财付通等,无论是在电脑端还是移动端,都处于绝对的领先地位。

这一类型又分为两小类。一类是依托购物网站发展起来的以生活购物、移动支付为主要功能的支付结算平台,如淘宝网等购物网站的存在直接催生了支付宝、财付通等支付结算平台的出现。另一类是独立的第三方支付结算平台,这类平台一般通过与其他互联网企业合作来实现支付结算功能,如快钱作为目前国内最大的第三方支付平台,已经推出了包括人民币在内的多币种、跨银行、跨地域、跨网络的信息化支付清算业务。

2. 融资平台型的互联网金融模式

融资平台型的互联网金融企业是为了满足中小企业和个人的融资需求而生的,在市场中充当金融中介的角色,国内的发展类型主要有三种:一是以点名时间为代表的众筹融资经营模式;二是以人人贷、宜信等为代表的 P2P 信贷经营模式;三是以阿里小贷等为代表的小额网络贷款模式。

融资平台可分为两类。一类是中介平台,如拍拍贷作为一种无担保线上融资平台,供借贷双方进行资金匹配,借贷利率、借贷金额、借贷期限等由借贷双方协商确定。另一类是电商介入型融资平台,典型的如阿里小贷、京东供应链金融等。电商根据融资方的各项非结构化指标,对融资方的信用进行分析,然后给予信用评级、实施放贷业务。

3. 理财平台型的互联网金融模式

投资者通过互联网平台,购买基金、保险、国债、外汇、期货、贵金属、银行理财产品等,实现资产的保值增值,这种互联网模式称为理财平台型。通过互联网平台,金融或者非金融机构通过互联网向投资者提供金融产品和服务。在我国,传统的基金、保险等理财产品除通过基金公司和保险公司的自有网站以及专业销售人员进行销售外,更多的是通过银行这个平台来完成线下认购目标。

国内发展理财型的互联网金融模式主要借鉴了欧美等国的发展模式,主要分为个人理财服务和理财社区两种模式。个人理财服务模式主要是利用机构的规模效应,帮助客户进行碎片式理财,以支付宝和天弘基金合作推出的"余额宝"为代表。理财社区模式则是各大金融机构结合传统论坛、博客和即时通讯等形式的一些特点,挖掘用户的实际需求,提供定制理财计划,为客户打造专属的网上理财社区平台,以社交网络的方式为客户提供在线交流与互动平台,以农业银行的"互动e站"、招商银行的"i理财"以及理财社区财旺网为代表。

4. 服务平台型的互联网金融模式

服务平台型的互联网金融模式以提供服务为主,包括金融产品的搜索、比价服务,互联网时代是个信息爆炸的时代,服务型平台可以通过信息筛选匹配帮助消费者便捷获取费率更低的贷款、理财、保险等服务。这种模式的互联网金融平台以融360为代表,2011年成立的融360是新型的网络金融服务公司,利用大数据、搜索等技术,让上百家银行的金融产品可以直观地呈现在用户面前,其模式是"搜索+匹配+推荐"。用户输入自己基本的财务状况、贷款用途、金额、期限后,即可以查询到有哪些金融机构提供这种贷款,以及贷款条件。此外,融360提供了货比多家的功能,让整个借贷需求和条件一目了然,用户可以根据自己的偏好,在线选择跟哪家金融机构的借贷经理联系,为用户节约了大量的时间和人力。

1.4 互联网金融带来的影响

虽然相较于传统金融,互联网金融在我国的发展时间较短,发展规模也较小,但是在短时间内仍带来了许多影响。

1. 拓宽投融资渠道

伴随着互联网技术的普及,互联网已经全方位地融入人们的日常生活,使得生活和工作变得更加方便与高效,互联网金融更是改变了传统的生活方式。

(1)对于融资者而言,互联网金融的推出拓宽了融资渠道,能够有效解决个人和中小企业融资困难的问题。我国中小型企业众多,由于中小企业自身的局限性,在发展过程中都会遇到资金不足的难题,继而向金融机构寻求贷款。传统金融机构贷款门槛较高,发放贷款时需要收集该企业的日常经营情况、项目运转情况、资金流向以及信用信息,并由专门的贷款审批人员进行审核。而中小型企业普遍存在的问题是:规模较小、经营制度不够完善、会计报表信息不足、不具备担保条件,这些都增加了金融机构的信贷审批难度,提高了发放贷款的成本,因而金融机构往往选择放弃这块市场,即使中小企业最终获得了金融机构提供的贷款,贷款利率也往往居高不下。互联网金融利用强大的信息处理技术,可以解决以上问题,通过记录客户交易的历史数据,收集相关的中小企业的信用信息,构建多维度数据库,运用数据处理技术对数据进行分析,不仅可以大大降低信贷公司的放贷成本,还能够提高审核的全面性和精准度,让中小企业能够更加快捷并以较低的利率获得贷款,解决制约其发展的资金短缺难题。

互联网金融为急需资金的中小企业提供了更多的融资选择,通过融资平台,输入相关信息,就能自行找到合适的资金供给方,并以双方满意的条件达成协议。国内常见的融资平台包括:P2P网络借贷平台、众筹平台、小额网络贷款平台。P2P网络借贷平台使借款人和贷款人实现直接的沟通,形成"点对点"的借贷关系;众筹平台则可以通过提供创意,集合分散化资金;而小额网络贷款平台则专注于为中小企业提供资金支持。

(2) 对于投资者来说,互联网金融的推出还改变了人们传统的理财方式,广大投资者可以选择投资诸如货币基金、众筹、P2P理财等多种理财产品,投资者的资金不再局限于在银行、证券及保险等传统金融体系中流动,扩展了投资选择,满足了不同投资者的需求。

传统金融机构提供的金融理财产品往往设置了较高的投资门槛,投资过程复杂不易理解,因此将很多有理财需求的顾客拒之门外。然而,互联网充分发挥了互联网精神,提供低门槛、易理解、高回报的理财方式,激发了人们购买理财产品的热情,受到了越来越多人的青睐。以基金理财产品为例,客户只需在网上注册一个账户,通过互联网平台,即可实现基金的申购、赎回全过程,极大简化了业务流程,更加方便快捷,容易操作。

2. 促进金融改革

互联网金融拥有强大的信息处理、传输技术,依靠新一代互联网技术,能够为用户提供方便快捷的个性化服务,影响了传统金融机构的业务发展,促使金融机构改革和转型。

其中,银行业受到互联网金融机构的影响最深,类似阿里小贷、人人贷等互联网金融平台的建立,为小微企业融资提供了高效的资金支持,而这种小贷业务在商业银行以往的金融业务里则被认为是高风险、低回报而不愿涉及的。互联网公司拥有海量的信息,强大的技术以及不断创新的强烈意识,而传统商业银行的优势则在于拥有众多的客户、雄厚的资本以及完善的风险控制系统。目睹了小贷平台的快速发展以及成功运营,很多商业银行也纷纷加大了对小微贷款业务的投入力度。比如,工商银行于2009年成立了第一家网络融资服务机构,招商银行推出了小贷通业务。余额宝类的货币基金产品的快速发展,对商业银行的存款业务造成了较大的影响,大幅缩减了商业银行的负债业务资金来源,这也促使商业银行推出新型货币基金产品。一些商业银行也开始推出类似余额宝的金融产品,如工商银行推出的现金宝、华夏银行的活期通、兴业银行的现金宝1号、浦发银行的天添盈1号等。

互联网金融的成功运营给商业银行带来了挑战,促使商业银行加快改革,不断创新,利用互联网的优势来改进自身的盈利方式以及提升客户的服务体验,有效降低其经营成本,以弥补其信息匮乏的劣势。

另一方面,传统金融市场的弊端逐步显现,金融市场化改革进程已经起步,而互联网金融将进一步推进金融市场化改革的进程。互联网金融对促进传统金融改革影响主要如下。

(1) 互联网金融的发展将促进利率市场化的改革。在利率管制的情况下,商业银行能够以较低的利率吸收存款,再以较高的利率向企业发放贷款,从而赚取存贷利差。但新兴互联网金融业务的推出,必将分流银行的存款。为了避免存款被分流,银行不得不提高利率,这将促使金融监管当局放松对利率的管制。而且在互联网金融模式下,市场供求双方的交易偏好能够被客观反映,商业银行等金融机构通过这种模式,能够有效地应对利率市场化。通过互联网金融的交易平台,资金供求双方能够根据自己的需求和偏好来选择交易对象,并达成一致协议,实现交易的市场化。随着利率市场化进程的推进,央行的基准利率指导已经不能完全适合商业银行等金融机构的要求。金融机构需要在市场上主动寻找利率基准。通过互联网金融市场利率的走势,观察并分析适合的利率水平,从而完善贷款的定价。

(2) 我国现有的金融管理体制是以行政区域划分的,在这种管理体制下,各个地方金融机构的线下业务主要是为本区域的居民以及本地区的经济发展所服务的。而线上业务则淡化了这种地域限制,在互联网这个虚拟世界中,不存在任何空间上的距离及障碍。市场的参与者能够无差别地选择线上金融产品,消除了地域上的限制。因此,线上金融业务的发展将使整个金融市场变得一体化,有利于经济的发展及社会的进步。

(3) 我国金融市场长久以来都是被大型国有银行所控制,互联网金融的发展削弱了大型银行对市场的垄断,促进了市场的公平和自由竞争。银行作为垄断行业,一直牢牢控制着金融市场,民营经济很难参与其中。随着互联网金融的发展,这一局面也将有所改变。互联网企业大多都是民营企业,这些企业一旦参与到金融行业中,势必挑战银行的地位,打破以往金融市场的格局,促进金融业的民营化进程。

(4) 互联网金融的蓬勃发展使得互联网企业也纷纷投入到金融行业中,这是一项金融制度变革。金融业也从分业体制经营转为混业体制发展。互联网企业的参与颠覆了传统的分业管理体制。其所涉及的创新金融业务不但跨行业、跨部门,而且实现了金融和互联网的融合。分业体制经营则很难出现此类创新,混业体制的发展也能促进互联网金融各项平台的建设以及各行业的合作。

3. 加快金融脱媒

新兴的互联网信息技术如云计算、大数据等以及移动通信业务如3G、4G等技术的快速发展,使得金融交易模式的便利性、快捷性和安全性都得到了有效的提高。

互联网信息技术既能够准确迅速捕捉到资金市场的供求变化,优化资源配置,提高资金的效率,还可以缓解信息不对称的问题,最大限度地满足了市场上资金供求双方的需要。运用大数据、云计算以及先进的信息技术能够更加全面清楚地了解中小企业和个人的信用情况与信用等级,再通过建立数据库和信用信息体系,对这些资料加以分析总结,提高了对信息的利用程度,能够最大限度地降低违约率。

另外,互联网金融提供了P2P、众筹、第三方支付等模式,其发展使得投融资活动变得更加简单易行,逐步淡化了金融中介的作用,加快了"金融脱媒"的进程。资金供求双方无须借助传统的金融媒介,通过互联网金融平台就能够寻找交易方,并直接进行交易,自主完成投融资过程。交易完成后,通过第三方支付平台进行转账汇款,跨过了银行在支付结算领域发挥的作用。

随着互联网金融逐步拓宽移动端的业务,以及对用户消费习惯的培养,金融脱媒的进程将持续加速。

参 考 文 献

[1] 王曙光,张春霞.互联网金融发展的中国模式与金融创新[J].长白学刊,2014,1:80-87.
[2] 高汉.互联网金融的发展及其法制监管[J].中州学刊,2014,2:57-61.
[3] 皮天雷,赵铁.互联网金融:范畴、革新与展望[J].财经科学,2014,6:22-30.
[4] 曹凤岐.互联网金融的发展与挑战[J].中国市场,2014,28:10-13.
[5] 李鑫,徐唯燊.对当前我国互联网金融若干问题的辨析[J].财经科学,2014,9:1-9.
[6] 谭天文,陆楠.互联网金融模式与传统金融模式的对比分析[J].中国市场,2013,46:101-103.
[7] 高晶.浅析互联网金融浪潮[J].数码世界,2016,1:46-47.
[8] 徐胜男.互联网金融对传统金融的影响力研究[D].苏州:苏州大学,2014.
[9] 徐姣.中国互联网金融发展研究[D].沈阳:辽宁大学,2014.
[10] 孙国茂.互联网金融:本质、现状与趋势[J].理论学刊,2015,3:44-57.
[11] 谢平,邹传伟,刘海二.互联网金融的基础理论[J].金融研究,2015,8:1-12.
[12] 李丹.浅析互联网金融及其对商业银行的影响[D].苏州:苏州大学,2014.
[13] 章璠.互联网金融发展的研究[D].北京:对外经济贸易大学,2014.
[14] 农银大学武汉培训学院课题组.互联网金融的创新与启示[J].中国农业银行武汉培训学院学报,2015(1):32-35.
[15] 李晓雅.互联网金融的发展[J].商,2015(2):169-169.

第 2 章

互联网金融理论

2.1 金融功能理论

2.1.1 金融功能理论概述

传统理论对金融体系的研究主要围绕金融机构的活动及金融市场上各经济行为主体之间的关系展开。然而进入 20 世纪后半期,金融创新加速发展,新兴金融机构、金融创新工具层出不穷,从金融机构对金融体系进行分析已经不能适应其发展变化。而金融功能比金融机构更稳定,很少受到地域和时间跨度的影响,金融功能观在这样的背景下应运而生。

功能指的是功效、效用、效应或作用,金融功能理论重点研究金融为经济发展提供哪些功能,并运用交易成本理论和信息经济学解释为什么具备这些功能。

Greenwood 和 Jovanovie(1990)指出,金融机构能够发挥聚集资金、获取信息,将资金用于收益率较高投资项目的功能。基于金融功能比金融机构更具稳定性及金融机构的形式随着金融功能的变化而变化的前提,哈佛大学教授兹维·博迪和罗伯特·莫顿(1993)提出了基于金融市场和金融中介的功能观点,这一分析框架的核心是使金融功能取代金融机构成为主线。他们认为,金融体系应该具备以下核心功能:一是结算支付;二是资源配置;三是提供信息、解决激励问题与风险管控。诺贝尔经济学奖获得者 Merton(1995)提出:"现实中的金融机构并不是金融体系的一个重要组成部分,机构的功能才是重要组成部分。同一经济功能在不同的市场中可以由不同的机构或组织来行使。"Merton 认为,金融机构的设置和建立应基于金融功能发挥,金融系统的主要功能如下:一是为货物或服务的交易提供支付功能;二是金融为规模大、技术强的企业提供融资功能;三是为跨时间、跨地域和跨产业的经济资源转移提供途径;四是帮助金融管理不确定性和控制风险的功能;五是提供有助于协调不同经济领域分散决策的价格信息;六是对不对称信息进行处理的功能。金融功能理论的代表人物 Levine(1997)详细总结了金融的功能和影响经济的路径,他认为信息成本和交易成本能够促使金融市场和中介产生与发展,金融体系能够促进经济的增长,主要是通过分散风险、资源配置、促进公司治理、加强储蓄流动性、促进产品和服务交换来实现的。Merton 和 Bodie(2000)则认为,资源配置在金融体系中发挥着最基础的功能。白钦先和谭庆华(2006)认为金融功能在四个具有递进关系的层次(基础功能、核心功能、扩展功能、衍生功能)上,分别发挥着提供支付结算便利、资源配置、经济调节、风险规避、公司治理、风险交易等作用,不同层次之间的功能发挥存在一定的内在逻辑关系。

综合以上研究以及当前金融服务功能的构成结构来看,金融功能主要分为:支付结算功能、资源配置功能、信息传递功能、风险管理功能和经济调节功能。

2.1.2 金融功能观视角下的互联网金融

互联网金融为客户提供了一个低门槛的平台,通过互联网金融平台,客户足不出户就能完成支付结算、转账、理财、贷款申请、理财产品选购等金融服务,也可自行选择适合自己风险偏好的金融产品。互联网金融通过网络为客户提供便捷快速的平台,通过互联网金融平台,客户选择金融产品以及服务的效率将极大提高。作为互联网信息技术与现代金融相结合的产物,互联网金融的功能主要体现在以下几个方面。

1. 支付结算功能

互联网金融模式的出现,改善了传统金融模式中以商业银行为主体的支付体系。互联网金融平台可以克服时间和空间的限制,加快资金周转速度,最大限度地保证双方资金尤其是资金接收方的利益,利用互联网平台,可以提供更加方便、快捷、高效的支付清算服务,大幅提升了金融的支付清算功能效率。

互联网金融能够通过第三方支付组织完成金融的基础清算功能。第三方支付公司利用其互联网技术的优势,不断创新产品,通过灵活多样的方式为社会提供支付服务,帮助客户便捷高效地完成支付结算,满足社会公众的支付需求,逐步成为支付结算的重要媒介,在一定程度上影响了传统支付平台的垄断地位。

过去商业银行提供信用卡、票据或现金的支付方式,受到多方限制,互联网金融的发展也向传统金融机构发起了挑战,随着改革的深入,传统金融机构也通过互联网技术不断升级完善支付和结算金融业务。例如,商业银行利用互联网技术,扩展其支付方式,包括网上银行、手机银行、手机钱包等。

2. 资源配置功能

传统金融主要通过银行、券商等金融机构吸收存款和发放贷款的方式来实现资源配置,提供的是间接融资的方式。而互联网金融则将中介的角色去除,提供直接融资的融资方式,实现资源的合理配置。

互联网金融通过 P2P 网络借贷、大数据金融、众筹平台、金融门户网站都可以实现资源配置功能,资金供求双方借由互联网金融平台发布借贷信息,利用搜索引擎、平台的自动匹配功能撮合成交,不需要经过银行、券商或交易所等中介,供需双方直接联系和交易,实现资源配置的去中介化。

相比于传统金融,互联网金融能够更好地发挥资源配置功能。

(1) 由于在互联网金融模式下,资金供求双方通过网络平台自行完成信息甄别、匹配、定价和交易,因此互联网金融进行资源配置成本更低。传统金融机构需要开设营业网点发展业务和提供服务,需要大量的资金投入和运营成本,而借助互联网平台,盈余方与需求方不用到营业点去完成资金流动,消费者可以在开放透明的平台上快速找到适合自己的金融产品,降低了信息不对称程度,交易双方可以全面、深入分析对方的信息,快速完成交易,提高资源配置的效率。节省了消费者的时间成本,也减少了互联网企业的维护成本。例如,阿里小贷单笔信贷操作成本约为 2.3 元,而一般银行的成本在 2 000 元左右。

（2）互联网金融依托互联网技术开展业务，其业务主要由计算机处理，操作流程完全标准化，客户不用排队等候，业务处理速度更快，资源配置的效率更高。以阿里小贷开展信贷业务为例，其依托淘宝网、天猫网等电商积累的信用数据库，经过大数据技术和云计算技术的处理分析，再引入风险分析和资信调查模型，商户从申请贷款到发放只需几秒钟，日均可完成贷款1万笔。

（3）互联网金融对资源配置不平衡有很好的平衡作用。由于传统商业银行设置了较高的业务门槛，因此，其提供的贷款金额一般都比较大，小金额贷款不受重视，而互联网金融则注重发展商业银行的业务空白领域，提供小额贷款，为中小企业提供融资机会，改善资源的不合理配置。

3. 信息收集和处理功能

信息是金融市场中重要的生产要素，信息不对称会导致逆向选择和道德风险问题。

（1）互联网金融能够快速高效地实现信息的收集。由于传统金融机构之间业务独立性的原因，信息资源分散在不同的金融机构中，而不同的金融机构之间缺乏有效的信息共享机制和平台，庞杂的信息数据难以得到有效的处理及应用。在互联网金融模式下，用户可通过互联网平台发布需求信息，并且利用互联网技术，实现数据获取和处理的标准化、结构化，提高数据使用效率。

（2）互联网金融具备更强的信息提供功能。目前金融市场上已经具备了非常丰富的信息，互联网时代的到来还提供了社交网络、搜索引擎等新兴工具，社交网络增加了信息的来源渠道，对交易者的了解可以深入到日常生活中，搜索引擎则能够组织和标准化信息资源，形成连续、动态的丰富信息集合。

4. 风险管理功能

风险的出现很大程度上归因于信息不对称的存在，而大数据金融在化解信息不对称方面的能量远大于传统金融机构。现代社会是个信息爆炸的社会，对数据进行核查和评定，及时发现并解决可能出现的风险点，才能够较为精准地把握风险发生的规律性，从而有效地规避风险的发生。

互联网金融提供的开放平台能够收集并分析用户的日常交易行为，通过数据处理手段对用户的交易情况、历史信用、资金运转情况以及行业发展导向进行分析，并通过平台实现资源共享，很大程度上解决了市场信息不对称的问题，从而降低了交易成本，分散了操作风险、信用风险等市场风险。

5. 经济调节

金融的经济调节功能主要是指货币政策、财政政策、汇率政策、产业倾斜政策等通过金融体系的传导实现调节经济的目的。然而，在经济调节方面，互联网金融发挥较弱的作用，一方面是因为互联网金融具有自发性，政府并没有对其进行宏观调控，其发挥作用的程度主要取决于市场活力；另一方面是因为互联网金融虽然具有良好的发展势头，然而起步较晚，因此在现阶段占有的市场份额并不多，发展规模较小，难以实现对整个金融市场的经济调节功能。

2.2 金融中介理论

2.2.1 金融中介理论概述

金融中介理论是建立在交易成本和信息不对称的基础上的,金融中介的出现能够降低不确定性、交易成本和信息不对称程度。

Curley 和 Shaw(1960)提出,由于市场上存在着交易成本和信息不对称,而金融中介可以利用其借贷中规模经济的特点,降低初级证券投资活动中的单位成本,因此,金融中介发挥了作用。Benston 和 Smith(1976)利用实证模型进一步证明了金融中介产生于各种成本、不完全市场和信息不对称的观点,他们认为,如果没有交易成本、信息成本及市场摩擦性的存在,也就不会有金融中介的存在,而金融中介利用技术上的规模经济和范围经济,将分散的个体交易集合起来,节约交易场所、机器设备、人工费用等方面的投入,以降低交易成本。由于跨期交易往往存在不确定性,Diamond 和 Dvbvig(1983)认为,银行等金融机构既可以为家庭提供防范消费需求遭遇意外流动性冲击的手段,也可通过向投资者提供存款安排而平滑市场风险,进而改善资源配置,提高市场交易效率。Dutta 和 Kapur(1998)认为是人们的流动性偏好导致金融中介的形成,金融中介为人们提供了一种保证他们在有需要的时候能够及时进行消费的流动性保险。Allen 和 Santomero(1998)认为,由于金融中介能够发挥风险管理的作用,而且金融市场上存在参与成本,因此才会有金融中介的存在。

通常将融资方式分为两种,一是通过商业银行等金融中介的间接融资方式,二是通过金融市场的直接融资方式。据金融中介理论,金融中介是将资金从盈余者转移到需求者的企业,属于间接融资方式。传统的金融中介如商业银行,在提供支付中介、投融资中介服务的同时,还开发了更为复杂的金融产品,例如,具有稳定投资回报的理财产品,由于中介还同时发挥了价值创造、降低参与成本及风险管理功能,因此,进一步加深了投资者对于金融中介的依赖,提升了其在金融交易市场上的重要性。

技术的进步和金融产品的创新,降低了交易成本和信息不对称程度,伴随着金融市场的逐渐开放,促进了直接融资市场的快速发展。全球通货膨胀的出现以及对银行体系的利率和业务管制,也使得银行体系提供的服务不能满足客户日益增长的高收益和风险管理的需要,"金融脱媒"的浪潮在金融中介与金融市场竞争的过程中出现,也使得金融中介的资金来源快速减少,金融中介的重要性开始逐步减弱。

2.2.2 互联网金融对金融中介机构的影响

互联网金融的诞生,加速了"金融脱媒"的进程,互联网金融以大数据、云计算等信息技术为支撑,并且依托移动支付、社交网络突破了时间和空间限制,简化了金融交易的流程,降低成本,提高效率和服务水平,因此,在短时间内赢得了广泛受众的欢迎,取得了快速的发展。

互联网金融模式中,第三方支付与微众金融需求结合,为商家和消费者提供支付服务,主要影响了传统金融中介机构的支付功能。比如诞生于 1998 年 12 月的 PayPal 公司,与 eBay 合作,在用户进行购物支付时,先将资金从信用卡转移至 PayPal 公司的银行账户,待买方收到货物并确认无误时,才将货款划至卖家账户。在这个流程中,PayPal 提供了担保的功能,有利于约束买卖双方的交易行为,第三方支付公司取代了银行的支付和资金托管地位,使得资金交易无须经过银行进行流转,从而提高了交易的效率,降低了成本。第三方支付能够为用户提供便捷的服务,并且相较于传统金融中介机构,其开展和维护业务的成本更低,随着第三方支付的逐渐发展壮大,其业务范围将逐步扩大,并实现从线上向线下的扩展,对传统金融中介机构,尤其是商业银行的业务发展产生威胁。

互联网融资平台如 P2P、众筹主要影响了传统金融中介机构的融资功能。P2P 网络借贷通过第三方互联网平台进行资金借贷双方的匹配,有资金需求的人通过网站寻找有出借能力的资金供给者。作为一种基于互联网的债务融资方式,其替代了资金融通过程中银行的中介地位。众筹则是类似于公开募资在互联网的应用,其募资形式类似于团购,以预约的形式向公众募集资金,采用一对多的形式,多个投资人通过不等的金额投资一个项目,并获得回报。众筹模式作为一种直接融资模式,无须经过金融中介,主要影响了商业银行在小额直接融资市场上发挥的中介作用。

在互联网浪潮的推动下,互联网金融的诞生丰富了金融市场体系,互联网金融在一定程度上改变了原来的金融体系,以高效率执行金融交易,影响着银行等传统金融中介职能的发挥。互联网金融是互联网时代背景下金融中介理论的实践,进一步丰富和延伸了金融中介理论。

2.3 产业融合理论

2.3.1 产业融合理论概述

产业融合是科学技术变革与扩散的过程中出现的一种新型经济现象,其思想最早源于 Rosenberg(1963)对美国机械工具业演化的研究。20 世纪 70 年代以后,学术界对由数字技术革命引发而出现的信息产业领域的融合现象给予极大关注,并把这一现象称为产业融合现象。近几十年学术界分别从不同的角度对产业融合进行了讨论,至今都没有形成一个统一的关于产业融合的基本定义。马健(2002)对其含义的表述较为准确和完整。

产业融合(industry convergence)指的是由于技术进步和放松管制,发生在产业边界和交叉处的技术融合,改变了原有产业产品的特征和市场需求,导致产业的企业之间竞争合作关系发生改变,从而导致产业界限的模糊化甚至重划产业界限。

早期关于产业融合研究主要集中于对科学技术革新基础上的计算机、通信以及广播电视业等产业的交叉与融合,即三网融合。Negrouponte(1978)对计算机、通信及广播电视业三者的技术边界进行了描述,并发现计算机、通信及广播电视产业的交叉地带成长最快、创新最多,随着计算机技术与网络技术的发展,人们可以通过网络传输照片、音乐、文件,并且进行视频通话,借由互联网和终端媒介的发展,各媒体彼此之间相互关联得到加强,从而形成了"数字融合",数字融合进而推动着电信、广播电视与出版等相关产业的融合,最终形成了巨大的多媒体产业。Sahal(1985)和 Dosi(1988)通过分析先后发现,技术在许多产业中被广泛使用与扩散,进而出现一系列创新活动。Yoffie(1997)则提出了产业融合的定义:"通过数字技术应用而将两个原本各自独立的产品或行业进行整合,并将产业融合分为替代性融合与互补性融合。"Greenstein S 和 Khanna T(1997)认为"产业融合作为一种经济现象,是指为了适应产业增长而发生的产业边界的收缩或消失"。Raghuram(2000)则认为产业融合是指在数字技术的基础之上,传统的与新的通信服务通过多种网络共生的现象。

伴随着信息技术的广泛渗透和应用,产业融合现象出现得越来越频繁,成为一种普遍性的产业发展范式。因此对产业融合的研究不再局限于计算机、通信与广播电视业等产业的融合。

欧洲委员会(1997)"绿皮书"认为,融合是指"产业联盟和合并、技术网络平台和市场等三个角度的融合";Malhotra(2001)从产业演变的角度,提出了产业融合的定义:"以前相互独立的产业,当它们成为直接竞争对手时就发生了产业融合。"并认为这种融合的产生是来自需求方的功能融合和供给方的机构融合等两个相互关联的过程,当两个产业的产品具有替代性或者互补性时就发生功能性融合,而当产品之间存在联系而生产或销售两个产业的产品即发生机构性融合。我国学者周振华(2002)认为产业融合是在产业分立中演变而来的,是为适应产业发展而使不同产业边界逐渐模糊化与消失的过程。

产业融合作为一种新的经济现象,伴随着社会生产力的进步及产业结构的优化而发生,推动产业融合发生的主要原因:一是政府管制的放松有效促进了市场从垄断走向竞争,降低了市场的准入壁垒,导致其他相关产业的企业加入到本产业的竞争中,推动新产品和新的商业模式的诞生,从而为产业融合的发生提供了外部环境;二是技术革新与发展,技术革新改变了原有产业产品或服务的技术特征和路线,不同产业之间技术水平并推动技术水平之间的融合,从而推动产业融合;三是市场需求的不断变化,为满足市场需求,企业需要不断地创新产品和服务,不断地进行转型与升级,为产业融合提供更多的市场空间;四是商业模式的创新。Chesbroug(2007)认为一项新技术对产业融合起主要推动作用,但有时候商业模式的创新在融合过程中具有决定性作用。商业模式创新不仅与技术相关,甚至可能会超越更高的技术。

产业融合往往发生在产业边界和交界处,产业融合的发生导致产业边界的模糊或者消失,从而改变传统的市场结构。首先,产业融合能够改变原有的竞争关系,使产业竞争格局发生变化,催生新的产业组织结构;其次,产业融合促进了企业的合并与并购,改变了市场集中度,降低了产品的差异度,进一步加剧了市场竞争;再次,产业融合会导致市场的不确定性增加,增加企业发展过程中的不确定性,为了应对产业融合带来的风险及不确定性,企业需要形成一种灵活的企业管理体制和组织模式,并且更加注重企业之间的合作关系,形成"合作中竞争,竞争中合作"的关系;最后,由于产业融合会优化市场上的资源配置,一方面形成规模经济和范围经济,从而降低成本;另一方面给消费者提供更多的选择,促进消费,从而提高企业的经济效益。

由于产业融合实现了不同产业或同一产业内的不同行业之间相互渗透,促进了产业边界动态变化,产生新的产业业态,其发展态势将对全球产业的结构形态产生重要影响。伴随着以互联网为代表的信息技术的迅速发展,行业边界日趋模糊,高度依赖市场信息和客户信息的互联网信息服务与金融业,在发展过程中逐步融合,形成了互联网金融模式。

2.3.2 产业融合下的互联网金融发展

互联网作为信息化时代的技术代表,在各行各业都表现出强大的适应性和渗透力,尤其是在与金融行业的交叉融合过程中,取得了令人瞩目的进展,互联网金融就是信息化技术变革下产业融合的典型代表。

互联网金融模式,实际上是围绕投融资关系而形成的一系列企业的组合,从宏观层面上讲,互联网产业和金融产业的融合形成了互联网金融模式。根据产业融合理论,互联网行业的信息技术为互联网金融模式提供了技术基础,金融机构放松监管为互联网金融模式降低了准入门槛。金融行业承载的信息依托互联网技术取得了进一步的发展,尤其是大数据技术、云计算技术和搜索引擎的出现,带动了互联网经济的飞速发展。金融机构作为经济主体监管的重要部门,一直以来都受到严格的监管,但是随着金融行业发展的逐步僵化,以及社会上越来越多的金融需求无法得到有效的满足,监管机构逐步放松了对金融机构的监管,这两个条件共同促进了互联网行业与金融行业的深度融合,从而产生了互联网金融这个新的业态。

互联网金融能够实现产业资本和金融资本的逐步融合,产业资本在发展过程中逐步摆脱金融资本的控制,由于传统金融机构一直处于行业的垄断地位,产业资本往往受制于银行等传统金融机构,处于不利地位。产业资本与金融资本结合,能够改善企业在与银行资本合作过程中的不利地位,以降低在不利条件下受到的影响。

互联网的发展还带动了电子商务的发展,各产业可以发展电子商务业务,实现业务在线化,通过搭建电子商务平台高效率、风险可控地自发提供或发掘金融资源,不再必须完全依靠传统金融机构或资本市场,摆脱对外部金融资本的依赖,从而能够更好地完成资本增值的目标。例如,京东旗下的京东金融、阿里巴巴旗下的余额宝、腾讯旗下的微信支付,都是在产业融合背景下诞生的,依托互联网平台,将客户用于消费的资金化零为整,进行资本运作。

2.4 普惠金融理论

2.4.1 普惠金融理论概述

普惠金融的概念最早由联合国于 2005 年在宣传国际小额信贷年时提出,提倡建立为社会各个阶层的所有成员提供公平、便捷、安全、低成本服务的金融体系。2006 年联合国出版《建设普惠金融体系》,旨在推进普惠性金融体系的发展。《建设普惠金融体系》中指出普惠性金融体系应该以小额信贷为核心,并提出微观、中观和宏观层面都是该体系中重要的组成部分。ACCION 国际(2009)指出普惠金融是所有年龄段人员都可以在自己能承受的价格下便利获得金融优质服务的状态。

狭义来说，普惠金融指的是为传统或正规金融机构体系之外的广大中低收入阶层和小微企业甚至是贫困人口提供可得性金融服务。广义来说，指的就是将需要金融服务的所有人纳入金融服务范围，拥有公平的机会，让所有人得到适当的、与其需求相匹配的金融服务。

由于各国经济和金融发展水平差异较大，因此，普惠金融在各国的实践水平存在较为明显的差异，发展中国家发展普惠金融，主要是服务于贫困或中低收入阶层，更接近于狭义的普惠金融概念。而发达国家由于经济和金融发展水平高，社会福利已经到达一定高度，在发达国家发展普惠金融主要是市场逐利行为，因此更接近于广义上的概念。

我国的金融体系经过多年的改革，已经在诸多方面取得了巨大成就，但一些深层次的结构性问题仍然相当严重，其中一个现象是：金融服务的广度和深度存在明显不足。传统金融机构出于盈利性和风险性的考虑，往往设置了较高的准入门槛，因此，大中型企业比较受金融机构的青睐，资金和信贷支持都流向了大中型企业，财富管理的重点也主要在高收入群体。然而，数量众多且在市场上表现得十分活跃的小微企业和中低收入阶层往往需要通过民间融资的渠道来满足资金需求，其金融服务被严重忽视。金融服务的严重不平衡性，推动了社会贫富差距的扩大。

近几年来，我国已逐步开展普惠金融的探索，焦瑾璞(2006)首次提出了"普惠金融体系"，发展普惠金融可以通过商业持续模式为弱势的企业、个人提供全面的金融服务机会。杜晓山(2006)从微观层面上升到中观、宏观层面，来加强构建普惠金融体系，并将服务对象纳入弱势低收入与小微企业。周小川(2013)认为中国发展普惠金融将会首先"满足人民群众日益增长的金融需求"，让金融发展的成果更好地"惠及所有地区"，"惠及所有人群"。焦瑾璞(2014)还认为，普惠金融将成为"新的热点"，并且拥有广阔的发展前景。陆磊(2014)认为，未来5年间普惠金融决定了金融资源的均衡配置。

2013年11月12日中国共产党第十八届中央委员会第三次全体会议通过了《中共中央关于全面深化改革若干重大问题的决定》，提出了"发展普惠金融，鼓励金融创新，丰富金融市场层次和产品"。这是普惠金融第一次写入党的执政纲领，充分说明我国普惠金融实践将迎来全新的发展机遇，开启普惠金融的新篇章。

2.4.2 普惠金融视角下的互联网金融

普惠金融的核心理念是能够有效、全方位地为社会所有阶层和群体提供服务，然而，由于商业规则和运行平台的约束，传统金融难以实现普惠性理念。互联网金融是依托于大数据、云计算、支付、社交网络及搜索引擎的互联网工具而建立的新兴金融模式，具有交易成本低、服务效率高、覆盖面广、开放和共享等特点，能够有效弥补传统金融的缺陷。互联网金融背景下普惠金融与传统普惠金融的区别如表2-1所示。

谢平(2013)认为，互联网金融体现了民主化和大众化的特点，它不仅可以降低交易成本，提高资源配置效率，还可以解决中小企业融资问题，促进民间金融走向阳光化和规范

表 2-1　互联网金融背景下普惠金融与传统普惠金融的区别

种　　类	互联网金融背景下普惠金融	传统普惠金融
运营模式	新兴互联网金融产品为导向	小额信贷为主导
服务对象	发达地区与欠发达地区所有经济实体	欠发达地区的贫困人群
服务方向	针对资金来源方与资金使用方双向	针对资金使用方单向
数据信息	以大数据为基础，降低信息不对称性	存在一定程度的信息不对称
交易成本	交易成本较低	交易成本较高
福利效应	让大众都获得各种金融服务的机会	解决贫困群体的融资困难

（资料来源：杨光.互联网金融背景下普惠金融发展研究[J].征信，2015，02.）

化的发展道路，还能够提高金融"普惠性"。金中夏（2014）认为，互联网金融产品更多地为"草根储蓄者"和"资金需求者"服务，体现了普惠金融的意义。李东荣（2014）认为，移动互联网金融将成为发展普惠金融的重要途径。通过互联网平台，社会各个阶层都可以参与到互联网金融中去。例如，P2P网络借贷、小额贷款、众筹平台的出现，能够为资金需求者提供低门槛的贷款，还能够为资金盈余者提供便捷的理财方式。被传统金融所忽视的企业、个人可以通过互联网金融享受自由、灵活、便捷、高效、安全、低成本的金融服务。

互联网金融与普惠金融在理念和基本运行特征上，有着许多共同点：

（1）提倡平等、开放和共享。普惠金融力图实现人人共享金融服务，而基于互联网发展起来的互联网金融无时无刻不体现着平等和共享的互联网精神。一方面，互联网金融提供开放的平台，任何人通过平台都可自由选择合适的金融产品；另一方面，互联网金融的出现加剧了金融机构之间的竞争，打破了金融市场的垄断局面，推动了金融改革，使市场更为自由化。

（2）注重大众客户群体。普惠金融强调发展金融市场以满足所有社会成员和组织的需要，而传统金融机构由于其制度的局限性和薄弱的技术，在权衡成本与收益后，往往只关注能创造最大效用的客户群体。而互联网金融借由先进的技术手段降低成本，使市场呈现长尾效应，通过累积市场尾部用户而获得发展。

（3）降低交易成本。传统金融机构发展普惠金融的进程往往止步于高昂的成本与财富最大化的管理目标之间的矛盾，互联网金融借由互联网平台，一方面，能够让信息更充分，资金供求双方可以在网络平台上完成信息搜寻、定价和交易等流程，降低了交易成本；另一方面，所有业务流程均可在网上完成，利用计算机技术减少人工成本，无须对营业网点进行维护，在一定程度上降低了综合成本，实现在互联网金融背景下普惠金融的可持续发展。

2013年是我国的互联网金融元年，互联网金融作为一种普惠金融模式迅猛发展，得到了广大中小投资者和融资者的认可。2014年3月两会期间，李克强总理在政府工作报告中提到，"促进互联网金融健康发展"。这是政府工作报告中首次对互联网金融正面定调，明确了政府对互联网金融产业的支持态度。2014年中国互联网发展报告显示，截至2014年年底，我国网民规模已达6.49亿人，其中手机网民规模达5.57亿人，占总网民数的85.8%。无论从政府态度来看，还是从发展基础来看，互联网金融都将成为中国经济金融发展和普惠金融发展中的主力军。

参 考 文 献

[1] 章璠.互联网金融发展的研究[D].北京:对外经济贸易大学,2014.
[2] 李洪梅,王文博,姚遂.基于金融功能观的互联网金融对中国金融发展的贡献研究[J].现代管理科学,2014,5:29-31.
[3] 李洪梅,谢朝阳.基于金融功能观的互联网金融与商业银行比较[J].中国流通经济,2014,11:58-63.
[4] 赵晶晶,刘飒.基于金融功能的互联网金融模式评估[J].金融监管研究,2014,12:83-94.
[5] 成学真,张佳欣.互联网金融与传统金融的比较研究——基于金融功能视角[J].甘肃金融,2015,4:19-21.
[6] 唐雯.基于金融中介理论的互联网金融模式研究[D].北京:北京邮电大学,2015.
[7] 孙宝文.互联网金融元年:跨界、变革与融合[M].北京:经济科学出版社,2014.
[8] 赵新华.产业融合对经济结构转型的影响:理论及实证研究[D].湖南大学,2014.
[9] 张佰瑞,张庆文.产业融合与互联网金融发展研究[J].时代金融,2014,5:58-59.
[10] 张佰瑞.互联网金融的产业融合特征研究[J].时代金融,2014,6:42-43.
[11] 党鹏君.产业融合视角下的互联网金融[J].国际金融,2015,10:13-16.
[12] 吴晓求.互联网金融:成长的逻辑[J].财贸经济,2015,2:5-15.
[13] 秦昌宁.互联网金融与普惠金融协同发展模式的思考[J].商,2015,25:194.
[14] 杨光.互联网金融背景下普惠金融发展研究[J].征信,2015,2:21-24.
[15] 王雪坤.普惠金融视角下的互联网金融[J].中小企业管理与科技(中旬刊),2015,3:88-90.

第 3 章

移 动 支 付

3.1 移动支付概况

传统的支付手段形式单一,无法满足客户随时随地支付的需求,近年来,随着手机用户的不断增加,一种新型的支付方式——移动支付,正在得到广泛应用。由于手机、平板电脑等便携式移动设备具备轻巧、方便、快捷、时尚的特点,因此也越来越受到消费者的青睐。利用移动支付可以实现随时随地理财和交易,它给消费者提供了一种便携、高效、快捷的支付选择,还缩短了商家的结算时间,同时又给金融机构和运营商带来巨大商机,拓宽其利润来源渠道,增强市场竞争力。对于移动支付的多方涉及者来说,都有百利而无一害。

随着智能手机、平板电脑和无线 POS 机等移动智能终端的普及,以及移动通信技术的发展,移动支付成为互联网时代金融信息化发展的必然趋势。

3.1.1 移动支付的定义

从事移动支付研究的全球性组织"移动支付论坛"(Mobile Payment Forum)对移动支付的定义是:

"移动支付(mobile payment),也称为手机支付,是指交易双方为了某种货物或者服务,使用移动终端设备为载体,通过移动通信网络实现的商业交易。"

广义上的移动支付指的是为了达到购买实物产品、缴纳费用或接受服务等交易目的,以手机、PDA 等移动终端为工具,通过 WAP、GPRS、RFID、蓝牙、红外无线等通信方式,进行资金交换或者代表资金的数据交换的行为。简而言之,移动支付就是指通过移动设备进行的财物交易行为。

狭义上的移动支付指的是手机支付,是由移动运营商、金融机构、移动支付服务商联合推出和构建的,是基于移动运营支撑系统的一项移动增值业务方面的应用。

一般情形下讨论的移动支付为狭义的移动支付。

3.1.2 移动支付参与主体

移动支付的本质就是在客户购买商品和享受服务时,应用移动终端完成资金从客户账户向商户账户转移的过程。由于移动支付是一个开放的市场,因此其产业链涉及的环节众多(见图 3-1),主要参与者包括:监管机构、移动运营商、商业银行、第三方支付服务提供商、商户、消费者、设备制造商等,其中最主要的参与者为移动运营商、商业银行和第三方支付服务提供商。

1. 监管机构

移动支付涉及金融行业和电信行业两个国家严格监管的领域。移动支付作为新兴产

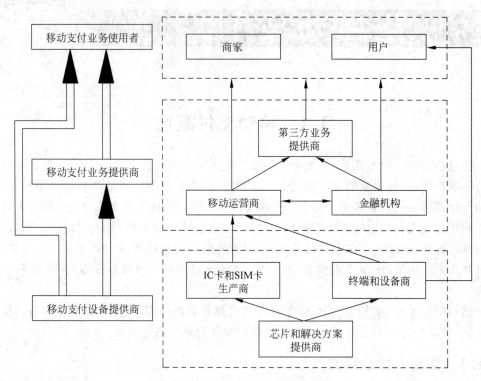

图 3-1 移动支付产业链及其成员构成
(图片来源：赵霞.我国移动支付业务发展情况[J].现代电信科技,2010(5).)

业,多数业务都处在监管政策的"灰色地带"。国家监管政策的调整和实施,将会对移动支付业务产生很大的影响,并可能决定其发展趋势。监管机构在移动支付产业链中的主要作用是：制定相关的政策法规和行业标准来保障行业的有序竞争,通过有效的监督管理,协调产业链各方的利益,促进行业的健康发展。

2. 移动运营商

移动支付渠道需要移动通信网络的支持,因而支付渠道资源主要为移动运营商所控制,移动运营商是移动支付业务的运营主体,是整个产业链的核心。它为移动支付搭建基础通信平台,制定业务发展规划,整合各参与方的资源直接参与移动支付交易。移动运营商在移动支付产业链中发挥着至关重要的作用,主要体现在以下几个方面。

(1) 移动通信运营商拥有完善的移动通信网络和庞大的客户群体。

(2) 移动运营商掌握了语音、短信、WAP 等较为成熟的通信方式,能够为所有移动支付业务提供基础的通信支持以及对不同级别的支付业务提供安全服务。

(3) 移动支付服务依赖于移动运营商的通信技术,且通信技术直接服务于消费者,因此移动运营商能通过加固自身技术提高支付效率,缩短用户缓冲等待时间,提升用户体验,促进移动支付业务的有效推广。

(4) 由于移动运营商掌握了庞大的客户资源,因此,能够利用其资源优势,加大移动支付的推广力度,扩大移动支付业务覆盖度,增加用户数量,从而促进行业发展。

3. 商业银行

金融行业涉及资金流通、结算业务就需要银行的参与，银行是用户账户的直接管理者，掌握了大量的客户资源，同时也是移动支付产业中用户资金的最终清算机构，拥有成熟的资金结算经验，因此是移动支付业务不可或缺的重要参与方。商业银行在移动支付产业链中的主要任务是为用户和其账户提供完整的支付结算通道，并且记录用户的资金流动情况和信用情况。

商业银行发展移动支付业务的主要原因如下。

（1）由于传统支付业务的便携性不强，为了其固有的支付不被便携性较强的移动支付取代，保证其支付业务的竞争地位，因此要发展移动支付业务以完善和补充传统支付业务。

（2）为客户提供差异化的服务，提供多样化的支付手段以满足客户的不同需求，提升用户体验。目前商业银行拥有以现金、信用卡及支票等为基础的传统支付系统作为其移动支付基础和支撑，而且银行拥有全面的用户信用管理系统，能够有效避免其他部门面临的信息不对称和道德风险问题。

（3）移动支付扩大了银行的业务范围，银行通过开展创新型多样化的移动支付业务，实现了盈利的有效增长。

4. 第三方支付企业

在移动支付的产业链中，第三方支付企业的主要作用是提供信用担保，降低支付安全风险，协调各方资源，为用户提供丰富的移动支付业务。第三方支付企业作为银行和运营商之间的枢纽环节，是连接通信运营商和金融机构的重要桥梁。第三方支付企业主要发挥的作用如下。

（1）第三方移动支付企业通过客户在平台上建立的账户，实现银行资金账户、手机话费账户之间的连接。

（2）第三方支付企业具有整合并协调移动运营商和银行等各方面资源的能力，借由第三方支付平台，用户可以在不同银行卡之间实现转换，第三方支付企业对内整合各方资源，对外向用户提供统一的支付端口，简化了用户的操作流程。

（3）集成丰富的移动支付业务服务于平台，实现"一体化"服务，吸引用户购买实体商品和服务，可以提高客户黏性。

（4）第三方支付企业拥有基于庞大的互联网用户群体的客户资源，还有大量交易数据和访问情况，能够了解互联网用户的购买心理和用户需求，进行更全面的互联网市场分析。

5. 商家

商家接入移动支付渠道，使得消费者可以通过移动支付的方式购买产品和服务，商家利用部署便捷的移动支付终端与消费者进行交易，减少支付的中间环节。对消费者而言，消费者只需使用随身携带的移动终端即可完成支付，提高用户满意度，扩大移动支付的使用范围；对商家而言，可以提高资金往来和结算的效率，提高便利性。

6. 消费者

消费者是移动支付的最终使用者，也是移动支付业务的价值来源，他们的使用习惯和接受程度是决定移动支付产业发展的重要因素。消费者一般更为关注移动支付操作的便捷性和支付的安全性,其对移动支付业务的认知度、接受度和使用习惯决定着该业务的发展方向。

7. 设备终端提供商

支付终端主要是客户使用的各类移动终端设备,支付终端需要移动终端设备制造商的支持,设备制造商为运营商提供移动通信系统设备,以及包括移动支付业务在内的数据业务平台和业务解决方案,为用户提供支持移动支付的终端设备,并且同时提供移动支付业务的解决方案。为了适应客户对移动电子商务的需求,移动终端设备制造商投入了大量资源来从事移动支付相关设备、软件的开发与推广,目前,越来越多的设备制造商选择与移动运营商结成伙伴关系,合作生产定制和推广设备与终端。这些厂商为移动支付业务的发展提供技术支持,同时也依赖于该项业务的发展,以换取自身的发展。

3.1.3 移动支付业务流程

不同的业务种类和业务实现方式,移动支付的流程也不尽相同,一般的支付流程大都涉及消费者、商家、支付平台、移动网络运营商、第三方信用机构和设备制造商。

整个支付流程基本上由9个步骤构成,根据支付流程参与方的多少可能略有增减,如图3-2所示。

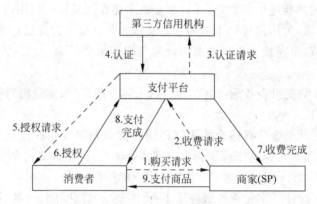

图 3-2 移动支付流程图

(图片来源:周慧峰.3G时代的移动支付产业链模式探讨[J].信息通信,2010,1.)

(1) 消费者选购商品,向商家提出购买的请求。
(2) 商家向支付平台提出收费请求。
(3) 支付平台通过第三方信用机构,对商家和消费者的身份进行认证,以保证支付流程的正常开展。
(4) 第三方信用机构对支付平台传送的身份信息进行核实,将认证结果反馈给支付平台。
(5) 支付平台向消费者提出支付的授权申请。
(6) 消费者确认授权,消费者可以通过手机验证支付、输入支付密码支付等方式进行支付。

(7) 支付平台向商家支付费用。

(8) 支付平台向消费者反馈支付结果。

(9) 收费流程完成,商家将商品交付给消费者。

3.1.4 移动支付分类

移动支付的种类繁多,根据不同的分类标准可以分为不同的种类,大体上讲,有如下几种分类方式。

根据账户的不同,可以将移动支付分为基于话费账户的移动支付、基于银行卡账户的移动支付、基于专有账户的移动支付。

根据支付金额的数额大小,可以将移动支付分为小额支付和大额支付。小额支付是指用户预存费用,然后通过手机发出划账指令来支付服务费用,该支付方式通常是通过手机话费账户支付。大额支付通常指的是银行与运营商通过合作,建立一个与用户手机号码和本人身份号码相关联的支付账户,该支付账户的作用相当于电子钱包,为移动用户提供通过手机进行交易支付和身份验证途径,用户可以通过多种方式进行交易操作。

根据支付距离远近,可以将移动支付分为近场支付和远程支付。近场支付主要是手机通过支持射频、红外、蓝牙等技术,实现手机与自动售货机、机终端等设备之间的本地通信,实现技术为红外、RFID、NFC 等,如使用自动售货机购买饮料、支付加油费等。远程支付主要方式有银行账户与手机绑定,通过手机银行转账支付,以及手机话费支付、第三方账户支付、充值卡支付等,实现技术为 SMS、WAP、IVR、Kjava/BREW、USSD 等,如通过手机完成在线订单。

根据传输方式不同,分为空中交易支付和广域网(WAN)交易支付。空中交易支付需要通过移动通信网络完成,如手机银行等。广域网交易支付则仅需终端具备近距离交换信息的功能,无须通过移动通信网络,如手机通过连接 Wi-Fi 进行网上购物等。

根据交易过程中是否有商品或服务的传递,可以将移动支付分为交易性支付和非交易性支付。

根据是否事先指定受付方,可以将移动支付分为定向支付和非定向支付,如通过手机交话费属于定向支付,而使用手机进行购物则属于非定向支付。

不同形式的移动支付在安全性、可操作性、技术成本等方面都有各种不同的要求,最终的实现模式也大不相同,不同的领域可以依据需要选择适合的形式。

3.1.5 移动支付特点

移动支付作为货币电子化和移动通信相结合的产物,具有很多优点,而这些优点决定了移动支付将来的发展前景。

1. 支付灵活便捷

移动支付具有随身携带的移动特性,方便易行,能够消除地域上的限制,同时结合了先进的移动通信技术,只需拨打相应的电话、发送短消息、连接移动互联网络即可随时随地购买实物、享受服务、分享信息和娱乐。与常规的支付工具相比,用户黏性更强,支付更加便利。

2. 交易成本低

（1）节约了时间成本，由于用户可以随时随地享受移动支付带来的便利，可以大大缩短往返银行或商家的交通时间。而且移动支付借由互联网技术，能够提高支付效率，缩短了支付处理时间。

（2）节约了交易费用，用户使用移动支付只需要向移动运营商交纳很低的电话通信费、短消息费用或者是更为低廉的数据流量费用。

3. 兼容性好

用户拥有的账户种类繁多，如银行账户包括不同银行提供的不同种类的信用卡、借记卡，移动通信账户包括不同的运营商，不同第三方支付平台的注册账户不同。要让销售终端兼容支持所有账户的难度较大，移动支付可以将银行账户、第三方账户等多账户集合于一机，用户只需要通过一部移动终端即可实现在线支付与线下近场支付，能够较好解决兼容性的问题。

4. 服务场景更丰富

移动支付能够涵盖线上线下等不同的支付场景，应用领域非常广泛，如近场支付能够支持线下的传统卡业务所支持的场景，包括商场、超市、便利店的线下消费、线上付款等，远程支付可以完成其他互联网支付所能完成的绝大部分内容，包括转账、网络购物、公共事业缴费等。

3.2 移动支付发展概况

3.2.1 移动支付发展历程

从我国移动支付的发展情况看，整体上经历如下四个阶段：

1. 第一阶段：移动支付的萌芽和起步阶段（2000—2005 年）

发达国家移动支付业务的迅猛发展给中国移动支付市场展现了扩展该业务的美好前景，并且提供了参考。2000 年 5 月 17 日，中国移动正式推出短信（SMS）服务，把短信应用于手机代扣费的信息服务，标志着移动支付探索的开始。最初主要是将短信支付应用于互联网和移动互联网的小额支付领域，如缴纳会员费、下载彩铃和图片等，用户需向内容提供商支付一定的费用，结算资金以话费为主，由移动通信公司代收，移动通信公司再向内容提供商收取一定的手续费。

短信支付的运营模式成功后，移动运营商也逐步扩展移动支付业务。移动通信运营商与银联签署了战略合作协议，开展了以手机和银行卡绑定为主要形式的移动支付合作。中国移动通信和商业银行合作推出"手机银行"业务，通过"手机银行"可以使用银行卡账户缴费，并实现对个人账户的管理。中国联通和建行推出新一代手机银行业务，以建行"e路通"电子银行平台为依托，能够通过手机实现理财、支付和电子商务的功能。

自 2003 年以来，不同类型的参与者加入移动支付市场，服务供应商（SP）迅速发现了移动支付领域的市场机会，以第三方为主体运营移动支付平台的模式在国内兴起，提供了更多的移动支付模式。

这一阶段的特点如下。

(1) 移动支付业务在国外发展形势良好,国内移动支付业务刚刚起步,不具备相关经验,主要参考国外的发展模式,尚处于萌芽起步期,导致整个市场发展十分缓慢。

(2) 移动运营商借助自身业务优势,在这一阶段表现得最为突出和积极,陆续推出了使用手机短信下载图片和彩铃等业务,在市场上得到了比较大的认可。同时,移动运营商和金融机构开展的合作也较之以前有所增加,合作点覆盖了更多的区域和更多领域的移动支付业务。但是移动运营商仍存在经验不足的问题,而且相关技术也不够成熟稳定。

(3) 国内的移动通信业务发展较快,手机用户的数量和普及程度增加,移动增值业务和网上支付也逐渐被人们认可和接受,为移动支付的发展奠定了良好的用户和环境基础。

2. 第二阶段:移动支付的探索阶段(2006—2008年)

2006年9月8日,工信部下发《关于规范移动信息服务业务资费和收费行为的通知》。该文件中说明,移动运营商不允许服务供应商与其他公司或者网站提供任何形式的扣费业务,并设立扣费前用户二次确认等机制,对手机话费作为支付资金来源进行了严格限制,手机话费短信支付从此步入低谷。

手机代扣费被限制后,移动支付寻求新的支付模式,银行和第三方支付迅速进入到移动支付的产业链中。第三方支付移动和银联的合资公司——联动优势成为中国移动总公司话费支付业务的独家代理,一方面,推广创新型业务,大力推广手机钱包业务和移动通信打包服务(银信通);另一方面,独家代理中国移动总公司手机代扣费业务,通过垄断赚取高额利润。

随着国外移动支付技术和系统的不断改进与完善,移动支付业务的安全性、稳定性和便捷性都大大提高。与此同时,国内的移动支付业务基础设施建设也在不断发展完善,使该业务的物理基础得到改进。

一是近距离通信技术(NFC)的发展,带动了近场支付模式的兴起。2006年,中国移动率先在厦门市启动了近场移动支付商用试验,开启了中国移动支付业务发展的新篇章。

二是3G技术给WAP支付的发展带来了广大的空间。2009年,工信部颁发3G牌照和分配3G频谱后,3G技术在我国取得了广泛的运用,我国正式步入3G元年,3G技术的发展为WAP支付的发展提供了有力支持。

这一阶段的特点如下。

(1) 由于移动支付仍处于探索阶段,因此产业链的构建不完善、合作机制不健全,使得相应的各类标准和规范不统一,导致整个市场的发展比预期的要缓慢很多,无法吸引商户使用移动支付业务,限制了移动支付业务的发展规模。

(2) 移动支付发展尚未完善,能够向用户提供的移动支付的业务和服务相对比较匮乏,仍然做不到为用户提供真正的便利,这一时期无法保证良好的用户体验,用户黏性较差。

(3) 这一时期新兴技术的不断涌现,在摸索过程中对新技术的不断运用和实践,为日后移动支付发展奠定了良好的技术基础。

3. 第三阶段:移动支付的稳步发展期(2010年至今)

自2010年起,中国的移动支付进入稳步发展阶段,支付牌照的颁发为支付运营企业确定了合法身份,也明确了监管体系。

一是远程支付的应用领域不断扩展。2013年12月4日,工信部正式向三大运营商发布4G牌照,进入4G时代,无线数据传输速度高达100Mbit/s,伴随超高传输速度的是移动通信的高质量、高效率和低费用,能够有效助力远程支付发展。通信技术的发展提高了数据传输的速度,促进了移动电子商务的发展,远程支付的应用场景由以原有的虚拟产品、服务为主逐步拓展到包括生活缴费在内的多种方式。

二是近场支付的逐步普及。移动运营商垄断了远程支付的通信渠道,因此,近场支付就成了各方争夺的业务领域,近场支付主导权的争夺促进了产业链各方的合作。如中国移动入股浦发银行、三大运营商与手机制造商合作推出定制机、银联与TCL和HTC合作推出定制机等。

在这一阶段,第三方支付企业在推进移动支付的发展方面也发挥了重要的作用,余额宝、微信支付的兴起带动了新一轮的发展浪潮。

这一阶段的特点如下。

(1)互联网的覆盖率和网速都得到了全面的提高,为移动支付业务的推广提供了必要条件,同时数据传输效率的提高也提高了信息处理的效率,提升了用户体验。

(2)第三方支付企业全面参与移动支付业务,使得移动支付行业的竞争加剧,促进了移动支付的发展。

(3)实现了线上线下相结合的支付模式,完善了业务的发展。

(4)监管政策不断完善,商业模式日趋成熟,促进了移动支付价值链朝着更好的方向发展。

3.2.2 移动支付发展存在的问题

虽然我国的移动支付仍处于蓬勃发展的阶段,发展空间大,但是经历了十几年的发展,移动支付在我国仍未达到发展预期,普及率也远远低于网上支付。归纳其原因,主要有以下几个方面。

1. 发展环境不完善

(1)法律体系不完善。一方面,由于我国立法框架仍主要基于传统业务,对移动支付业务暂时缺乏有力的法律支持,一旦产生纠纷和侵权,很难在法律上有准确的定义和判断。另一方面,移动支付的若干业务在政策的灰色环境下发展,面临巨大的法律政策风险,未来任何法律条例的颁布都可能影响移动支付的发展。例如,2006年1月26日由中国银监会颁布的《电子银行业务管理办法》中,专门对手机银行业务制定了较为具体的管理条例,中国金融管制政策严格限制通信企业涉足金融,就给运营商发展业务带来巨大的阻碍。

(2)缺乏统一、完备的监管系统。由于不同运营主体的移动支付业务由不同的监管主体负责监管,导致监管分散,无法实施有效监管,防范金融风险的能力较弱。

(3)我国金融系统的信息化程度较低,尚未建立互联互通的数据共享机制,支付清算体系尚不完备,无法提供安全、快捷、方便的支付清算服务。

2. 技术问题限制发展

（1）安全性较高的移动支付实现方式对终端提出较高要求，目前推出的 STK（SIM TOOL KIT）卡允许基于智能卡的用户身份识别模块（SIM 卡）运行自己的应用软件，具有存储量大、菜单功能丰富、操作简便、交易安全等特点，受到了运营商的青睐，但是当前的手机市场上大量使用的是 SIM 卡，支持 STK 的终端普及率不高，提高了用户的使用门槛，将潜在的移动支付用户群拒之门外。

（2）不同运营主体技术标准体系不统一，平台之间无法兼容造成用户使用壁垒。移动运营商拥有完善的通信技术、健全的通信设备，同时还拥有最多的移动端口用户，因此采用了统一的标准支付手段，若商业银行和第三方支付企业也想构建移动支付统一技术标准体系，会导致成本过高而利润降低，影响企业盈利。但是，若不采用统一的标准体系，支付设备无法兼容，不同运营主体推出的移动支付业务和服务差异又较大，用户接触不同业务时需要重新学习，在使用时又需要进行烦琐的设置，办理手续的繁杂让人望而却步，不利于移动支付的普及。

3. 安全问题无法保障

目前移动支付的安全保障主要是采用银行卡与手机号绑定的模式，一旦手机丢失，他人就可以利用手机接收短信通过身份验证。而且，由于受手机卡技术的限制，短消息通过公网进行明码传输，没有加密功能，手机号码、密码等重要信息很容易被破译和截取，用户的信息安全无法得到保障，用户对移动支付的信赖度有所降低。

4. 消费者的使用习惯尚未养成

（1）传统消费习惯根深蒂固。消费者对现金的依赖性，是阻碍移动支付业务推广的最大障碍，消费者的观念里手机仍为通信工具，短期内无法适应手机支付方式，人们对消费方式的固有认识和习惯使手机支付发展缓慢。

（2）目前国内的移动支付业务多局限于小额支付，用户在进行大额支付时往往还是选择银行卡支付等传统支付方式，难以全面渗透客户的日常消费生活，形成消费习惯。

（3）由于资金安全、信息安全问题难以得到保障，用户对移动支付的认知和接收程度较低，对移动支付信心不足，仍需要加强对移动支付的宣传和对用户使用移动支付的安全性教育以培养用户的使用习惯。

3.3 移动支付运营模式

在移动支付产业链中，不同运营主体的地位存在差异，对关键资源的掌控能力也有很大的差别，因此形成了不同的移动支付运营模式。

常见的运营模式有如下几种。

3.3.1 以移动运营商为主导的运营模式

在这种模式下，通常将话费账户作为支付账户，用户购买运营商所发的电子货币或者直接在话费账户中预存款，当用户采用移动支付购买商品或服务时，移动运营商直接从话费账户中扣减相应的交易费用，最后，商家和移动运营公司进行统一的结算。银行完全不参与交易流程,用户使用的移动支付账户为用户手机话费账户或专门的小额账户,如图 3-3 所示。

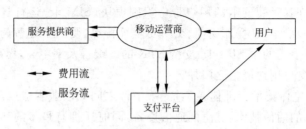

图 3-3　以移动运营商为主导的运营模式

(图片来源:刘环政.商业银行移动支付业务的发展策略研究[D].武汉:华中农业大学,2014.)

目前,我国以移动运营商为主导的运营模式主要有两种类型的移动支付业务:远程支付和近场支付。两种类型的差别主要体现在支付手段方面:远程支付通过短信、互联网等手段完成支付;近场支付则运用了近距离的通信技术,需要现场刷手机完成支付。两种方式最终都是通过用户话费或专门的移动支付账户中扣减交易费用。

1. 优势

(1) 移动运营商掌握着最重要的市场资源和用户资源,可以通过交叉营销的手段,在推广手机通信业务的同时推广移动支付业务,或者在发展移动支付的业务同时推动手机通信业务的进一步发展,以此来引导用户对业务的认知和使用。

(2) 移动运营商拥有强大而有效的营销手段,在全国范围内建立了多种营销渠道,包括自建营业厅等实体渠道和网上营业厅等电子渠道,依靠这些渠道,移动运营商聚集了办理各种业务的移动用户,而这些渠道又成为移动支付业务宣传和用户体验的最佳场所,能够有效提高用户对移动支付业务的认知、接受程度。

(3) 使得移动运营商拥有对移动用户及其话费账户、手机厂商、内容提供商和服务提供商的强大控制力,掌握了资源优势。

(4) 移动运营商掌握技术优势,通过推进技术改革创新来推动移动支付功能标准的统一和降低用户的使用门槛,以发展移动支付等增值业务。

2. 劣势

(1) 行业壁垒的存在,使得移动运营商缺乏有金融行业从业经验的专业人才,以及缺乏制定合理的业务流程、财务制度、风险控制的运营经验。

(2) 若使用的支付账户为话费账户,会使得该模式的发展受到较多限制,如话费账户每月有最高消费额度的限制无法满足用户的消费需求;再者,话费账户的支付成本高,结算周期较慢,不利于资金的流通。

(3) 若开展的移动支付业务是基于银行账户或银行专业账户,那么移动运营商将变成纯粹的通道提供商,失去产业发展的话语权。

(4) 移动运营商并不具备开展金融业务的资质,在支付过程中需要承担金融机构的责任与风险,由于存在巨大的沉淀资金及其利息收入,基于预付费账户的移动支付业务将会受到严格的金融监管。

3.3.2 以金融机构为主导的运营模式

该模式的金融机构主要指的是银行。银行通过专线与移动通信网络实现互联,客户利用移动终端登录个人银行账户实现移动支付,用户直接通过银行账户或者在银行开立专用的小额支付账户进行移动支付,或者是将银行账户与手机账户绑定,直接通过手机完成支付。银行只是使用移动运营商提供数据传输服务,移动运营商只为银行和客户提供信息通道而不参与支付过程。目前,我国商业银行大多已经开展了网上银行和手机银行业务,与此同时也建立了移动支付平台以迎合客户需要,如图 3-4 所示。

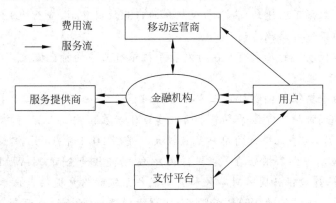

图 3-4 以金融机构为主导的运营模式

(图片来源:刘环政.商业银行移动支付业务的发展策略研究[D].武汉:华中农业大学,2014.)

1. 优势

(1) 银行的资本实力较强、规模较大、营业网点分布较广,在发展传统支付业务的过程中,商业银行在积累了大量运营经验的同时也获得了客户的信任。

(2) 商业银行在个人、企业账户管理和支付领域有丰富经验,有强大的清算数据平台,能为用户提供安全高效的移动支付结算服务,能够实时、安全地实现大、小额资金的在线结算,有利于推广使用。而且银行拥有大量的专业化人才,这是其他模式所无法比拟的。

(3) 无论是在远程支付还是近场支付领域,无论是对商家还是消费者,都不需要对自己的终端设备进行大规模的改造,成本较低。

2. 劣势

(1) 各银行的服务对象局限于本行的客户,不同商业银行之间的移动支付业务无法兼容,不能实现跨行互联互通,从而提高了消费者使用移动支付业务的成本,很大程度上限制了商业银行移动支付产品的推广。

(2) 银行移动远程支付在技术上的实现必须依赖于移动通信网络,而移动运营商垄断了这一技术资源,不具备技术上的优势,而且移动通信网络的稳定性也在很大程度上影响着商业银行手机支付产品的服务水平,因此,商业银行也很难掌控移动支付产业的关键资源。

(3) 互联网金融产品对银行业务冲击较大。以支付宝为例,支付宝在快速发展的进程中掌握了大量的客户资源,交易资金在支付宝体系内流动,而银行仅在账户充值和结算方面起作用,银行提供服务的同时却不能获得相应的佣金,影响了银行的收入。

手机银行

全球第一家手机银行于 20 世纪 90 年代诞生于捷克,是由 Expandia Bank 银行主导,与移动运营商 Radiomobile 合作而推出的。随后,手机银行在全球各地逐步发展起来,我国的手机银行也取得了迅速的发展,易观智库的行业数据显示,截至 2012 年年底,我国开通手机客户端的银行占比就达到了 83%。

以下为具有代表性的几家商业银行发展手机银行业务的特色概况。

1. 建设银行

建设银行的手机银行主要与第三方公司共同合作完成,合作内容包括手机银行相关产品的开发、运营、维护及宣传等多个方面。建设银行在国内商业银行中最早推出 WAP 与 3G 版手机银行,其手机银行的用户基数较大。早在 2011 年 10 月,建设银行便为苹果手机的 IOS 系统制作出了相应的手机银行客户端,功能较为全面,对 WAP 版手机银行进行了完善。目前,建设银行同时对苹果和安卓操作系统的用户提供客户端服务,非智能手机用户可以使用手机银行的 WAP 版服务,实现主流手机市场的全面覆盖。其提供的服务也在账户管理、转账汇款和日常缴费之外,推出投资理财(基金、理财产品、贵金属、外汇)、信用卡等基本服务和手机到手机转账(只需知道对方的手机号码即可转账)、网点服务预约排号、影票在线、彩票、保险等特色服务。

2. 工商银行

除账户管理、转账汇款、日常缴费等基础性业务外,工商银行又新增了证券、基金、国债以及外汇等金融服务,后续还增加了信用卡、小额购汇、住房公积金、贷款等多元化服务。工商银行的手机银行客户端于 2010 年年初正式推出,充分整合了塞班、Windowsphone、安卓、Kjava 等手机操作系统特点,基本业务也充分考虑到 3G 通信网络需求。

3. 中国银行

中国银行的手机银行业务推出相对较晚,直到 2010 年 5 月才正式推出手机银行 WAP 版,但尽管开发相对滞后,在研发手机银行客户端方面中国银行仍具有技术优势。于 2010 年 9 月分别针对塞班系统以及 IOS 系统推出了相应客户端,并在实际推出时,根据用户习惯将客户端分为标准与增值两种类型。标准版的手机银行客户端包含账户管理、转账、投资理财、贷款、缴费、信用卡等常规功能,增值版还额外增加了手机股票功能,与其他的商业银行相比更为全面。

4. 交通银行

交通银行在移动金融业务方面发展较为全面,这不仅仅表现在其传统的手机银行业务的不断升级当中。除在早期推出的"ATM 无卡式取款""POS 机无卡支付"等新型业务以外,交通银行又和中国银联与联通进行了积极合作,推出了国内首张融手机通信与银行业务为一体的 SWP-SIM 卡,使得移动支付业务更进一层。但从业务方面来看,交行早在 2009 年便推出了新型手机银行客户端,该客户端可以同时使用 WAP 与手机端,满足了用户的个人需求。交通银行手机银行除包含常规业务及金融服务以外,还有手机地图、理财计算、便民通等人性化功能。

  5. 招商银行

  招商银行早期推出的手机银行客户端仅支持 Java 与 Mobile 两类操作系统,并在客户端应用了数字证书技术,以手机内置安全存储区的 SD 卡充当手机银行数字证书媒介,使用手机即可完成金融交易的证书签名。自 2010 年起,招商银行逐渐推出了以 IOS 系统为代表的其他手机系统客户端。招商银行手机银行在不同手机操作系统中的功能业务也有所不同,IOS 系统中的功能最为全面,除常规手机银行业务(转账、缴费、网上支付、外汇等)外,又新增了金融助手功能,该功能除了可以进行自助理财外,还能够为用户提供自助银行、ATM 及营业网点的查询功能,并额外推出了手机商城等业务。

  资料来源:魏婉芝.各大商业银行的手机银行优劣对比[J].时代金融(下旬),2015(1):92-92,95.

3.3.3 以银联为主的运营模式

  中国银联是中国银行卡联合组织,通过银联跨行交易清算系统,实现商业银行系统间的互联互通和资源共享,保证银行卡跨行、跨地区和跨境的使用。中国银联独立于银行和移动运营商,利用移动通信网络资源和金融机构的各种支付卡,实现支付的身份认证和支付确认,通过中国银联的交易平台,用户可以实现跨银行移动支付服务。

  1. 优势

  (1)银联发展规模大。作为我国银行卡信息交换网络的金融运营机构,已与境内外数百家机构展开广泛合作,全球银联卡发卡量超过 46 亿张,银联网络遍布中国城乡,并已延伸至亚洲、欧洲、美洲、大洋洲、非洲等 150 个国家和地区。

  (2)银联连接了各发卡行的银行卡信息交换网络。由于银联连接了各发卡行的银行卡信息交换网络,所以可以避免与众多发卡行分别谈判接入,有利于迅速扩大其网络规模。

  (3)中国银联大力推进各类基于银行卡的综合支付服务。持卡人不仅可以在 ATM 自动取款机、商家 POS 刷卡终端等使用银行卡,还可以通过互联网、手机、固定电话、自助终端、智能电视终端等各类新兴渠道进行支付,可以向用户提供一揽子支付解决方案,既可以借用原银行卡网络体系的基础,又增加了用户的选择余地。

  2. 劣势

  (1)中国银联通过各发卡行掌握持卡人资源,其产业定位使其无法直接掌握客户这一关键资源,也无法直接控制客户的账户资源,因此很难直接、大规模地将服务和商家资源导入到其所掌握的统一支付平台上。

  (2)中国银联 2002 年 3 月 26 日在上海成立,注册资本仅为 16.5 亿元人民币,资本实力较弱,银联主要依靠行政支持实现其初步的发展壮大,对于初期需要较大投入的移动支付业务,银联仅仅依靠自身的实力难以推动市场的进步。

  (3)由于中国银联的体制限制,难与银行形成利益共同体。银联的股东主要包括股份制商业银行、城市商业银行、城市信用社三大类,但是没有一家银行处于控股地位,而银联自身又无法实现与客户的直接接触,使其对市场的影响力较弱。

(4) 中国银联的决策性事务,主要由央行决定,其性质更接近于政府机构,使其创新能力和市场反应能力较弱。

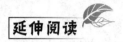

银联 DNA 手机支付

1. DNA 手机支付简介

DNA 手机支付是广东银联与广州易联商业服务有限公司合作开通的手机支付平台。该业务以 DNA 专利技术为基础,支持包括中移动、中电信、中联通在内的所有电信运营商。

广大商家可以通过该平台,使用电脑上网、手机上网、IVR 电话语音、SMS 手机短信、超级短信等形式进行销售收款。借记卡用户可以放心地用 DNA 手机支付为特约商户提供的电子渠道(网站或呼叫中心),用银行借记卡进行实时付款。该平台的推出,为银行借记卡的受理增加了一种新的安全、便捷、高效的手段。上线后,携程旅行网、南航、易网通、广之旅等商旅服务企业即先行应用 DNA 手机支付平台业务。

2. 业务流程

DNA 手机支付业务流程如图 3-5 所示。

图 3-5　DNA 手机支付业务流程

(1) 持有银行借记卡的用户发起交易下订单,并提供自己的身份证信息(仅新用户需要银行借记卡卡号、手机号)。

(2) DNA 加盟商户将用户的身份证信息以及支付金额提交给 DNA 支付平台。

(3) DNA手机支付中心向电信运营商发起语音呼叫请求。
(4) 银联手机支付中心语音回拨用户提供的手机号。
(5) 用户接听后,通过手机输入自己银行卡的支付密码,接受交易。
(6) 电信运营商再将密码传送到DNA主机。
(7) 支付成功,银联支付中心完成扣款并通知加盟商户。
(8) 商户接到支付成功通知后,通知用户交易成功。

3. 支付范围

DNA手机支付平台目前支持全国8家"银行借记卡"的手机支付,覆盖建设银行、农业银行、招商银行、兴业银行、深发展银行、浦发银行、华夏银行、中信银行。

4. 应用领域

DNA手机支付的业务类型为B2C、C2C,目前涉及应用的行业主要有订购机票、酒店、通信费用充值、公用缴费、购保险、彩票,其他票务订购等多个领域。

5. 注册绑定服务

DNA手机支付应用于缴费、充值服务领域,DNA平台提供多种方式的注册开通服务。

1) 网上(WEB/WAP)绑定

(1) 登录DNA手机支付网站平台,选择绑定操作:输入手机号、银行卡号、用户号,提交。
(2) 拨打DNA手机支付平台服务电话4006-288-298:验证银行卡信息,设定支付密码,绑定激活完成。

2) 电话绑定

(1) 用非绑定电话拨打DNA手机支付平台服务电话4006-288-298:输入手机号、银行卡号、用户号,确认挂机。
(2) 用刚才输入的要绑定的手机拨打4006-288-298:验证银行卡信息,设定支付密码,绑定激活完成。

3) 银联终端自助绑定

(1) 在自助终端刷银行借记卡:输入手机号、用户号、银行卡密码,打印凭条。
(2) 用刚才输入的要绑定的手机拨打4006-288-298:设定支付密码,绑定激活完成。

6. DNA手机支付的创新特点

1) 应用国际专利的安全支付

DNA手机支付平台采用DNA国际专利技术,符合电子支付的安全规范。交易时持卡用户的账户信息与密码信息将分别通过不同的信道实时传输,避免黑客、病毒的拦截,从根本上杜绝了犯罪分子通过假网站、电脑病毒在半道上同时截获用户卡号和密码,具有极高的安全性;且支付结束后在手机界面上不会留下支付密码信息。

2) 非面对面线下借记卡的快捷支付

DNA手机支付平台提供统一的操作界面,商户使用DNA手机支付平台只需简单的一次性系统接入,即可在任何时间实现非面对面线下对银行借记卡的创新收款方式。持卡用户支付成功后,该笔资金被实时冻结,并及时快捷地划入商户账户。

3)统一电话号码平台(020-96585)的简便支付

持卡用户与商户确认订单信息后,只需接听DNA手机支付平台统一的来电(020-96585)号码,并根据语音提示输入支付密码即可完成付款。持卡用户的手机作为支付确认工具,与网上支付结合起来,为不方便上网的用户提供了一种安全、便捷、实时的网上网下支付手段。

4)虚拟支付的特色

虚拟支付弥补了POS机、网上银行适用环境受限等不足,满足票务订购、商品配送、电视电话购物、公共事业缴费等虚拟消费及支付需求,具有虚拟POS的支付功能特点。

7. 优劣势分析

用户通过商户的呼叫中心或商户销售网站提交银行卡信息并下单,然后通过手机接听银联的来电,确认订单后输入银行卡支付密码进行支付确认。这样,用户的银行卡号与支付密码分为两个信道加密传输至银联安全交易系统,确保用户的银行卡信息不被同时截取,从而确保了用户支付资金的相对安全。

用户通过商户的呼叫中心或商户销售网站成功下单后,只需接听银联语音来电,输入支付密码即完成支付确认步骤,无须提前开通,无须使用支付盾、证书等,用户只需使用电话即可完成非面对面的远程支付购物,具有极大的便捷性。

就单独的支付过程来说,需要进行分步操作,对用户来说还是比较烦琐的,随着终端互联网安全性的提升,用户会选择基于互联网的支付方式。同时,对于支付额度小、频次高的支付需求,以及近场支付的需求,银联支付依然无法满足。

详细的银联DNA手机支付SWOT分析如表3-1所示。

表3-1 银联DNA手机支付SWOT分析

S	固有的跨行交易清算系统 银联的品牌优势 不依赖于U盾、证书等安全介质 不需要提前做业务开通	W	支付操作相对比较烦琐 固有的商业模式(单笔交易最低手续费1元) 不适合小额支付,尤其是微支付存在一定的安全风险
O	电子商务发展迅速,尚没有更方便的移动支付方式	T	移动终端使用互联网的安全性不断提高大型商业银行的竞争

(资料来源:中国银联(广东)官网. http://cn.unionpay.com/guangdong/gdtese/col_55081/col_55896/file_4646710.html;梁敏.移动支付发展现状及方向研究[D].北京:北京邮电大学,2011.)

3.3.4 以第三方支付机构为主导的运营模式

第三方支付机构指的是按照有关规定取得中国人民银行颁发的支付业务许可证,被允许从事移动支付的非金融机构。这里的第三方支付机构不包括中国银联,而且独立于移动运营商和银行,第三方支付机构利用移动通信网络资源和银行的支付结算资源,进行支付的身份认证和支付确认。在这种模式下,需要构建移动支付平台,该平台与银行相连完成支付,同时充当信用中介,为客户提供账号,并且为交易的正常进行提供部分担保,如图3-6所示。

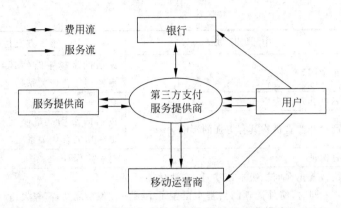

图 3-6　以第三方支付机构为主导的运营模式

（图片来源：刘环政.商业银行移动支付业务的发展策略研究[D].武汉：华中农业大学,2014.）

1. 优势

(1) 由于第三方支付机构继承了多家银行的内部网关，能够使不同银行之间的移动支付业务实现兼容，因而成为连接客户、移动运营商、银行和商家的桥梁与纽带。第三方支付机构能够将多对多的关系变为多对一的关系，简化了银行、运营商等机构之间的关系，大大提高了商务运作的效率。

(2) 对用户而言，有了更多选择，只需要注册一个平台账户就可以实现跨行之间的支付交易，方便用户进行操作。移动支付平台能够发挥信用中介的作用，为用户提供安全保障。以上优点能够有效提高用户体验，并增加用户黏性。

2. 劣势

(1) 平台为简化其他环节之间的关系，为用户提供便捷的服务，但在无形中增加了机构自身处理各种关系的负担。

(2) 对于机构而言，机构需要具有较高的市场推广能力、技术研发能力、资金运营能力和行业号召能力，才能有效开展这项业务。目前我国满足这类要求的平台较少，因而对移动支付产业的关键资源掌控能力较弱。

由以上分析可以发现，与第三方支付相比，银联的优势主要体现在企业规模、品牌形象、技术实力、市场实力等方面，但受制于自身体制的限制，在业务创新和市场反应能力方面不够。同时,在与第三方支付服务提供商的合作中，移动运营商更易于掌握主动性和话语权，如表 3-2 所示。因此，考虑到移动支付业务的网络外部性，若要加快移动支付业务的发展进程，中国银联将成为移动运营商首选的战略合作伙伴，但考虑到市场发展的均衡性及用户个性化需求的满足，移动运营商也会保持与其他第三方支付服务提供商的契约式合作。

表 3-2　中国银联与第三方支付机构关键要素对比

比较内容	中国银联	第三方支付机构
企业规模	从资本规模和人员规模角度看，中国银联更具优势	可以通过资本运作，弥补资本的不足
战略目标	产业定位更加清晰，彼此间的战略目标会更为温和	资本的逐利性使之有可能产生违规行为

续表

比较内容	中国银联	第三方支付机构
销售区域	遍布全国,不冲突	灵活的市场策略使其与商户较易形成更密切的合作关系
品牌形象	知名度和公信力更高	具有一定知名度
关系网络	对商户和监管机构具有更强的影响力	灵活的市场策略使其与商户较易形成更密切的合作关系
企业信誉	更有保证	有一定保证
市场实力	网络覆盖正在向二级地市渗透,本地化能力更强;同时,海外受理网络基本覆盖了中国人常到的国家和地区	在发展之初,有较大差距
创新能力	其成立背景和治理结构使得创新能力较弱	紧贴用户需求,创新能力较强,反应灵活
响应速度	较慢	较快
技术水平	已经拥有较完善的跨行转接网络,且服务能力正逐步提高	尽管在发展之初会有一定差距,但技术的提高并不是难点,只是时间问题
合作重要性	很重要,但移动支付并不是其唯一的业务	非常重要
退出的代价	较高	非常高

(资料来源:刘磊.国内移动支付产业的协作模式[D].北京:北京邮电大学,2008.)

3.3.5 移动运营商和银行合作的模式

由于各运营主体优势不同且存在局限性,因此,移动运营商和商业银行都不具备独立发展移动支付业务的完备条件。

对于移动运营商而言,①在我国,商业银行几乎处于垄断金融资源的地位,移动支付运营商无法避免与银行之间支付结算业务的交集。②我国的信用体制尚不健全,移动运营商在发展支付金融业务时,若不借助商业银行进行信用审核,无法有效规避信用风险。③移动运营商发展移动支付业务主要是通过手机账户进行支付,用户主要进行小额支付,无法满足客户的支付需求,因此,目前中国的移动用户中使用移动支付业务的人数很少。

对于商业银行而言,商业银行独立经营移动支付业务,需要搭建支撑移动支付业务的通信平台,或者投资购买运营商的通信服务以及加密措施等诸多额外服务,收益甚至无法弥补投入支出,因此,在未能看到明显的利润回报之前,银行独立运营方式在我国也不可取。

再加上第三方支付机构发展移动业务来势凶猛,因此,移动运营商与银行的合作模式应运而生,在该模式下,移动运营商和银行可以发挥各自的优势,形成一种战略联盟关系,合作控制整条产业链,在信息安全、产品开发和资源共享方面合作更加紧密,以保证移动支付的正常进行,取长补短,在合作中提高工作效率。比如,手机钱包就是移动运营商与银行合作的创新产品,用户将手机号与银行卡绑定后,就可以使用手机钱包业务,目前,商业银行开展手机钱包业务的情况主要如表3-3所示。

表 3-3 商业银行开展手机钱包业务的情况

时　　间	事　　件
2012 年 9 月	招商银行推出手机钱包业务,并先后同 HTC、移动、联通等手机厂商和移动运营商签订战略合作协议
2013 年 6 月	中国银行"手机钱包"上线,将在部分省市推广
2013 年 6 月	浦发银行进入移动金融 2.0 时代,可通过"手机钱包"进行远程支付
2013 年 9 月	光大银行携手中国联通发布手机钱包业务,实现近场支付功能
2013 年 12 月	中信银行东莞分行在东莞地区率先推出 NFC 手机钱包业务

(资料来源:孙宝文.互联网金融元年:跨界、变革与融合[M].北京:经济科学出版社,2014.)

1. 优势

结合了移动运营商与银行作为运营主体的优势,通过合作增强了竞争力,同时银行不需要为移动运营商提供的数据传输服务支付大额资金。

2. 劣势

此运营模式尚未发展完善,移动运营商只与某个特定银行的资金账户进行绑定,仍旧无法实现跨行支付,不同银行的接口不同,同时还会增加运营商与不同银行合作的成本。

延伸阅读

招行"手机钱包"

招商银行"手机钱包"通过将银行卡加载在内置了安全芯片的 3G 手机里,实现了手机与银行卡的"合二为一",能够为消费者带来便捷、时尚的全新支付体验。

"手机钱包"用户可以在带有"闪付 Quick Pass"标识的银联 POS 机上享受"手机钱包"带来的快捷支付体验。只需要"嘀"一下手机,不需要刷卡、输密码、找零,就能够快速埋单,为用户免去了携带现金的不方便及刷卡输密码签字的烦琐步骤。

不仅如此,用户使用"手机钱包",可以随时随地查询账户消费明细、账户余额、可受理"手机钱包"的商户信息等内容。

为了方便用户使用"手机钱包",避免用户频繁跑银行网点为"手机钱包"账户充值,招商银行还创新实现了手机钱包"空中充值"的特色功能,用户只需要将一张招商银行一卡通与"手机钱包"绑定的 TOUCH 卡进行关联,即可在任何时间、任何地点,使用手机直接为"手机钱包"的账户进行充值。充值数额由用户自行决定,每次充值上限 1 000 元,即充即用。

为了保障用户使用"手机钱包"的安全性,与招商银行合作"手机钱包"业务的手机均为内置安全芯片的 NFC 智能手机,其智能安全芯片通过了全球权威的 EAL 5+ 安全认证,加载在手机安全芯片中的招商银行 TOUCH 卡遵循 PBOC2.0 金融 IC 卡标准,其先进的非对称密钥验证技术可有效防止银行卡犯罪、防范交易风险。而且支持"手机钱包"业务的手机都具备手机密码的保护功能,为用户多设置了一道防护墙。招行"手机钱包"内置了网银安全级别的安全控件及密码安全键盘,能够在一定程度上保护账户密码不被木马病毒所截获。

招商银行的"手机钱包"可以在全国范围内任何一家带有银联"闪付 Quick Pass"标识的 POS 机上进行快捷支付,消费范围将覆盖超市、便利店、药店、咖啡店等。

资料来源:本刊记者.招行"手机钱包"来袭[J].商周刊,2012(20):60.

3.4 "余额宝"案例介绍

3.4.1 余额宝简介

余额宝是由天弘基金和第三方支付平台支付宝打造的一项余额增值服务,于2013年6月13日正式上线,主要服务对象是实名认证的个人用户。用户把资金转入余额宝,实际上是购买了一款由天弘基金提供的名为"余额宝"的货币基金(曾名为增利宝货币基金),可以随时转入、转出或消费,并享有货币基金的投资收益。货币基金主要投资于短期货币工具如国债、中央银行票据、银行定期存单、政府短期债券、企业债券、同业存款等短期有价证券的基金产品。

2013年6月13日,阿里巴巴集团旗下的支付宝公司与天弘基金签订合同,余额宝正式上线,上线第二天,就为天弘基金带来了13万用户和5 000万元的申购数额。

2013年6月底,余额宝的用户突破250万人,规模达到66亿元。

2013年11月,余额宝规模突破1 000亿元,用户数近3 000万人,成为国内基金史上首只突破千亿关口的基金,在全球货币基金中排名51位。

至2013年12月31日,余额宝的用户数已经达到4 303万人,规模1 853亿元。余额宝自成立以来已经累计给用户带来17.9亿元的收益,日每万份收益一直保持在1.15元以上,在所有货币基金中万份收益最为稳定,总收益水平稳居同类货币基金的第2位。

截至2014年年底,余额宝用户数已经增加到1.85亿人。2014年,余额宝为用户创造了240亿元的收益,余额宝规模是5 789.36亿元,相对于2013年年底的1 853亿元,整体规模在一年内增长了2倍多,累计为用户创收257.94亿元。

余额宝上线后,不仅为广大用户提供了现金管理功能,还不断拓展消费服务功能,例如网购、转账、充话费、缴纳水电费、购买电影票、信用卡还款等,余额宝还曾推出余额宝买房、买车等特色业务。余额宝在一、二线城市的普及率已经相当高,并且逐步进驻三、四线城市,甚至是农村市场,余额宝依然还有很大的市场空间。

3.4.2 余额宝业务流程

客户购买基金,需要将资金转入天弘基金公司在银行开立的托管账户,但是由于支付宝不具备基金托管人的身份,所以,客户将资金转入支付宝账户,再从支付宝余额转入余额宝,通过资金划拨,将客户余额宝中的余额转入天弘基金公司的托管银行账户,完成一般客户对基金的申购。

客户完成资金的申购之后,即可享受投资基金带来的投资收益,同时,余额宝账户内的资金与支付宝余额发挥的作用一致,可以随时消费和转出。

传统的货币基金往往无法实现"T＋0"实时赎回，客户无法实现实时的现金管理，相比于普通基金产品，余额宝的一大创新是能够实现"实时赎回"，但是有违规之嫌：一是基金公司从基金申购头寸中预留一部分资金，以备客户的实时赎回；二是支付宝利用自有资金为客户垫付资金，事后再由天弘基金划转垫资至支付宝账户。这种"T＋0"的赎回模式给商业银行的活期存款业务带来了巨大的冲击。

3.4.3 余额宝盈利模式

余额宝本质上是一种货币市场基金，其盈利模式与一般的货币基金相似，属于证券投资基金中低风险品种，其投资目标是保证基金资产的低风险和高流动性。主要投资几种银行存款、债券等风险较低的资产，其中，以银行协议存款和结算备付金占比最大，高达85％。如表3-4所示。

表3-4 2014年余额宝基金资产组合情况

序号	项目	金额（元）	占基金总资产的比例（%）
1	固定收益投资	46 190 560 822.30	7.97
	其中：债券	45 369 753 378.68	7.83
	资产支持证券	820 807 443.62	0.14
2	买入返售金融资产	41 156 051 875.07	7.11
	其中：买断式回购的买入返售金融资产	124 918 607.40	0.02
3	银行存款和结算备付金合计	490 582 488 639.75	84.69
4	其他各项资产	1 310 519 405.69	0.23
5	合计	579 239 620 742.81	100.00

（数据来源：天弘基金2014年年报）

3.4.4 余额宝特点

1. 销售门槛低

传统基金销售门槛较高，一般至少设置为1 000元，与传统货币基金不同的是，与余额宝绑定的增利宝的起购资金是1元，相当于不设置任何门槛。

销售门槛降低，一方面能够拓展用户人群，使得越来越多的人能够参与到投资活动中，尤其是无法达到传统公募基金投资门槛、又有投资需求的个人都能够参与到投资之中，极大地调动了他们参与投资理财的积极性；另一方面，越多人参与投资活动，就越能吸纳更广泛群体的投资者资金，有力地帮助基金增加了自身的资金总额，可以提高其进行投资的资金利用效率。

2. 流动性强

相较于传统基金行业"T＋1"的模式，余额宝能够实现即时赎回，即"T＋0"模式，而且在投资理财期间，余额宝用户可以随时消费支付和转出，实现了余额宝账户与自己账户资金之间的实时转移。而且，余额宝推出了手机客户端，用户可以通过客户端使用余额宝内的资金进行消费或者支付其他费用，还可以随时随地提取余额至支付宝账户或与该账户绑定的银行卡内。而且，余额宝的随时消费和支付不会收取任何费用，也不会影响余额基金的运作,实现了较高的流动性。

3. 投资收益高

余额宝的性质与银行的活期存款和货币基金相似。

招商银行推出"日日金"、兴业银行推出的"现金宝"、光大银行推出的"活期宝"均为货币基金类产品。以"活期宝"为例,"活期宝"投资以 5 万元为起点,用户可以随时进行支取、转账和消费,收益率水平约为 2.5%。货币基金能够提供较高的收益水平,但投资起点较高,而且理财周期较长,投入理财产品的资金在此期间是不能动的,流动性较差。

活期存款虽然能实现随时支付,但是与传统银行活期存款相比,余额宝的年收益率甚至可以高出 4 倍以上。但是一旦基金的管理出现问题或者投资出现偏差,余额宝的用户就需要自负盈亏,余额宝用户是不会始终享受那么高的收益率的,其风险系数相对较高。

4. 透明度高

由于传统金融行业体系设置的局限性,一般客户想要获得具体的交易情况、账户信息需要经过较为烦琐的手续,但是余额宝用户只需要通过支付宝手机客户端,就可以随时随地查看余额宝账户内的余额以及收益等事项,转入、转出、消费情况等数据实时更新。

与此同时,通过天弘基金的官网,余额宝会定期公布存入基金的资金总额及收益变化率等情况,客户可以随时查看收益率走势及每天的收益情况。而传统金融提供的理财方式运行周期较长,理财用户不能及时了解其投资所获收益或者所负亏损等情况。

3.4.5　余额宝发展困境

1. 发展合规的不确定性

由于监管方面的限制,支付宝作为第三方支付平台,可以购买协议存款,但不能代销基金,支付宝与天弘基金合作推出余额宝实现基金销售的做法,实际上并不完全合规。虽然监管部门尚未叫停余额宝,但是随着国家对互联网金融管制逐步加强,余额宝有可能会被限制或叫停。

2. 难吸引大额资金

2014 年,余额宝规模为 5 789.36 亿元,共计有 1.85 亿用户,户均余额 3 129.38 元,规模较小,目前主要服务于低附加值的货币市场基金和海量的小额投资者,而余额宝需要吸引较大额资金、较高端资金,才能取得更为长远的发展。

虽然余额宝能够提供较好的流动性,并且带来更高的收益,但是用户在存放大规模的资金时,首先考虑的是资金安全问题。商业银行在长期的经营发展过程中,形成了较为成熟的风控体系,能够有效识别风险,积累了良好的信用,又拥有雄厚的资金实力,再加上政府的信用担保,因此往往成为用户的最佳选择。余额宝作为新兴的产品,在风控和信用上都不具备优势,更多地需要依靠互联网平台优势提升传统金融产品的灵活性。

3. 收益率无法保证

余额宝一直依靠高收益、高流动性吸引客户,在对其进行宣传时,经常选用银行的活期存款为比较对象,但这是不恰当的,活期存款能够向客户提供稳定的利息收益,而余额宝作为货币基金,虽然风险较低,但是仍无法保证收益。

(1) 系统性风险对收益会造成影响。系统性风险是由基本经济因素的不确定性引起的,基金是分散投资,所以相较于其他投资活动而言,购买基金的风险更小,但是基金的波动情况与整个市场基本接近,分散投资能够有效分散非系统性风险,但却不能分散系统性风险。货币型基金受利率等宏观因素影响较大,造成货币基金的每日收益率波动较大,如果货币市场表现不好,将会影响货币性基金收益,余额宝收益挂钩货币基金收益,因此,余额宝提供给客户的收益率也会下降。

(2) 非系统性风险也会影响收益。最为突出的基金管理能力对收益率的影响,存在由于基金管理能力下降导致收益率下降,甚至本金损失的可能性。

4. 流动性管理压力

余额宝为了吸引客户,还需要保证其流动性,余额宝承诺客户可以通过消费和提现的方式实时赎回基金,一旦客户赎回频率过高或在短期内大额赎回,就会给余额宝带来流动性管理压力;若货币基金流动性管理不当,还会造成流动性风险。

影响客户赎回的原因主要是收益率和资金的需求度:一方面,余额宝的收益率越高,客户选择赎回的可能性就越低,余额宝的流动性就越好;若收益率过低,客户可能会选择赎回基金,而选择另一种投资方式。另一方面,若客户在短期内对资金的需求较大,则可能造成短期内的大额赎回,给流动性带来一定冲击。对于余额宝来说,天猫的"双十一""双十二"等大型促销活动产生的流动性风险是巨大的,用户集中在一个时间段提取余额宝中的资金,不论是天弘基金还是支付宝、余额宝,都会变得非常被动。

货币基金流动性管理不当则会加剧流动性风险,余额宝内资金可随时在线上线下消费,也可以随时提现至银行卡,但货币基金每日收盘后才能给予余额宝结算,这期间支付宝公司只能利用本公司的自有资金或者用户备付金垫付基金赎回资金,才能实现余额宝到支付宝的实时到账。一方面,余额宝发展至一定规模后,必须保留较大规模的备付资金保证客户能够实时赎回,但这就会对余额宝的收益和流动性产生影响。相比之下,银行拥有更多的优势,其资金体量远高于支付宝,并且有着完善金融体系相互支持的流动性保障,抗冲击的能力也远高于支付宝。另一方面,如果货币基金出现流动性风险无法按时与支付宝进行交割,支付宝则面临头寸风险。

5. 竞争逐步加剧

随着市场的不断发展完善,各类"宝宝系"产品层出不穷,以支付宝为代表的基金系"宝宝"产品方兴未艾,银行系"宝宝"产品日渐丰富。工商银行推出了"工行薪金宝"、中国银行推出了"活期宝"、交通银行推出了"现金宝"、平安银行推出了"平安盈"、兴业银行推出了"掌柜钱包"、民生银行推出了"如意宝"、中信银行推出了"薪金煲"、广发银行推出了"智能金账户"等(见表3-5)。从收益上看,银行系"宝宝"平均要比互联网"宝宝"的收益率更高且更为稳定,而且正逐步降低门槛,如果余额宝不再加强创新吸引客户的话,就难以保证其竞争地位。

表3-5 部分"宝宝"理财产品情况

产品名称	发行机构	目前资金规模(亿元)	7日年化利率(%)	起购金额(元)
余额宝	支付宝	6 206.90	2.54	1
百度百赚	百度	883.5	2.68	1

续表

产品名称	发行机构	目前资金规模(亿元)	7日年化利率(%)	起购金额(元)
现金快钱	工银瑞信基金	1966.27	2.86	0
工银薪金宝	工商银行	80.44	2.56	100
掌柜钱包	兴业银行	675.43	3.03	0
民生如意宝(汇)	民生银行	440.67	3.05	0
民生如意宝(民)	民生银行	253.95	2.56	0
平安盈(南)	平安银行	375.31	2.63	0
平安盈(平)	平安银行	205.11	2.94	0

3.5 "微信支付"案例介绍

3.5.1 微信支付简介

微信支付是集成在微信客户端的支付功能,用户可以通过手机完成快速的支付流程。用户只需要在微信中关联一张银行卡,并完成身份认证,即可将装有微信 APP 的智能手机变成一个全能钱包,之后即可购买合作商户的商品及服务,用户在支付时只需在自己的智能手机上输入密码,无须任何刷卡步骤即可完成支付,整个过程简便流畅。

2013 年 8 月 5 日 15 时左右,腾讯正式发布微信 5.0 版本,相较于之前的版本,微信 5.0 版本增加了微信支付功能(见图 3-7)。推出微信支付使得微信能够在应用内部实现交易和结算,各项功能之间环环相扣,形成闭环。

- 2013 年 8 月 5 日,微信 5.0 版本发布,正式推出微信支付功能
- 2013 年 9 月 9 日,微信 Android 5.0.1 版本正式上线
- 2014 年 1 月 4 日,微信添加"滴滴打车"模块
- 2014 年 1 月 27 日,微信推出"微信红包"功能
- 2014 年 3 月 4 日,微信支付接口对已通过认证的服务号开放
- 2014 年 4 月 8 日,微信智能开放平台正式对外开放
- 2014 年 6 月 13 日,微信支付推出"微信零钱"、信用卡还款等功能
- 2014 年 8 月 28 日,微信支付正式公布"微信智慧生活"全行业解决方案
- 2014 年 12 月 24 日,微信团队正式宣布面向商户开放微信现金红包申请
- 2015 年 2 月 18 日,春晚直播,主持人现场介绍微信摇一摇红包玩法

图 3-7 微信支付的发展历程

截至 2013 年 11 月,微信的注册用户量已经突破 6 亿次,是亚洲地区拥有最大用户群体的移动即时通信软件。截至 2013 年 12 月,微信海内外活跃用户总数已经达到 3.55 亿人;而截至 2014 年 12 月底,微信海内外活跃用户总数已突破 7 亿人,庞大的用户基础为微信支付的迅速发展提供了保障。

微信支付的业务范围不仅包括腾讯旗下的 QQ 充值、腾讯充值中心等,还支持麦当

劳、微团购等。同时,微信支付积极开展与商业银行之间的合作,包括风险较小的固定收益类理财产品等。除此之外,微信支付还支持小额民生支付,民生支付业务虽然不能带来丰厚的利润,但是由于其使用的便捷性,增加了用户黏性。

目前微信支付场景里腾讯服务模块下包括：转账、手机充值、理财通、生活缴费、城市服务、信用卡还款、Q币充值、微信红包、腾讯公益、AA收款。第三方服务模块下包括：滴滴出行、火车票机票、美丽说、京东精选、电影演出赛事、吃喝玩乐等。

3.5.2 支付方式介绍

目前,微信支付提供了扫二维码支付、APP支付、刷卡支付、公众号支付等多种支付方式。

1. 扫二维码支付

扫二维码支付分为线上扫码支付和线下扫码支付两种方式。线上扫码支付是指接入微信支付的商家在支付时,在PC端上生成一个二维码,用户只需要使用移动设备扫PC端的二维码,即可跳转至微信支付的交易页面,商家根据支付交易信息中的用户收货、联系资料,就可以进行商品配送,完成交易。线下扫码支付指的是用户在实体商店购物时,选中某些商品之后,会生成一个支付的二维码,仅需扫描该二维码,并在移动终端确认支付,就可以完成整个支付过程。

用户只需要用微信客户端在贴有二维码的地方简单刷一下就可以完成交易,大大简化了移动支付的操作,有了二维码支付手段,商家不必承受货到付款等高成本支付,而消费者也可以随时随地进行实时支付。但同时其安全性也遭到了质疑。由于许多二维码扫码工具并没有有恶意网址识别与拦截的能力,这给了手机病毒极大的传播空间。2014年3月,央行通知表示,线下条码(二维码)支付突破了传统手机终端的业务模式,其风险控制水平直接关系到用户的信息安全与资金安全。虚拟信用卡突破了现有信用卡业务模式,在落实用户身份识别义务、保障用户信息安全等方面尚待进一步研究。

2. APP支付

APP支付即第三方应用商城支付,电商平台只需接入微信支付,用户在其平台进行网络交易,提交订单后在APP内就可以调用微信支付来完成交易,用户在第三方应用中选择商品和服务,选择微信支付完成支付过程,此支付方式需要商家事先注册微信开放平台账号,通过验证并签署线上协议。

3. 刷卡支付

刷卡支付指的是用户通过刷卡功能模块,向收银员出示条码完成支付,刷卡支付也需要商户事先注册公众号,通过验证,并签署线上协议。

4. 公众号支付

微信公众号是开发者或商家在微信公众平台上申请的应用账号,通常账号类型为服务号。商家通过商户验证后,签署线上协议即可上线产品进行售卖。通过微信公众号,商家可以向订阅其公众号的用户推送文字、图片、语音、视频等内容,实现与用户之间的全方位沟通,形成线上线下微信互动营销方式。通过微信公众号推送商品及其他相关信息,既实现了广告效益,又能够实现在线的产品售卖。用户通过微信公众号推送的商品信息选购商品,下单并完成支付。

3.5.3 微信支付特点

1. 社交软件背景支持

(1) 微信支付依托于微信平台,微信作为社交软件,主打"免费"通信。与手机短信的高成本、一对一交流、传递信息方式单一化相比,微信的成本更低,交流方式也更为方便,因此,自2011年1月21日上线以来,吸引了大批用户,积累了一定的用户量,微信用户通过简单的步骤即可成为微信支付用户。微信的普及率较高,使得朋友圈之间的支付更为便利,交易双方无须通过额外的软件即可实现在线转账、消费和收款。

(2) 微信支付在移动端提供了一种便捷的支付方式,微信用户无须下载额外的客户端和注册账户,只需要绑定银行卡即可,降低了使用门槛。对于年长一代而言,微信支付可以提供一体化的消费平台,使用微信支付可以进行转账、还信用卡、打车,充分满足了客户需求。

2. 线上线下相结合,支付方式更加便利

商家接入微信支付,可以完成线上购物、线下购物的闭环。用户可以通过微信扫描购物,商家无须接入额外的设备,只需要提供商店里商品的二维码,微信用户就可以直接付款购物。从扫描二维码到购买商品,最后到微信支付的环节。在这样一个模式下,商家可以以最快的速度收到货款,客户也可以快速获得商品,商业交易环节大大简化。

对于接入微信支付的商家来说,微信支付的意义在于作为微信商业化闭环中最重要的一环,使微信成为一个完整的商业新模式。微信支付的开放不仅完善了微信公众平台的生态系统,还有可能激活现有产业链,并催生更多新兴产业和新兴的服务模式,这对传统行业传统的商业模式来说预示着更多机遇的到来,与此同时,也将日渐形成新的商业规则。

3. 提供更丰富的支付场景

支付宝之所以在短时间内取得了飞速的发展,主要依托于淘宝网、天猫网积累的客户基础,支付宝一开始是为了解决网络购物买卖双方的信任问题,作为买卖双方的中介而诞生的,之后依附淘宝网的强大客群逐渐成为其他网上交易的第三方支付平台。相比于支付宝的客户来源,微信的庞大用户基数的优势得以彰显,微信自带支付,随着移动支付市场的发展壮大,不仅仅是远程购物支付,微信能够支持更多的近场支付应用场景:打车、订餐、订房、朋友转账、实体商户交易等,而在这些新出现的场景中,微信的用户体量优势将会日益明显。

3.5.4 微信支付发展问题

1. 微信账号的安全隐患

(1) 微信支付要求用户绑定与支付相关的个人身份证、手机号码以及银行卡账号等私人信息,同时也使支付者绑定的个人信息全部暴露于用户的手机中。然而智能手机的安全系数较低,一旦发生手机被盗或丢失等情况,储存在手机中的用户个人信息就很容易被泄露,甚至被利用。

（2）微信作为一个开放的社交平台,用户可以向好友自由分享链接,因此,用户之间互相分享的行为也容易助长诈骗行为的发生。一旦账号被盗,除了账号本身绑定的银行卡资金的安全会受到威胁,还可能会向其好友传播风险,这些安全隐患都在直接或者间接地影响着微信支付在用户心中的信用度。

2. 支付模式存在漏洞

微信支付提供了扫二维码支付、APP 支付、刷卡支付、公众号支付等多种支付方式,在使用时只需输入简单的支付密码,就可以随时随地完成支付。而且,为了向用户提供更加便捷的支付方式,腾讯以放弃再次验证环节来使支付更加快速,使用绑定的银行卡也只需利用一组密码就能一次完成支付。一旦微信账号的密码泄露,不仅会导致其个人信息泄露,还会导致绑定的银行卡信息泄露,使财产遭受损失。

另外,许多微信用户使用手机作为微信的 ID 账号,即使手机号码停用,用户仍然可以在此 ID 账号下进行任意支付操作,包括使用微信付款等相关经济行为。

3. 覆盖范围较小,发展较为落后

阿里巴巴赴美上市后,支付宝的知名度逐步提高,逐渐打开了海外市场,而相比之下,微信支付的发展较为落后。首先,微信支付的上线商户尚未覆盖海外地区,服务对象局限于中国内地用户,不能实现跨国购物。其次,金融机构和银行业与微信支付的合作进程较慢,合作范围局限于余额查询和业务咨询,如需购买理财产品仍要通过进入其他界面和应用程序完成。

参 考 文 献

[1] 师群昌,帅青红. 移动支付及其在中国发展探析[J]. 电子商务,2009,2：58-64.
[2] 白静. 互联网金融创新的法律规制[D]. 石家庄：河北经贸大学,2014.
[3] 刘环政. 商业银行移动支付业务的发展策略研究[D]. 武汉：华中农业大学,2014.
[4] 韩刚. 移动支付产业链研究[D]. 北京：北京邮电大学,2007.
[5] 周慧峰. 3G 时代的移动支付产业链模式探讨[J]. 信息通信,2010,1：69-71.
[6] 袁琦. 移动支付业务的应用与发展分析[J]. 电信网技术,2010,2：45-49.
[7] 崔媛媛. 移动支付业务现状与发展分析[J]. 移动通信,2007,6：30-33.
[8] 李艳,涂伟,陈美芳. 移动支付的运营模式及风险防范分析[J]. 商业时代,2011,17：118-119.
[9] 郭效孟. 我国移动支付运营模式的比较及发展趋势[J]. 华北金融,2011,7：27-29.
[10] 陈晓宝. 国内移动支付业务发展战略研究[D]. 扬州：扬州大学,2012.
[11] 梁敏. 移动支付发展现状及方向研究[D]. 北京：北京邮电大学,2011.
[12] 王晓娥. 移动支付存在的主要问题及市场切入点分析[J]. 宁夏工程技术,2004,2：150-153.
[13] 芦阳. 浅析我国移动支付商业模式的选择与构建[J]. 改革与战略,2012,4：57-59.
[14] 刘磊. 国内移动支付产业的协作模式[D]. 北京：北京邮电大学,2008.
[15] 刘晖,王秀兰,罗中华,等. 基于 T+0 模式的互联网金融产品研究——以余额宝为例[J]. 生产力研究,2014,2：55-57.
[16] 郭旭. 对微信支付现状和发展困境的研究[J]. 商,2014,19：116.
[17] 蒋银科,肖毅,聂笑一. 微信支付的现状分析与信用问题研究[J]. 电子商务,2014,9：35-36.

[18] 刘冬.互联网金融新模式之余额宝的发展与监管[D].上海:华东政法大学,2014.
[19] 王莹.余额宝的流动性、收益性及风险分析[J].中国商贸,2013,35:65-66.
[20] 欧阳思萌,曹伊.我国微信支付模式发展中存在的风险及规避策略[J].对外经贸,2015,5:124-125,130.
[21] 李土金,刘珊,丁铃.基于第三方支付——微信支付的探究[J].东方企业文化,2015,9:169.
[22] 贺正.第三方移动支付研究[J].商情,2013(32):3-4.

第4章 金融互联网

4.1 金融互联网概况

4.1.1 金融互联网的定义

与互联网金融一样,目前,国内对金融互联网没有做出权威统一的定义,比较得到认可的观点是:互联网企业等非金融机构从事金融业务的行为称为互联网金融,而金融行业借助互联网技术对传统金融服务升级优化的行为则称为金融互联网。

本文对金融互联网的定义如下:金融互联网,即金融业务的互联网应用,主要是指传统金融机构利用计算机技术和互联网技术,以互联网为手段、平台或渠道,创新金融产品、业务、流程及服务模式,以扩展金融服务内容和空间,促使金融业务透明度更高、参与度更高、协作性更好、中间成本更低、操作更加便捷、效率更高。

从本质上来说,金融互联网即金融互联网化,指的是传统金融机构利用互联网技术进行数据处理或者开展创新业务,从而提升效率,降低成本。

4.1.2 金融互联网与互联网金融

1. 金融互联网与互联网金融的概念辨析

为了方便进一步区分互联网金融与金融互联网,本书对二者的差异分析如下。

(1) 行为主体和参与形式不同。互联网金融指的是互联网电商等非金融机构依托于支付技术、云计算、大数据和社交网络等互联网工具与手段,介入金融领域,从而提供更多的金融服务。从以上定义可知,从事创新型金融业务的行为主体是互联网公司,参与形式主要包括:第三方支付、P2P网络信贷、众筹融资、虚拟货币、网络保险及基于大数据的金融服务平台等。

金融互联网则指的是传统金融机构利用互联网技术实现自身业务互联网化,其行为主体是传统金融机构,参与形式主要包括:上线电脑、手机、移动终端等新的交易渠道,包括网上营业厅、手机银行等,开办电子商务,利用互联网技术进行数据的处理等。

(2) 衍生背景不同。互联网金融之所以在短时间内取得飞速发展,主要是因为我国已经进入了互联网时代,随着电子商务与网络经济的快速发展,以互联网为代表的新技术逐渐渗透到人们的日常生活中,传统金融行业的业务已经越来越不能满足客户的需求。在这样的背景下,以"开放、平等、协作、分享"的互联网精神为特征的新兴金融业态——互联网金融,迎合了大众的需要,受到了广泛的欢迎,并在短时间内普及和发展起来。

虽然网络技术的应用在金融互联网的发展过程中也同样发挥着举足轻重的作用,但是,促使金融互联网发展最直接、最主要的原因是日趋激烈的同业竞争、"金融脱媒"带来的压力及互联网金融的强势发展对传统金融行业带来的巨大冲击。通过进军互联网,对传统金融行业而言,不仅仅是实现业务的增值,更是大势所趋。

(3) 理念不同。互联网金融构建的是"平台",为互联网用户提供开放式的网络平台,用户可以通过凭条实现现金管理、跨行支付等功能。

金融互联网则是立志于为用户提供"渠道",金融互联网的互联网特性体现在传统金融行业利用互联网延伸了传统金融机构的交易机构,比如开设网上银行,上线创新型产品,或者提供电子商务渠道进行线上交易。

(4) 资源配置不同。互联网金融通过电脑将资金供需共享至互联网,资金的供需双方无须通过银行进行交易,网络平台可以提供所有的信息,根据提供的信息进行自动匹配、定价和交易,实现了"去中介化"的目标。并且,网络平台的中介作用,大大提高了信息的甄别能力,在一定程度上缓解了信息不对称的问题,使得市场更加充分有效。

虽然在金融互联网化的过程中也运用了互联网技术,但是,有别于互联网金融的是货币信用活动的中介组织者主要还是传统金融机构,而不是互联网技术。

(5) 创新程度不同。作为时代发展诞生的全新产品,目前国内的互联网金融主要是基于服务手段和方式上的创新,相比于国外的发展程度,在我国现有的环境下,在金融产品的创新上较难有很大的突破。

由于金融互联网的主体是传统金融机构,传统金融机构经过长时间的发展,已经为金融产品的创新打下了良好的基础,而且由于过去的技术限制,其产品模式较为单一,因此具有很大的发展空间,拥有很多的创造创新机会。

(6) 监管要求不同。无论是在监管要求还是监管力度上,互联网金融和金融互联网的差距都相当大。由于互联网的爆发式发展,产品和业务更新换代的速度很快,现行的行业法规对其没有相关规定和约束,同时,互联网金融涉及的业务范围非常广,包括商务部、工信部、银监会、证监会和央行等监管部门,存在监管不明确的问题。

金融互联网的主体是传统金融机构,有明确的监管主体:银行业由银监会监管、证券业由证监会监管、保险业由保监会监管,涉及的具体业务也有多个明文法规和一系列明确要求,监管相对成熟。

2. 金融互联网与互联网金融的竞争优势

虽然互联网金融在短时间内给传统金融行业带来了巨大的冲击,但是,由于传统金融的发展时间较长、发展模式较成熟等原因,互联网金融在短时间内仍无法取代传统金融,互联网金融与金融互联网在发展过程中各自的竞争优势如下。

1) 互联网金融的优势

(1) 庞大的网络用户群。2016年1月22日,中国互联网络信息中心(CNNIC)发布第37次《中国互联网络发展状况统计报告》,据统计,截至2015年12月,中国网民规模达6.88亿人,全年共计新增网民3 951万人。互联网普及率为50.3%,较2014年年底提升了2.4个百分点。中国手机网民规模达6.20亿人,较2014年年底增加6 303万人,网民中使用手机上网人群占比由2014年的85.8%提升至90.1%,较2014年年底提高4.3个百分点。以上数据说明互联网时代已经全面到来,随着互联网逐步渗透进入日常生活,人们越来越离不开互联网,这意味着互联网金融的规模经济潜力巨大,依托互联网的新产品、新技术,在我国具有很大的发展空间。

(2) 拥有开放的资源平台。互联网金融依托互联网搭建的平台取得快速的发展,主要归功于平台的开放性。平台的开放性首先表现在平台资源的开放性,平台提供资源的同时,也从使用者处源源不断地获取新的资源,实现了资源的共享,在交流中不断学习,加速了互联网金融的发展。其次,平台对所有参与主体开放,由于互联网金融的门槛相对传统金融更低,几乎所有人都能参与进来,这样,被传统金融机构所忽略的中小型客户,可以通过互联网金融参与到金融活动中来,提高了互联网金融的普及率。

(3) 丰富的数据量和大数据技术的运用。运用大数据技术构建征信体系,可以客观、合理地分析借款人的信用状况,针对借款人的信用状况提供相应的贷款帮助,提高了成交率,降低了坏账率,在一定程度上还解决了信息不对称的问题。互联网技术也助力了电子商务平台的发展,收集海量信息,运用云计算对客户的消费进行详细的分类,进行详细的数据分析,获得客户的消费偏好、消费习惯以及消费能力等数据,根据这些数据,电商可以进行相关商品推荐,促进消费。对商家而言,提高了成交量,增长了收益,从中挖掘了商业价值;对客户而言,有针对性的推荐满足了客户的需求,提升了客户的满意度。

(4) 便捷性与高效性。互联网金融模式的一大特色就是以客户体验为主导,使客户能够更便捷、更高效、更低成本地完成交易。例如,互联网搜索引擎可以通过对信息的组织、排序和检索,更有针对性地自动匹配需求,能够帮助用户在极短的时间内通过信息检索得到需要的商品,从而提高了搜索的效率,让客户更加方便快捷地完成交易。并且,在这种模式下,信息完全公开,定价完全竞争,既做到了公平竞争,又大大提升了服务的效率。

2) 金融互联网的优势

(1) 丰富的运营经验。互联网金融由于发展时间较短、技术背景要求高,其从业人员往往是不具有金融从业经验的互联网高新技术人才,在业务经验方面有所欠缺。而传统金融机构在长期的运营过程中,形成了成熟的运营模式,积累了丰富的运营经验,还培养了大量具有丰富业务经验的相关从业人员,这些经验都是互联网金融所不可比拟的。

(2) 雄厚的资金实力。在创新化的讨程中,为了争夺市场、积累客户、开发技术,前期往往需要大量的资金投入,无法获得发展所需要的资金,资金链出现断裂现象是导致许多互联网公司破产的主要原因。传统金融机构在长期运营过程中,不仅仅积攒了丰富的运营经验,同时,也带来了丰厚的收益,雄厚的资金实力是开展各项创新型业务的保障,这一点是大多数互联网企业难以匹敌的。

(3) 良好的信用品牌。信用对于一个企业的重要性不言而喻,信用关系着企业的声誉,而企业的声誉关系着企业的客户来源和未来的发展。银行、证券、保险等传统的金融机构在长期运营的过程中,往往已经形成了一定的规模,积累了极高的公信力,从而成为许多用户的第一选择。再加上近年来,互联网金融企业屡屡发生"卷款跑路"的事件,许多用户对互联网金融仍抱有怀疑的态度,大大降低了互联网金融的可信度。

(4) 较高的风险管理能力。金融业是经营风险的行业,信用风险、流动性风险、市场风险、操作风险等构成了复杂多变的风险环境,传统金融机构在实践中不断优化风险管理流程,建立并完善风险控制指标体系,健全各项风险控制规章制度,形成了互联网金融难以企及的风险防控优势。

(5) 健全的法律体系和政策保护。金融是一种门槛极高的商业形态。长期以来,中国金融业都是一个相对封闭的圈子,金融机构处于牌照管理、分业严格监管、利率管制的状态,准入门槛极高,局外人很难拿到相应的牌照。

3. 金融互联网与互联网金融的关系

无论是互联网金融还是金融互联网,在当前的时代背景下,归根结底,二者的核心仍是金融。

短期内看来,互联网金融和金融互联网是"竞争+合作"的关系,二者联系紧密。

(1) 互联网金融在理念上给传统金融机构带来冲击,促使金融互联网的崛起和发展。就目前国内情况而言,互联网金融在第三方支付、小微贷款、余额宝等方面已经推出了较为成形的产品,给传统银行施加了巨大压力。因此许多大型银行也纷纷在开展金融互联网业务上进行了积极的尝试,例如建设银行"善融商务"电子商务平台、交通银行"交博汇"网上商城、招商银行"非常 e 购"信用卡商城等。

(2) 金融互联网也打通了第三方支付账户与银行卡账户资金的双向互转,为互联网金融支付平台提供技术保障。互联网企业瞄准了传统金融机构的业务盲区,着力于为中小微企业和个体贷款服务,与金融互联网布局高端客户形成错位营销,实现共同发展。

虽然短期内互联网金融不会对传统金融机构带来颠覆式冲击,但互联网金融将保持快速发展的趋势,这会给传统金融机构在业务模式、创新思路上带来巨大的理念冲击,加速传统金融机构与互联网的融合。同时,传统金融机构也会逐渐意识到互联网在金融领域的应用价值,不断将互联网技术应用于金融服务之中。

4.2 银行业的金融互联网化

4.2.1 商业银行的互联网化发展进程

2012 年,"互联网金融"一词开始进入人们的视线,并伴随着支付宝、余额宝、人人贷等产品的迅速崛起而广为人知,虽然在互联网金融强势的进攻势头下,商业银行的互联网化进程显得相对被动,但其实从广义范围来讲,商业银行早就开始了互联网化的实践。

1. 第一阶段:商业银行电子银行化

在互联网技术兴起的 20 世纪 90 年代,我国传统商业银行就已经开始了互联网化的探索与实践,最初的尝试是通过互联网渠道为客户提供跨时间、跨地域的服务。1998 年,招商银行率先开通了网上银行,这是我国首家网上银行,在此之后,主要的商业银行陆续推出了网上银行服务。随着移动设备的普及,商业银行又将发展的目光转向移动金融,商业银行开始寻求与运营商之间的合作,随后,各大银行陆续推出了手机银行服务。

商业银行的电子银行化作为商业银行在互联网化领域最初的探索,发展至今已经较为完善,随着互联网技术的不断发展和进步,各大商业银行不断丰富网上银行内容,如今各大商业银行的网上银行功能愈加全面,基本可以满足从对私业务到对公业务的绝大多数常用业务。移动金融方面,主要的商业银行目前均已推出包括 IOS 和 Android 在内的不同手机操作系统下的银行客户端。

2. 第二阶段：商业银行跨界从事互联网业务

随着互联网特别是电子商务的蓬勃发展，商业银行也开始逐渐意识到电子商务的重要性。2012年6月建行的"善融商务"平台正式上线，包括企业商城（B2B）、个人商城（B2C）和房e通，涵盖商品批发、商品零售和房屋交易等领域；同年，交行"交博汇"电商平台上线，分为商品馆、企业馆、生活馆、金融馆，通过四馆的业务联动，覆盖企业及个人电子商务的综合需求；2013年4月，农行"E商管家"上线，主要服务的商户对象为农企；2014年1月，工行"融e购"上线，打造客户消费采购平台、商户销售推广平台以及支付融资一体化的金融服务平台。除了商业银行自建电商平台外，招商银行、民生银行、平安银行、中信银行以信用卡的形式探索电商运作，民生银行还牵头成立了独立法人机构——民生电子商务有限公司运营民生电商。商业银行跨界电子商务领域，一方面是因为银行具有庞大的客户资源优势，同时拥有网络支付渠道和较高的信用度；另一方面，也为商业银行进一步开展互联网金融业务打下了基础。

3. 第三阶段：全面向互联网金融进军

2012年被称作互联网金融元年，余额宝的诞生、P2P网络借贷的迅速普及给商业银行的发展带来了极大的冲击：互联网理财产品的出现，导致商业银行的存款大量流失，银行面临严重的存贷比压力；第三方支付的发展，使得商业银行的支付中介功能弱化，自2011年5月中国人民银行颁布首批第三方支付牌照（《支付业务许可证》），截至2014年，已有269家第三方支付企业获得了《支付业务许可证》，第三方支付机构已经能够为客户提供收付款、转账汇款以及自动分账、电费与保险代缴、机票与火车票代购等结算和支付服务，对商业银行的替代效应也越来越明显；而P2P、众筹等平台的出现，更是直接触及了商业银行赖以生存的贷款业务的根基。更为严重的是，互联网金融的快速发展改变了人们以往的日常生活方式，形成新的生活习惯和新的金融消费，让越来越多的消费者降低了对现金、商业银行等传统柜面服务的依赖。

在这种情况下，传统商业银行为了迎接互联网金融的挑战，在互联网浪潮中取得进一步的发展，开始全面向互联网金融进军，积极发展金融互联网。

4.2.2 互联网金融对商业银行的冲击与机遇

在我国，商业银行面临的挑战并非全部来自互联网金融，经济发展产业结构调整、市场化进程的深化，加之国家市场的挑战，都加大了传统商业银行的改革压力，然而互联网金融融资平台以其便利、高收益的特点，在短时间内给传统商业银行带来了巨大的冲击，同时也催化了传统银行的改革深化。

1. 互联网金融对银行的冲击

1）业务方面

传统商业银行的基本业务主要分为负债业务、资产业务和中间业务，互联网金融的发展对商业银行的业务开展产生了巨大的影响。

（1）对负债业务的影响。银行的负债业务指的是商业银行通过对外负债方式筹措日常工作所需资金的活动，负债业务是商业银行资产业务和中间业务的基础，主要由自有资本、存款和借款构成。

互联网金融的发展为人们提供了理财投资的新渠道,互联网金融提供低门槛甚至零门槛、高收益的理财产品,投资理财操作过程方便快捷,无手续费,于是越来越多的人选择用银行存款直接购买互联网理财产品,从而导致银行的客户大量流失。

(2) 对资产业务的影响。银行的资产业务指的是商业银行运用资金的业务,也就是商业银行将其吸收的资金贷放或投资出去赚取收益的活动,资产业务决定了商业银行的盈利情况,商业银行的资产业务一般由贷款、贴现、证券投资、金融租赁构成。由于商业银行的借贷过程需要经过严格的信用审批程序,对于中小微企业和个人而言,通过银行借贷的成本费率高、担保额度高,难以达到借贷门槛;对于商业银行而言,调查中小微企业和个人的信用状况与偿还能力的难度高、成本高、获益小,因此,商业银行往往"主动放弃"这一类型的客户。

随着互联网金融热潮的涌现,网络借贷获得了逐步发展,互联网基于大数据、云计算和微贷技术,运用客户的交易记录、买家评价、社交网络等信息构成重要的信用记录,进而构建起互联网信用评价体系和信用数据库。通过大数据获取广泛信息,运用云计算进行精确分析,较全面地了解中小企业的信用情况和偿还能力,为中小企业以及个人筹融资提供了高效便捷的平台。通过互联网,网络信贷实现了更大范围内资金供需的匹配,常见的网络信贷主要包括:P2P网络借贷、众筹融资和机构小额贷款三类。以P2P网络借贷为例,2007年第一家线上网络借贷平台拍拍贷成立,标志着P2P网络借贷模式正式进入中国;到2015年12月底,网贷行业运营平台达到了2 595家,平台成交量达到9 823亿元。由以上两个数字可以看出,网络借贷直接冲击了商业银行的资产业务。

虽然目前互联网金融致力于小微贷款,而且尚不具备长期的大规模贷款的能力,对银行的贷款尚不能构成大的威胁,但随着互联网的发展,不排除扩大资产规模、发展大规模贷款业务的可能性,对商业银行未来发展的影响不可小觑。

而且,资产业务是依托于负债业务的,银行负债能力的减弱,势必会对资产业务产生影响,使银行没有足够的资金进行贷款等业务。如此环环相扣,削弱了银行的整体实力和市场份额。

(3) 对中间业务的影响。商业银行的中间业务指的是不构成商业银行表内资产、表内负债,形成银行非利息收入的业务,是银行不需动用自己的资金,而是依托业务、技术、机构、信誉和人才等优势,以中间人的身份代理客户承办收付和其他委托事项,提供各种金融服务并据以收取手续费的业务。银行经营中间业务无须占用自己的资金,是在银行的资产负债信用业务的基础上产生的,并可以促进银行信用业务的发展和扩大。

第三方支付的发展抢占了商业银行大部分的中间业务。

随着经济发展、市场化水平提高和金融监管的逐步放松,"金融脱媒"已经成为金融发展的一个全球性趋势。"金融脱媒"将使以商业银行为代表的传统金融中介失去主导地位,银行利差收入减少,依靠传统的业务越来越难以维持生存,从而使依靠传统业务、利差收入的经营模式面临危机。第三方支付的发展进一步加速了"金融脱媒"的进程,商业银行支付中介的功能被边缘化,并逐渐被替代,商业银行更多成为后台结算的工具,使得商业银行传统的中间业务收入被互联网金融分流。尤其是伴随着电子商务的发展,为了方便支付和结算,电商机构纷纷建立了专属的第三方支付渠道,使得资金在自身的体系内流动,逐步降低银行作为支付中介的市场份额。一旦客户选择使用线上支付的方式,得益于它的便捷性、高效性之后,就不会再轻易地转回银行等机构办理结算业务。

除了线上业务受到影响外,第三方支付还逐步将线上的网络支付延伸到线下,利用条形码、二维码进行支付,抢占银行 POS 刷卡手续费收入,与商业银行形成直接竞争,严重影响商业银行的线下业务。

2) 服务方面

商业银行在漫长的发展过程中,形成了较为成熟和固定的业务模式、服务方式,与此同时也带来了相应的问题:商业银行向客户提供的,往往是同质化的产品和服务,不能满足客户多样性的需求。虽然某些银行开始尝试在信用卡等个别产品上留给客户自定义某些参数的做法,但这更多的是体现了商业银行在风险控制方面的考虑,而不是从尊重客户选择和满足个性化需求出发设计产品,也不是在产品设计体系上体现客户自定义的服务能力。

互联网金融的一大特色是注重信息技术的应用,互联网金融应用信息技术深入研究客户行为和交易数据,从而为细分顾客市场、打造个性化金融产品和提供多样性的金融服务提供依据。互联网金融企业往往具有创新精神,敢于尝试,为客户提供灵活多变的金融产品,客户可以根据使用的环境和自身的需要对产品参数进行组合。同时,互联网用户越来越深刻地体会到金融服务正在积极接触自己,例如,电子商务平台会主动为消费者提供分期付款服务,跟客户账户绑定的邮箱和手机号码也会定期收到理财产品推荐、最新优惠活动等。相比于互联网金融提供服务的主动性,通过营业网点和 ATM 机与客户进行交互的商业银行的服务则显得很被动,往往在客户寻求帮助时,传统金融机构才提供客户需要的服务。

互联网金融以客户为中心、强调客户体验、满足客户个性化需求的服务模式给银行现有的服务模式带来了挑战,在互联网金融积极主动的服务模式下,传统金融机构的自主服务意识也在业内竞争和互联网竞争的双重压力下逐步提升,金融服务将会朝着越来越符合客户个性化需求的方向改变。

3) 信息方面

互联网金融对商业银行的冲击不仅体现在业务和服务模式方面,更为重要的是,互联网金融的切入,造成银行信息流的断裂。

智能搜索引擎和海量数据挖掘技术的运用,有效降低了成本并解决了信息不对称问题,互联网平台企业获取了大量本应由银行掌握的客户身份、账户和交易信息,削弱了银行对客户信息的垄断地位,造成了银行的信息脱媒,阻断了银行积累客户行为数据、感知市场变化的途径。

客户借由第三方支付完成交易,支付流程由发生在客户和银行之间,转变为发生在客户和第三方支付、第三方支付和银行之间,资金供求双方直接匹配,资金在银行体系外流动,商业银行沦为结算环节的最后一环,客户不直接与银行接触,银行客户关系的排他性和客户忠诚度下降,形成客户关系脱媒。

4) 收入方面

互联网金融的发展影响了银行的利差收入。P2P 网络借贷模式为低资产净值个人客户和小微企业提供了信用贷款,填补了商业银行负债业务的空白领域,在短时间内取得了快速的发展,平台的知名度和实力都得到很大的提高,一旦该模式的服务对象延伸到大型企业或优质个人客户,就会进一步对银行贷款形成分流,严重影响银行负债业务。而余额宝等众多互联网理财产品由于流动性强、存款利率高于银行,获得了许多投资者的青睐,导致银行存款对客户的吸引力下降,影响银行的资产业务,蚕食了银行的利差收入。

互联网金融的发展影响了商业银行的信用卡支付的手续费收入。在商业银行寻求线上发展的同时,第三方支付平台也在触及线下业务,包括支付宝、微信支付在内的支付平台都推出了线下付款业务,大大减小了信用卡活跃客户的规模。

互联网金融的发展影响了商业银行中间业务的收入。随着网络销售平台的发展,客户可以通过网络平台购买保险、基金、信托等产品,而不需要通过银行作为中间商,银行损失了中间业务的手续费收入。

2. 互联网金融给商业银行带来的发展机遇

在我国商业银行的发展历程中,形成了较为一致的业务模式,传统商业银行的产品同质化现象严重,传统业务竞争过度,在"金融脱媒"与利率市场化的进程中,传统商业银行的盈利模式受到了严重的冲击,盈利空间受到极大挤压。虽然在一定程度上,互联网金融的兴起对商业银行的发展带来了巨大的冲击,但是在应对市场变化,挖掘新的盈利增长点与业务可持续发展空间过程中,也给商业银行创造了新的机遇。

(1)互联网金融推动商业银行技术进步。互联网金融之所以在短时间内取得爆发性的发展并且获得迅速普及,很大程度上归功于先进技术的运用,互联网金融将互联网架构与技术运用到金融领域,降低了金融交易成本,提高了运作效率,同时也加快了金融产品的创新速度,满足了客户日益多样化、定制化的需求。

商业银行运用互联网技术虚拟化、智能化及高速化的技术特点,可以进一步满足商业银行金融业信息化发展的基本需求,从而能够将互联网的金融便利性、稳定性及安全性做到最大化。以大数据和云计算技术为例,传统银行管理由于缺乏理念和有效的手段,大量客户信息与业务数据散落在不同的系统模块,未能得到充分整合与运用。运用大数据技术,商业银行能通过互联网查询到更多客户信用记录、交易习惯,一定程度上缓解了信息不对称的矛盾,更真实地评估客户信用等级和经营状况。大数据可以有效地记录收集和整合大量、分散、无规律的数据,云计算技术可以实现高效的数据分析,通过大数据和云计算技术的运用,银行可以实现对客户支付结算和产品应用数据的分析挖掘,充分把握客户的喜好与客户的流向,从而更精准地进行个性化营销和金融产品的开发创新。

(2)互联网渠道拓宽商业银行业务范畴。传统商业银行的业务主要集中在线下完成,使商业银行的业务范围表现出较大的局限性,与传统商业银行相反的是,互联网金融主要借由互联网渠道开展业务,并在发展过程中逐步完善了互联网在金融领域的应用,商业银行可以借鉴互联网渠道拓宽业务范畴。

一方面,商业银行依托现代技术与互联网,可以打造基于互联网技术的平台金融,还可以将物理网点、电子银行与客户经理进行有机整合,可为客户提供一站式的金融服务渠道。借由此渠道,商业银行可以实现与客户之间更紧密的联系,促使银行与客户间有越来越多的契合点,最大限度地挖掘合作机会,建立资源互通、收益共享、风险共担的新型业务合作模式。在此模式下,银企双方的业务合作范畴得到有效扩展,银行可以挖掘更多的业务资源,而企业也能够以更低的成本享受到更全面的优质金融服务,真正实现双赢。

另一方面,互联网渠道带来更多的交易机会,市场涌入竞争者,商业银行不再具有垄断者地位,从而促进金融市场的竞争,提高了资源配置效率,同时也扩大了金融市场空间,为商业银行发展金融互联网提供了有力支持。

4.2.3 商业银行的竞争优劣势分析

1. 商业银行的优势

(1) 雄厚的资金实力。我国商业银行的资金实力雄厚,根据中国人民银行的统计数据,截至2015年年底,我国银行资产总规模超过150万亿元。一方面,巨大的资产规模保证了商业银行扩展各类业务,扩大分支机构,以形成规模效应,再通过规模效应,不断增强商业银行自身实力;另一方面,商业银行的资金实力也是信用评级的保障,当外部经济状况不好时,巨大的资产储备能够保障银行及时调转资金应对风险。

(2) 广泛的客户资源。商业银行在多年的发展过程中,不断地开拓市场份额,各大商业银行的营业网点不断增加,银行从业人员数量不断增长,同时,商业银行的客户数量也不断累积,各大商业银行通过在大中小城市设立营业网点,再到社区设立社区银行开发社区客户,又到村镇中设立村镇银行开发村镇广大客户,通过种种努力,我国的商业银行已经积累了广泛而丰富的各类客户资源,保证了我国商业银行各类业务的开展。

同时,商业银行拥有大量的对公客户和个人客户,银行通过平台和特定营销活动可以促进买卖客户资源的有效整合,庞大的存量客户群体为银行奠定了良好的互联网金融业务发展基础,是优于互联网金融公司的一大竞争优势。

(3) 专业的业务水平。我国的商业银行在发展过程中,不断借鉴国外商业银行发展经验完善业务体系,同时,广泛吸收具有高业务水平的专业人才,他们能够为商业银行的各项业务开展提供专业的服务,这些专业人才往往对银行的各类业务、各类理财产品等都非常熟悉,能够为客户提供专业的咨询、投资计划,满足客户的各种需求。

尤其是对企业的金融服务,要求更为专业化和个性化。以标准化和可复制见长的互联网并不具备专业化优势,反而以线下网点和专业化人员的银行服务更能满足企业需求。

(4) 先进的风险管理。经过多年的发展,我国的商业银行业积累了丰富的风险管理经验,能驾轻就熟地运用各种评估风险方法和技术手段,能非常熟练而精准地识别、测量、计算和控制风险。同时,在银行的运营过程中,不断完善的法律体系也保证了银行业务的顺利开展。先进的风险管理、严格的银行监管,确保了我国商业银行稳定、安全的运营,进而使我国的整个金融体系保持了健康的发展。

(5) 良好的信用口碑。在我国,商业银行始终占据金融体系的主体地位,商业银行的经营始终以安全性为前提,不良资产得到有效控制,2015年,我国商业银行的资本充足率达到12%以上,在雄厚的资产支撑下,银行信用得到广大人民群众的信任,同时,我国商业银行也大力承担社会责任,为国家做出了重大贡献,彰显了良好的品牌效应。

2. 商业银行的劣势

(1) 营运成本高。我国商业银行的分支机构非常庞大,又设置了众多的营业网点,使得整个银行体系显得臃肿,运营机构也不够灵活。分支机构和营业网点越多,就需要投入越多的人力物力进行维护,这必然会增加营运成本,此外,众多的分支机构会导致政策传递与决策的严重滞后,不能快速有效地应对市场环境的变化,更不用说准确地把握市场动向,抓住有利的市场商机。

虽然商业银行拥有众多的从业人员,但是普遍办事效率低,导致业务办理时间长,提供的金融服务水平还不够高,浪费客户宝贵的时间,也降低了商业银行的运行效率。低效率造成商业银行仍需要扩大招聘规模的假象,导致人力资源成本的增加,最终使商业银行的营运成本增加。

(2) 操作复杂不便。我国拥有众多的商业银行,并且各个银行的业务往往相互独立,只向本行客户提供金融服务,随之而来的问题是:当客户需要进行网上支付时,需要安装银行的网盾,各个银行网盾的安装、使用流程又大不相同,给电脑操作不熟练的客户带来了困扰。并且,各个商业银行之间的网盾不通用,客户需要登录不同银行的网上银行,用不同的网盾完成支付流程,给客户操作带来不便,当客户感到无所适从的时候,就会转而选择使用操作更加便捷的第三方支付,商业银行就会面临客户流失的问题。

(3) 互联网技术相对落后。在我国,商业银行技术水平参差不齐,独立开发水平较低,开发方式往往针对特定业务外包给 IT 公司"按需开发",系统间相对独立且未充分考虑电子银行、电子商务等相关业务的发展需求,客户体验较差。这种系统构建模式不但不利于实现传统业务、特色业务与网络技术的融合,也不利于根据业务发展及时对系统进行优化和改造。同时,由于自身互联网技术相对落后,在日常运营、设备维护、系统安全及加密技术方面也将备受考验。

(4) 缺乏互联网精神。互联网精神强调创新,在发展过程中不断试错,然而,银行文化强调风控,以"安全性"为首要经营原则,倾向于规避风险;互联网精神强调基层活力,因为创新更多来源于基层对市场需求的快速响应,激活基层活力是创新的重要基础,银行则强调自上而下的管理体制,对市场需求的响应往往滞后。

4.2.4 商业银行的金融互联网策略

面对互联网金融给银行带来的冲击,商业银行适应互联网时代要求,利用其雄厚的资金实力、庞大的客户基础、专业的业务水平和良好的风控能力,积极改进服务方式,研发金融创新产品,把握机遇。

1. 传统服务在线化

运用互联网思维,传统商业银行可以将传统服务方式转化为网络在线服务。

1) 网上银行

网上银行指的是以网络为媒介,实现网上银行的自助服务。网上银行的推广,对银行而言,可以减少银行的营业网点以及服务人员,降低银行的运营成本;对客户而言,足不出户便可以满足需求,减少了排队等待的时间,达到了高效、便捷的效果(见图 4-1)。

2) 手机银行

商业银行与移动运营商服务,开发手机银行 APP 或 WAP 网站,实现可以随时随地通过任何方式进行支付,客户还可以通过手机进行预约取款服务,逐步进入银行交易的

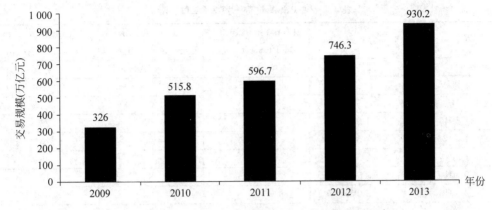

图 4-1　2009—2013 年中国网上银行交易规模及增长率

"无卡化"时代。

从目前的情况来看，传统银行已经陆续开展了包括网上银行、手机银行、电商平台、微信银行服务等业务。将传统业务与互联网渗透融合，实现业务在线化，只是传统商业银行实现互联网化的第一步。传统商业银行要想在激烈的竞争中不至于落败，就应该继续加大对互联网金融领域的探索和创新，只有这样才能在激烈的竞争中立于不败之地。

肯尼亚"M-PESA"案例分析

M-PESA 是 Vodafone 在当地的合作伙伴 Safaricom 于 2007 年推出的。一开始主要是为了解决穷人汇款的需要，发展到后来可以通过手机完成转账、汇款、取现、话费充值、付账、发工资和偿还贷款等业务。此外，M-PESA 不仅能在国内汇款，在海外也可以向用户汇款。M-PESA 成功的一个重要因素是克服了存取现金业务的困难，为了实现现金业务，引入了邮局、药店、超市等代理商，通过它们来提供现金业务，但用户不直接与代理商发生契约关系，代理商仅仅是代理而已，这一切都在 M-PESA 的控制下完成。

M-PESA 通过收取一定的转账费用来实现自身的可持续发展，费用水平的高低取决于对方的账户类型（具体见表 4-1 和表 4-2），账户注册、存款和通过 M-PESA 进行话费充值都是免费的，而账户查询收取 Ksh 1，更换 PIN 号码收取 Ksh 20。M-PESA 还打通了移动运营商和银行之间的通道，可以实现 M-PESA 账户和银行账户之间的转账，同时也可以通过银行的 ATM 机取现。M-PESA 最初只有 52 453 家用户、355 家代理商，到 2011 年 4 月，用户飙升至 14 008 319 家，代理商增加到 27 988 家。得益于对 M-PESA 的监管包容和本身的业务创新，目前其已经成为全球接受度最高的手机支付系统，汇款业务已经超过肯尼亚所有金融机构的总和。正因为此，一些国家复制了肯尼亚的 M-PESA，如坦桑尼亚，其他一些发展中国家也正在考虑复制肯尼亚的 M-PESA，如南非、阿富汗、印度、埃及等。

表 4-1　M-PESA 收费一览表（单位：Ksh）

Min	Max	Transfer to other M-PESA Users	Transfer to Unregistered Users	Withdrawal from M-PESA Agent
10	49	3	N/A	N/A
50	100	5	N/A	10
101	500	25	60	25
501	1 000	30	60	25
1 001	1 500	30	60	25
1 501	2 500	30	60	25
2 501	3 500	30	80	45
3 501	5 000	30	95	60
5 001	7 500	50	130	75
7 501	10 000	50	155	100
10 001	15 000	50	200	145
15 001	20 000	50	215	160
20 001	25 000	75	250	170
25 001	30 000	75	250	170
30 001	35 000	75	250	170
35 001	40 000	75	N/A	250
40 001	45 000	75	N/A	250
45 001	50 000	100	N/A	250
50 001	70 000	100	N/A	300

注：M-PESA 账户最大余额为 Ksh100 000，每天转账不能超过 Ksh140 000，而每次不能超过 Ksh70 000，M-PESA 的代理商不受理 Ksh50 以下的取现。

表 4-2　M-PESA 在 ATM 取现收费表（单位：Ksh）

Min	Max	Customer Charge
200	2 500	30
2 501	5 000	60
5 001	10 000	100
10 001	20 000	175

在肯尼亚，经过认真设计的 M-PESA 虚拟账户，回避了该国法律中所指的银行活动。因此，M-PESA 供应商可以完全根据自己的商业判断选择代理商，M-PESA 的供应商 Safaricom 及其母公司沃达丰集团并不对代理商的经营负责。客户协议的细则明文规定，Safaricom 对代理商提供 M-PESA 服务项目出现的问题不承担任何责任。M-PESA 这种由非银行机构主导的无网点银行服务，除了要求把客户储值的资金存入多家银行外，基本上没有什么严格的监管，因此其供应商在选择代理商方面可以采取一些创新做法。由于 M-PESA 供应商不需要承担由代理而产生的相关责任，因此在出现欺诈或管理不良的情况下，这些公司几乎没有任何损失。

资料来源：刘海二.手机银行、技术推动与金融形态[D].成都：西南财经大学，2013.

2. 积极发展电商平台

银行可以通过电子商务平台,展示金融理财产品,以供客户选择。不仅客户拥有更多的选择权,操作也更加便捷,同时,银行无须安排专员推荐介绍理财产品,节约了人力成本,简化了交易流程。

银行发展电子商务平台,可以有两种途径:

(1) 与发展成熟的电子商务平台合作。成熟的电商在长期的业务运营过程中积累了大量的客户交易记录,对交易记录进行分析,电商可以获得海量的客户个人资料、信用评价以及交易偏好等详细信息,相比于只掌握了企业财务报表的传统商业银行,电子商务平台在信息量方面占据了较大优势。同时对于电子商务平台而言,直接借贷在一定程度上限制了资金实力发展,通过与银行合作可以相互取长补短,共同发展学习。

(2) 传统商业银行建立属于自己的电商平台。银行利用自身庞大的客户资源,通过监控客户提供的交易信息,以银行信用做支撑,实现"信息流、物流、资金流"的三流合一。截至 2014 年 1 月,工行、建行、农行、交行均已推出了属于自己的电商金融服务平台。其他银行多以信用卡商城的形式运作电商,如招商银行网上商城、民生银行信用卡商城、平安银行信用卡商城、中信银行 E 中心商城。民生银行则成立了民生电子商务有限公司,以独立法人的形式运营电商平台。如表 4-3 所示。

表 4-3 银行自建电商平台基本信息

平台名称	上线时间	服务对象	主要业务
建设银行:善融商务	2012 年 6 月	个人用户、企业用户	面向广大企业和个人提供专业化的电子商务服务与金融支持服务
交通银行:交博汇	2012 年 8 月	个人用户、企业用户	为企业客户提供全流程电子商务解决方案,为个人客户提供全面综合财富管理服务
农业银行:E 商管家	2013 年 4 月	做电商转型的传统企业	为传统企业转型电商提供集供应链管理、多渠道支付结算、线上线下协同发展、云服务等于定制化商务金融综合服务
工商银行:融 e 购	2014 年 1 月	个人用户与商家用户	坚持"名商、名品、名店"的定位,有机整合客户与商户,有机链接支付与融资,有机统一物流、资金流与信息流

"善融商务"电子商城

"善融商务"商城于 2012 年 6 月 28 日上线,该平台为从事电子商务的企业和个人客户提供产品信息发布、在线交易、支付结算、分期付款、融资贷款、资金托管、房屋交易等专业服务。"善融商务"以资金流为核心,突出建设银行在支付结算、信贷融资等金融服务方面的特色优势,是在传统业务经营模式上的突破创新。

1. 发展概况

2012年6月28日,"善融商务"商城正式上线。

2012年,企业商城半年的注册会员数超百万,入驻商户数目过万,线上成交总额达到35亿元,融资近10亿元。

2013年,注册企业超过3万家,会员注册突破300万,商品发布41万余件,当年总订单量超过113万笔,累计成交金额达到277.82亿元,线上线下贸易发放贷款突破34亿元。

2014年,"善融商务"电子平台实现交易额462.79亿元,年末活跃商户达1.45万户。推出"分期优选"频道,实现了龙卡商城和善融个人商城的全面融合;企业商城重点发展优质商户,开展行业深耕工作;推出采购询价功能,升级改版专业市场综合首页。

2. 服务目标

通过突破传统银行的服务范围,一方面满足客户在传统电商平台中的交易需求,拓宽客户群体;另一方面通过为客户提供更专业的金融服务,在传统银行业务之外形成新的利润增长点,从而增加收入。

3. 服务对象

针对不同类型的用户,善融商务通过不同网站接口,提供不同的服务。

1) 个人客户

"善融商务个人商城"定位为B2C平台,面向个人消费者。个人商城的买卖主体分别为个人消费者和通过建设银行审核认证的企业客户,交易金额和数量一般均较小。其采用的模式是通过加盟商家向消费者提供产品,目前共有218家店铺入驻了个人商城,如海尔集团、银泰百货、美孚、壳牌等知名品牌厂家直接入驻,出售商品包括:服饰、箱包、图书、电器等14个品类的商品。

平台完全开放,不仅支持建设银行的借记卡、贷记卡,同时也支持中、农、工、交、招行等其他银行的银行卡,消费者在购买商品的时候可以直接实现分期支付或者申请贷款支付,也可使用信用卡积分兑换券进行支付。

2) 企业客户

"善融商务企业商城"定位为独立B2B平台,面向企业用户。企业商城的买卖方均为企业,针对大宗商品交易、大型批发行业,包括专业市场、对公融资和资金托管三大部分。

3) 房e通

"房e通"主要是新房、二手房等的贷款业务,为个人客户和合作机构客户提供自主、中介房产服务,当中融入了金融服务,使客户在网上就可以更便捷地申请到建设银行的贷款业务,还有住房基金等多种业务。

4. 服务内容

1) 电子商务服务

信息展示:为买卖双方及专业市场管理方提供全面的电子商务服务信息,包括供求信息展示、企业商铺展示、专业市场展示、资讯展示及推荐信息展示。

在线交易:为买卖双方提供信息搜索、交易撮合、订单管理、支付结算、物流管理、交易评价、投诉举报等全流程服务。

房屋交易:"房e通"子频道为客户提供房屋买卖、自主交易到个人贷款融资的一站式服务,包括新房展示、房源发布、房源搜索、房屋交易撮合、个人贷款申请、贷款方案设计、贷款服务预约、房产评估、贷款进度查询、贷款账户查询、贷后服务、交易资金托管等。此外,房e通还可申请个人住房贷款、个人汽车贷款、个人消费贷款、个人消费额度贷款、个人助业贷款、个人小额贷款等,也可在线办理公积金相关服务。

2) 金融服务

金融服务是建设银行提供的可满足电子商务平台金融需要和满足善融商务会员电子商务活动中的金融需求的服务,包括支付结算、资金监管、信贷融资、信用卡分期以及其他投资理财等中介创新型服务。

支付结算:可通过网上银行、账号支付、信用卡支付、融资支付等多种方式实现建设银行间及与他行间的支付结算。同时,设立电子商务交易的专用账户——"商户账户",具备收款、向会员绑定的结算账户划款及商城账户间支付结算的功能。

资金结算监管:在交易的过程中,建设银行对交易资金进行监管,按照双方协议对交易资金进行冻结,待付款人确认后,将资金划转至收款人账户,为交易双方提供第三方保证,保障交易资金的安全,维护买卖双方的权益。

信贷融资:企业客户可通过商城申请办理专为电子商务客户量身定做的网络贷款"贷通",包括"网络联贷联保""网络大买家供应商融资"和"网络速贷通"。建设银行也为个人客户提供集贷款申请、审批、签约、支用和查询等一系列全流程在线贷款服务。客户可申请包括个人小额贷款、个人权利质押贷款等个贷产品。

信用卡分期:为商城认证的个人买家会员提供信用卡分期方式购买商品,包括购车分期、安居分期和商品分期。

3) 社区服务

依托善融商务,建设银行为客户提供了多重交互服务工具,主要包括社会化网络服务平台、即时通信、手机客户端、电话客服、专业经理等,同时可以利用外部交流工具等服务,创建具有相同爱好、兴趣、地域、行业等某些特定目的而联系在一起的平台商业圈人脉。

5. 服务特色

(1) 不同于一般电商平台,客户不仅可以在平台上实现商品的买卖活动,还可以享受到建设银行提供的支付结算、信用卡分期付款、线上申请贸易融资等一系列专业金融服务。

(2) 通过客户在"善融商务"商城的消费记录,获取用户的交易信息,在一定程度上解决信息不对称问题,有利于银行对客户实时给予授信额度。

资料来源:"善融商务"官网(http://e.ccb.com);中国建设银行历年年报.

3. 持续加强服务创新能力

互联网金融为用户提供了更加开放的金融平台,更为方便的操作方式,以及更加个性化的金融产品和服务,并利用互联网进行互动营销,吸引客户参与,由于客户总量是有限的,因而分流了商业银行的客户。对商业银行而言,如何吸引、留住客户,是保障其市场竞争力的基本要求。在互联网时代,商业银行应紧跟互联网时代潮流,将互联网技术融合到银行业务中,从客户的角度出发,进行产品的设计、销售以及售后服务。

(1) 商业银行要建立定制化的客户服务系统。利用商业银行业务种类丰富、营业网点多、服务范围广的特点，对客户储蓄、信贷、转账、信用卡、投资等业务活动的信息进行整合，从整体上把握客户的消费习惯和投资偏好。除了传统的"关系型"营销方式之外，依托"云计算""大数据"平台，深入挖掘分析客户消费行为偏好、交易习惯，加大信息数据分析整合深度和广度，充分挖掘金融交易客户支付结算及金融服务需求。根据客户的需求整合、创新，延伸现有的产品线，从而达到金融产品的同步营销和精准营销。

(2) 实现与客户之间的"平等沟通"。在对客户提供服务或进行产品宣传时，不仅仅是告知或销售产品与服务，而是应该以沟通交流的方式，依据客户的使用习惯不断提升用户体验，深入了解互联网时代客户体验的变化，把握提升客户体验的各个环节，有针对性地改进服务，例如，简化业务办理流程、美化用户操作界面、提供基于移动终端的服务等。

(3) 积极发展线上、线下相结合的金融服务。传统商业银行依托营业网点提供线下服务，服务成本高，还难以实现有效的管理，无法保证服务质量，而互联网技术近乎零的边际成本大大降低了金融服务的沟通成本和交易成本。相比于互联网金融企业，商业银行可以利用网点分布广、服务人员多的优势，结合形成线上与线下的服务模式，一方面，线上服务降低了银行的服务成本；另一方面，线下模式可以为非互联网用户提供服务，为客户提供全新的、专业的、高效的、现代化的金融服务。

(4) 充分利用日益普及的社交网络，善于运用门户网站、微博微信、电子邮件等线上虚拟平台进行产品网络营销，使客户不用光临网点也能接受银行的服务。

4. 创新投融资业务

(1) 利用银行资金托管方优势，发展互联网理财业务。商业银行借由现代信息技术和互联网技术，推动产品创新、工具创新和流程创新，提供丰富多样的创新理财工具，开拓新的业务领域。银行作为资金托管方，客户开展投资活动的资金始终在银行体系内流动，商业银行只需要加强理财产品对投资者的吸引力，着眼于设计更加开放、功能更丰富的产品，便可以把握客户流。银行可以建立多功能的理财平台，打造金融理财产品超市，提供股票、债权、基金、保险、衍生产品等各类金融产品；也可以与证券、基金、互联网公司合作推出自有的"宝类"理财产品。例如，兴业银行与兴业全球基金在互联网金融平台"钱大掌柜"上联手推出的余额理财工具"掌柜钱包"，对接兴全添利宝货币市场基金；平安银行通过与金融机构合作（包括但不限于保险公司、银行、基金公司、证券公司等），在互联网上通过财富e为投资者提供的系列金融产品服务而推出的"平安盈"，还有工商银行与工银货币基金推出的"现金快线"，等等。

(2) 利用银行风险控制和资金监管的优势，发展互联网融资业务，包括P2P网络借贷、众筹模式等。P2P网络借贷模式基于互联网数据挖掘和便捷的融资流程，极大地解决了银行信息不对称和融资成本高等问题，P2P模式未来将逐步替代部分传统存贷款业务。然而P2P网贷存在的问题是有较高的信用风险，商业银行可借鉴P2P网络借贷模式，利用自身风险控制的优势，采用线下审核的模式，凭借多年信贷调查经验以及积累的客户信用数据，为广大个人、企业投资者等提供专业、高效、安全的综合金融资产交易相关服务。例如平安集团旗下的陆金所、招商银行的招行网贷、由国开金融和江苏金农公司打造的开鑫贷互联网投融资平台等。众筹则是指利用互联网传播广、传播快和社交媒体等特性，通过互联网平台发布筹款项目并募集资金，是一种团购加预购的方式。发展众筹业务，在众筹的各环节中,资金监管、投资信息流与资金流不匹配等面临较大问题。而商业银行在资金托管方面具有丰富的经验,能确保托管资金的安全、资金流向可控。商业银行可以发展众筹业务,为众筹项目设立第三方保管账户,保管好项目通过众筹方式所融资金,为项目资金的流向做好监管。

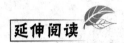

开 鑫 贷

1. 开鑫贷简介

开鑫贷网站(www.gkkxd.com)是由开鑫贷融资服务江苏有限公司(简称开鑫贷公司)建立的国有准公益性社会金融服务平台,以"开发性金融引领民间借贷阳光化、规范化"为宗旨,为社会富余资金和具有融资需求的实体经济单位提供信用评级、交易撮合、信息登记、资金结算等中介服务,拓宽小微企业融资渠道,降低融资成本,合理有效地增加居民财产性收入。

开鑫贷公司由国家开发银行全资子公司——国开金融有限责任公司(简称国开金融)和江苏省内国有大型企业共同投资设立。国开金融致力于运用并引导社会资金推进国家经济结构战略性调整及中国经济社会的发展。目前,国开金融投资并管理着包括中非发展基金、中国—比利时基金、中国—东盟基金等具有重大战略意义的涉外基金以及弘毅、渤海产业基金、绵阳产业基金等国内优秀私募股权基金。

2. 业务流程

"开鑫贷"业务的参与主体包括借入人、出借人和担保机构等,各参与方均以开鑫贷网站为平台完成信贷交易(见图 4-2)。

(1) 借入人和出借人需先在网站上提交个人的身份认证资料及银行卡信息,网站进行身份认证及绑定。

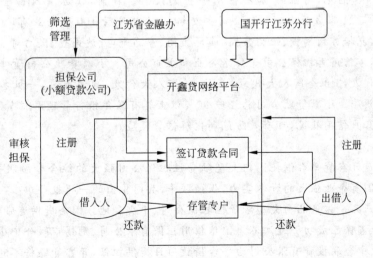

图 4-2 开鑫贷业务流程

(2) 借入人提出贷款需求,由开鑫贷公司委托担保机构(江苏各地的小额贷款公司)对借入人身份资料和贷款项目进行严格审核。

(3) 审核成功后,贷款人将自己的资金需求信息(包括金额、利率、期限、用途)发布在开鑫贷网站相应的网页上,出借人则通过浏览网页信息对自己感兴趣的融资项目进行投标,同时把资金转入开鑫贷公司的第三方存管专户。

(4) 当规定的筹款期(一般5个工作日内)到期,若存管专户中的资金额度已达到借入人的贷款需求,则该借款交易成立,借入人、出借人与担保机构三方在网络平台上签署电子合同,开鑫贷公司将存管专户中的资金转入借入人账户;若筹款额度未满,则该借款申请流标,资金将从存管专户退还给出借人。

(5) 还款周期(最长不超过12个月)满时,借入人按照还款计划将本金与利息通过存管专户还给出借人,担保机构和开鑫贷公司分别收取担保费与服务费;如出现逾期,担保机构必须进行代偿。

3. 开鑫贷产品简介

1) 苏鑫贷

苏鑫贷(江苏省小额贷款公司开鑫贷业务,按照江苏省金融办发〔2013〕30号文《江苏省小额贷款公司开鑫贷业务管理办法》管理)是开鑫贷平台依托股东单位江苏金农股份有限公司多年服务江苏省内小额贷款公司所形成的"大数据"优势和风险管控能力而推出的服务"三农"和小微企业的金融创新产品。该产品由江苏省内优质小额贷款公司提供贷前审查、贷款担保以及贷后管理,并由江苏金创信用再担保股份有限公司提供连带责任再担保。2013年4月,江苏省金融办专门出台《江苏省小额贷款公司开鑫贷业务管理办法》进行业务指导。

苏鑫贷的合作担保机构是江苏省内的优质小额贷款公司。江苏省内小额贷款公司是经江苏省人民政府金融工作办公室(简称省金融办)批准的面向"三农"和中小企业发放贷款与提供担保的新型金融组织。截至2013年12月31日,江苏省共有小额贷款公司614家,实收资本超过900亿元,贷款余额超过1 000亿元,累计发放贷款超过7 000亿元,担保能力近3 000亿元,行业整体发展水平全国最好。目前,江苏省入榜全国500强的49家企业中有24家成为小额贷款公司主发起人,全省民营100强企业有近60家参股小额贷款公司,包括苏州创投、恒力集团、澳洋集团、亨通光电、波司登、隆力奇、天工集团、栖霞建设、江苏省信用再担保公司等知名企业和上市公司。小额贷款公司董事长中有3位中共十八大代表,3位全国人大代表,多位省、市人大代表、政协委员,一批各级劳动模范和"三八"红旗手。小额贷款公司总经理90%以上具有多年银行管理和信贷经验,业务团队熟悉当地客户信用状况,可有效防范和化解信贷风险。

2) 开鑫保

开鑫保是开鑫贷平台依托国内大型融资性担保公司强大的综合金融服务能力,以及中央和地方国有企业强大的资本实力,强强联手,共同推出的一项服务中小微企业等实体经济的创新产品。该产品由大型融资性担保公司、中央和地方国企提供连带责任担保。

目前,开鑫保已成功引进江苏省国信信用担保有限公司、无锡市联合中小企业担保有限责任公司、中合联投资有限公司为平台借款项目提供担保,开鑫贷还将不断拓展合作担保机构,为平台与广大投资者引进更多优质担保机构。

3) 银鑫汇

银鑫汇是开鑫贷平台与商业银行合作,以借款人持有的高安全性银行承兑汇票为还款保障而推出的一款风险低、收益稳定的金融创新产品。该产品借助合作商业银行的专业力量,实现对票据的核验、保管、托收,为广大投资者提供较高安全等级的金融投资服务。

银鑫汇产品的风控核心在于借款人所持有的银行承兑汇票是否真实有效,开鑫贷解决这一问题的途径是由合作商业银行对票据进行专业核验与保管,借款到期后由合作银行按约划转票据托收资金用于偿还投资者。

4) 商票贷

商票贷产品是开鑫贷平台创新推出的,以借款人持有的大型知名企业签发并承兑的商业承兑汇票为还款保障的金融产品,借款到期时,开鑫贷以承兑企业无条件支付的票面资金用于归还借款本息。该产品充分发挥了大型企业的信用价值,在为借款中小微企业解决融资问题的同时,还为出借人提供了风险可控的金融产品。

5) 保鑫汇

保鑫汇是开鑫贷平台与保险公司合作,以借款人持有的保险单项下的财产权利作为还款保障,推出的一款风险低、收益稳定的金融创新产品。该产品借助合作保险公司的专业力量,实现对保单权利的有效管理、保单价值的及时兑付,为广大投资者提供较高安全等级的金融投资服务,并最终实现由保险公司对投资人的本息保障。

保鑫汇产品的担保方式为保单权利质押,即以保险公司承诺给付的确定金额的保险金或者保单固有的现金价值作为还款来源,借款人同意以该保险金或现价值优先清偿应还借款本息。此外,本产品合作的保险产品均为已经由中国保险监督管理委员会批准或备案的可质押产品,确保了保单质押的合法性。因此保鑫汇产品项下用于担保的财产权利价值确定、还款来源稳定、风险较低,是投资者可以放心购买的低风险产品。

6) 惠农贷

惠农贷是开鑫贷平台为支持"三农"发展、解决农户融资难题,在"苏鑫贷"创新产品的基础上,专门推出的公益性金融服务产品。该产品以公益运作为原则,呼吁和鼓励社会资金参与到支农助农的行列中,力求帮助广大农户以相对较低的成本获取资金,从而改善农户的生产、生活,最终达到帮助农户致富的目的。该产品确保农户最终融资成本不超过8%(年化利率),并由优质合作担保机构提供担保。惠农贷作为公益惠农产品,平台不收任何服务费。

7) 鑫财富

鑫财富是开鑫贷与金融机构及金融服务机构合作推出的资产交易类投融资产品,资产持有人通过开鑫贷公司居间撮合,将资产或其收益权转让给投资人,投资人获取约定的投资收益。

4. 开鑫贷特色

(1) 开鑫贷平台由江苏省金融办和国开金融共同推动筹建,开鑫贷平台由国开金融有限责任公司和江苏金农股份有限公司(一家成立于2010年,由江苏省金融办直接监管,集IT、金融于一体的综合性国有控股企业)共同投资筹建,融入了国开行的品牌支撑与政府支持,是一个具有较高公信力的网络贷款平台。可以有效整合各级政府监管、金融机构品牌和国有资本公信力。

(2) 开鑫贷拥有较为完善的风险防范机制。开鑫贷的经营团队由资深金融专家和IT专家组成,拥有丰富的金融产品创新和风险管理经验,对互联网金融风险管理理念和风险防控体系建设有深入的理解。并且充分发挥国有品牌优势,引入优质小额贷款公司、国有大型融资性担保公司等,为平台借款项目提供贷前审核、贷款担保以及贷后管理,切实保障投资者的资金安全。开鑫贷还设置了多层次的风险防范体系,严格筛选担保机构,根据不同担保机构的风险水平,针对性引入担保机构主发起人连带担保,并构建随时可垫付的风险准备金机制。

(3) 开鑫贷业务采用了线上与线下相结合的交易模式。线上是指出借人和借入人通过开鑫贷网站发布资金供求信息,开鑫贷网站根据资金供求信息,提供撮合配对、签订合同和资金划付等服务;线下是指江苏省金融办凭借自身辅助监管小额贷款公司的行政职能,选取了A级以上(含A级)实力雄厚、经营规范、风险控制严格的小贷公司,为开鑫贷业务提供贷前调查、贷后跟踪、贷款担保等服务,确保借入人的信用资质,降低由于信息不对称等原因而造成的信用风险。

(4) 在运营过程中开鑫贷平台要求合作担保机构须专人持证上岗开展业务,并对合作担保机构进行常规性检查,确保业务真实、规范,保证经营的可持续性。开鑫贷平台借助商业银行网银系统进行资金结算,实现交易双方的实名制,同时通过电话回访、现场检查等方式,监控平台资金的真实流向,确保资金投向小微企业、"三农"等实体经济。开鑫贷平台主动进行业务披露和风险提示,定期发布经营报告;开鑫贷的借款人均需披露其经营状况;开鑫贷所有的费用标准均在网站上明确公示。

资料来源:开鑫贷官网.http://www.gkkkxd.com;周振.P2P网络贷款为商业银行发展带来的机遇和挑战——以"开鑫贷"银网合作项目为例[J].市场周刊·理论研究,2014(3):85-87,77.

5. 创新支付结算手段

随着生活节奏的加快,人们越来越重视便捷、创新的支付体验,然而银行始终没有重视支付结算领域的创新,当前支付领域的创新主要发生在互联网金融、移动支付和个人支付市场。

(1) 银行应该加强技术手段的创新,要为客户提供在手机客户端、网页版、手机短消息等多样化交易形式的移动支付方式,客户端还需要支持iOS、Android等主流操作系统,以满足客户的不同需求,实现便捷支付。同时,移动支付还要注重在安全认证、交易流程、客户端等方面不断推陈出新,根据客户体验进行改进。例如运用NFC近场支付、扫码支付等支付技术实现线下快捷支付。

(2) 在支付领域,银行还可以开发创新的产品和服务。例如,提供无须申请开通、交易流程简化的小额支付产品;学习余额宝和支付宝的模式,开发集理财、支付于一体的产品;还可以结合信用卡业务,刺激透支消费、超前消费,激发客户的个人消费潜力。总而言之,商业银行可以根据客户积累的消费记录,分析不同的支付行为下客户的消费习惯和消费偏好,针对不同消费能力的客户提供个性化的消费贷款服务,满足不同消费者的支付需求。

6. 大力发掘和培养复合型人才

在任何时代,无论经济、技术、科技如何快速发展,人才永远是核心竞争力,互联网时代对技术型人才提出了很高的要求。目前银行虽然有着具有丰富的金融知识和业务经验的员工,但是缺乏既精通数据建模、计算机网络技术,又熟悉银行业务管理决策的复合型人才。进一步加强和完善人才的培养,培养一批具备专业业务能力、精通数据分析和数学建模、具有同业领先视野的技术支持的创新型人才,将是打造传统银行核心竞争力的关键环节。

我国各商业银行互联网化情况

中国农业银行

早在2013年下半年,中国农业银行就将互联网金融上升到全行战略层面,并成立了互联网金融推进工作领导小组,组建了网络金融部。到2014年年初,农业银行在O2O领域、B2B领域,均推出了相应的开放平台。农业银行副行长李振江在接受媒体采访时曾表示,农业银行的互联网金融未来将从O2O、B2C、B2B、数据应用、物理网点二次转型等五个领域寻求突破。

中国银行

中国银行明确把以服务电子商务为核心的网络银行建设与发展作为核心任务,重点打造"中银易商"整体品牌,加速布局互联网金融。自2014年以来,中国银行已陆续推出"中银E社区""航运在线通""惠民金融服务"等网络金融服务,将网络服务范围不断扩展至支付、理财、融资、跨境、综合服务等领域。

中国工商银行

中国工商银行正在建造全新的"e-ICBC",提出争取通过未来几年的努力,确立在互联网金融领域的领军者地位,并围绕这一战略,提出了四个清晰的维度。一是建设电商平台、直销银行平台和即时通讯平台。工商银行已经搭建了"融e购"电商平台。二是建立基于互联网的支付、融资、投资理财三大产品体系。工商银行的快捷支付产品叫"e支付"。融资主要有完全基于B2C和线下POS消费推出的全信用产品"逸贷"及面向小微企业开发的网络融资产品"网贷通"。三是构建线上、线下一体化的金融体系。四是建立健全大数据的应用。

招商银行

招商银行力求在"平台、大数据、客户体验"三个方面寻求突破,以形成互联网金融结构布局。平台建设着力围绕手机银行、掌上生活、小企业E家、银E通等平台,聚合线上尤其是移动互联网客流。在公司金融领域,重点推进智慧供应链金融平台和小企业E家平台建设。

中国建设银行

中国建设银行已成功研发网络信息流类、网络物流类、网络资金流类、网络供应链类等四大类产品及"e贷款"系列子品牌,全面覆盖在网络经济和电子商务交易行为中的网络信息流、网络物流、网络资金流。同时,建设银行为电子商务客户打造了专属的网络银行IT系统,在业内率先实现贷款申请、贷款审批、贷款合同签订、贷款发放、贷款归还等信贷业务全流程线上操作。目前,建行正式推出全流程个人网上自助贷款产品——建行快速贷款,贷款门槛低至千元。此外,截至2015年1月28日,加之前期在深圳率先投入使用的前海智慧银行,建行在北京、上海、广州、天津、长春、南京、沈阳等12座城市部署的智慧银行全部正式开业。

平安银行

平安银行把业务结构调整与商业模式创新作为主攻方向,运用互联网思维构建了"橙E网""口袋银行""橙子银行""行E通""金橙俱乐部"等面向公司、零售、同业、投行四大客户群体的互联网门户。公司业务方面,平安银行开发建设了支持中小企业电子商务转型的产业电商云服务平台"橙E网"。与多方市场主体建立联盟,打造产业链金融生态圈。零售业务方面,平安银行"口袋银行"在业内首家推出口袋社区智能平台,通过O2O生态圈模式来聚合移动金融和社区金融。资金同业方面,运营至今的"行E通"利用互联网金融模式深入挖掘、持续深化同业机构合作。投资银行方面,在业内已经形成影响力的"金橙俱乐部"会员超过350家,涵盖财务公司、券商、银行、基金、信托、地产、保理、PE等诸多市场机构。

广发银行

广发银行及早布局了数据管理体系,以进一步支撑和推进小微、消费及网络金融等战略重点。数据已应用于广发银行小企业目标客群定位、客户准入、额度核定、定价及贷后风险监测。

资料来源:商业银行互联网金融集锦[J].中国农村金融,2015(6):50-51.

4.3 证券业的金融互联网化

4.3.1 证券业的金融互联网化发展进程

1. 第一阶段:利用互联网委托下单阶段

1996年年底,我国券商开始尝试开办网上交易业务,由于此时券商尚处于对互联网的认知阶段,此后一年,券商对网上交易一直停留在观望、开发和试用阶段,网上交易业务发展较缓,直到1998年才真正开始发展起来。此时,证券公司只是将互联网当成一种类似于电话委托的交易手段,基本上没有服务的概念。在这一阶段,由于券商和客户都还在探索这种新兴的委托手段,因此仅有很少的客户量和交易量,无其他增值服务。

2. 第二阶段:交易终端软件发展阶段

2000年4月,证监会颁布《网上证券委托暂行管理办法》,对网上交易的业务资格和运作方式做出明确规定,调动了券商的积极性。在这一阶段,证券公司开发并推广了交易终端软件,投资者通过使用计算机和互联网,就可以有效地实现证券买卖,证券交易完成了从实体场所到虚拟网络的转移。同时,证券公司还积极搭建信息渠道,推出自己的网站,并通过该网站提供一体化式的信息服务,网络媒体的推出改变了投资者以往通过报纸、电话咨询等信息获取的方式,而转向从网上获取资讯,从根本上改变了用户的交易习惯。

相比于第一阶段,这一阶段券商不仅向用户提供了全新的交易手段,还依靠互联网渠道展示信息、提供服务,使互联网渠道融入交易的方方面面。依靠互联网技术的发展,大大地降低了渠道成本,提高了服务效率。然而这一阶段也存在一定的局限性:首先是同质化现象严重,由于券商提供的服务大同小异,所以无法体现自身的特色及其竞争力;其次是券商将大量的精力集中于渠道建设上,忽视了金融产品的生产能力和有效的销售方式。

3. 第三阶段:证券电子商务时期

在前两个阶段,证券网上交易开户数以及成交量实现了稳定增长,并且随着电子商务在其他行业的广泛应用,电子商务模式发展得越发成熟,2005年《国务院办公厅关于加快电子商务发展的若干意见》从中央的角度肯定了电子商务的作用,促进了电子商务的发展,使得证券公司越来越重视证券电子商务的发展。证券电子商务指的是在证券活动的各个环节运用电子化手段,包括采集证券交易的数据信息,对信息进行加工处理,对外公布整合后的数据,利用互联网提供信息检索,借由系统实现证券分析、交易、支付、清算和交割的全过程。证券公司通过建立安全、高效、一站式的电子商务体系,提供优质、个性化的网上交易服务;券商通过互联网采集信息,并将股票、基金等金融产品的行情、信息等资料通过门户网站和网上交易软件进行发布;投资者通过查看股市的行情和信息、使用网上交易软件,进行股票、基金等金融产品的买卖。

在这一阶段,证券公司借由电子商务平台,构建了客户关系管理系统,出现了大批证券经纪人、客户经理、理财经理、投资顾问等角色,从向客户推送大量信息转向根据客户需求有针对性地推送信息及服务,在一定程度上满足了客户需求。充分利用电子商务的特点和技术,丰富现有的营销手段,已经成为电子商务系统的主要战略目标。

4. 第四阶段:全面向互联网金融进军阶段

2012年以后,互联网金融实现了爆发式的发展,给传统金融的发展带来了冲击,证券行业不同于保险和基金,它的业务核心并非金融产品的制造,而是更偏重于金融服务。但就所有服务内容而言,咨询、产品和服务都存在竞争者。在这一阶段,证券公司重整思路,将互联网金融的思想全面渗入到日常经营活动中,以互联网为依托,重组改造业务模式,加速建设网上创新平台,提供全面的综合金融服务,以帮助客户完成财富管理,满足不同金融需求。

4.3.2 互联网金融对证券业的影响

1. 弱化了证券公司金融中介的功能

金融机构在金融交易的过程中,主要发挥的是金融中介的职能。由于金融中介往往有较强的技术水平和经济实力,同时还掌握了较全面的数据信息,因此在金融交易过程中,一方面能够给交易双方提供较为全面的市场信息,帮助双方做出详细准确的判断,以缓解由于市场信息的不对称引发的逆向选择和道德风险问题;另一方面在一定程度上能够减少资金融通或者其他一些金融活动的交易成本。从根本上来说,机构发挥中介职能依赖于对各类信息的收集和处理能力,不同于传统机构利用规模效应对数据进行收集和处理的方式,互联网金融企业往往借助于日益发达的互联网技术就可以实现大数据的收集和信息挖掘。互联网金融模式下,资金供需双方直接交易,可以达到与直接融资和间接融资一样的资源配置效率,市场有效性大大提高,接近一般均衡定理描述的无金融中介状态,这将极大地影响证券金融中介功能的发挥。

互联网技术在互联网金融领域的成功运用可以被证券行业金融互联网化发展所借鉴,将互联网金融与证券行业结合,可以有效地降低交易双方的信息不对称程度、金额和期限的错配风险,但是在一定程度上将弱化证券公司金融中介的功能。

2. 转变证券公司的运营模式

互联网金融就是建立网络服务平台进行一系列的金融活动,由传统的线下活动向线上转变。互联网与证券业的相互影响融合,改变了证券公司传统的人工运作,由单一的线下宣传销售拓展到互联网中,拓宽了营销渠道,扩大服务范围。

证券公司的业务主要有:经纪业务、投资银行业务、资产管理业务和自营业务,其中主要业务大部分集中在经纪业务上。互联网金融进军证券行业,首先对传统经纪业务形成强大冲击,客户可以借由互联网平台实现网上交易,网络证券经纪人借由互联网平台可以为客户提供一对一的服务,这些都使得券商的物理网点和地域优势不再明显;其次,互联网平台还将成为证券公司开展投资银行业务和其他业务不可或缺的场所,例如,通过互联网平台对所承销的股票进行路演和推介;利用搜索引擎搜寻购并信息、查找成功的购并案例并发出购并要约等;最后,证券公司还可以在互联网平台上销售证券,利用互联网传播速度快、传播范围广的优点,提升销量。

虽然互联网金融对券商的营业网点的重要性形成了冲击,使得券商在线下地域上的优势减弱,降低了佣金率,但是与此同时,互联网平台的出现也削弱了券商销售的地域限制,扩大了券商的营销空间。互联网与证券的加速融合,不仅有助于券商拓宽营销渠道,优化现有经纪业务和财富管理业务传统的运营管理模式,还有助于提升资管业务和新产品经济的地位,迫使券商经纪业务由传统通道向信用中介和理财业务终端转型。运营模式的转变使得证券公司减少人力成本,降低公司的运营成本,从而达到资本的优化配置,获得利润的最大化。

3. 加剧证券行业竞争

互联网金融以其先天的渠道和成本优势迅速改变资本市场的竞争格局,加上国家政策对互联网金融的支持,这种竞争还将进一步加剧。

(1)互联网技术会降低券商业务成本,加剧同业竞争。如各大券商积极布局的证券电子商务,客户无须通过线下网点,只需要借由互联网就可以实现开户、交易、支付结算整个证券交易流程,因此能够大大降低证券业的展业成本、经营成本,在一定程度上将引发新一轮的佣金价格战,通道型经纪收入将更加难以为继。

(2)互联网金融会改变券商业务模式,加剧行业竞争。近年来高速发展的互联网企业携带客户资源、数据信息积累与挖掘优势向证券行业渗透,而且由于借由互联网平台开展业务,面向的对象为网络用户,而年轻一代多为互联网用户,因此,为互联网金融奠定了比传统证券行业更广泛的客户资源基础。互联网企业发展证券业务催生了网络经纪等新业态,使得未来竞争更加复杂化,互联网公司在运作模式上也更强调互联网技术与证券核心业务的深度整合。例如,以阿里小贷为代表的网络贷款业务就为证券行业资本中介业务模式带来了强烈的冲击,以人人贷为代表的P2P模式则正在绕开券商实现投融资直接匹配,以余额宝为代表的互联网理财产品更是直接冲击券商理财产品市场。

但是,激烈的竞争也意味着更多的机会。互联网渗入证券行业使得证券交易的交易主体和交易结构发生巨大变化,成本的缩减和互联网的高效率会使证券行业的价值增长速度达到前所未有的水平。从营销成本的角度来看,互联网的全面融入,大大改善了营销投入与产出不成正比的现状,人海战术的营销模式已逐步退出历史舞台,互联网金融的积极作用正在逐步显现,互联网券商凭借低成本覆盖将成为未来的一种趋势。

4. 增加证券经营的风险

互联网技术对证券行业的不断渗透也带来了不少问题。

(1) 由于互联网技术的运用而带来的技术风险问题。首先,互联网自身的脆弱性使得其容易遭受恶意攻击,因此对系统的安全性造成威胁,金融互联网借由互联网实现互通的同时,也可能导致病毒的蔓延,扩大恶意攻击带来的影响。其次,不法分子通过攻击金融机构的数据库或服务器非法窃取用户的隐私,并在网络上进行非法出售,侵犯用户的隐私权,扰乱正常的互联网金融秩序。最后,互联网信息技术的不稳定性以及开发维护人员对技术的掌握程度容易影响产品质量,例如,在交易过程中出现交易延误和运行中断,以及由于软件系统崩溃而造成数据丢失等问题。然而,我国的信息技术仍不成熟并且缺乏对自主知识产权的保护,因此,发展金融互联网会面临一定的互联网信息技术风险的威胁。

(2) 互联网金融在发展过程中面临更多的业务管理风险。首先,券商发展互联网业务,需要依赖第三方支付系统,第三方支付系统自身的管理漏洞将严重影响证券企业资金的流动。其次,互联网虽然在一定程度上提高了信息披露的效率和透明度,但是由于其自身的虚拟性降低了所披露信息的真实性,不法分子利用此特点可以进行洗钱等违法犯罪活动。

4.3.3 证券业金融互联网化策略

2000年证监会和证券业协会发布的《网上证券委托暂行管理方法》,从监管层面首次正式肯定了我国证券交易互联网化。

2011年10月27日,证监会发布了《证券公司业务(产品)创新工作指引》。

2012年3月15日,中国证券业协会发布《证券公司开立客户账户规范》,放开非现场开户限制。随后,招商证券、中信建投、华泰证券等券商纷纷开启网上开户模式。2012年5月8日,创新发展研讨会上提出对券商创新工作的保障和支持,各券商加大了金融产品创新的力度,监管部门提出了"逐步松宽客户开户方式的限制,允许证券公司探索网上开户"的创新意见,引起业界的广泛关注,更多的券商也开始考虑探索网络化的发展模式。

2013年年初,监管部门在《关于2013年证券业创新发展的建议(征求意见稿)》中,更是明确提出"支持证券公司发展互联网金融业务模式,提高资本市场应用新技术的水平和市场效率"。

2013年3月15日,中登公司发布了《证券账户非现场开户实施暂行办法》,为券商通过互联网的发展,在技术层面提供了有力保障。

2014年9月,证券业协会陆续发布《关于互联网证券业务试点证券公司名单的公告》,批准券商的互联网证券业务试点资格。

从以上政策中可以看出,我国政策方面公开鼓励证券行业大胆创新。在宽松的政策环境以及互联网金融高速发展的背景下,证券行业也纷纷试水互联网金融。目前国内各证券公司在该领域的探索大致可以分为两类。

1. 传统业务的互联网化

传统业务互联网化即充分发挥网络运营成本低、方便、快捷的优势,将传统证券业务的运营嫁接到互联网或移动互联网上,为客户提供更有效率的服务,如网上开户、手机移动证券等。

相比于传统业务线下开展方式,在证券行业运用互联网技术,具有如下优点。

(1) 互联网提高了传输信息的及时性和准确性。互联网可以具有较大的数据承载量,能够传输较大容量的信息,提高信息流量速度,从而缩短了投资者获取信息的时间,提高了决策的有效性。而且,利用互联网通信技术,投资者与融资者之间可以实现直接对话,任何时间、任何地点、任何投资者都可利用互联网进行信息交流、价格谈判、证券买卖和交易结算。

(2) 互联网提高了结算效率。随着网上银行的开通和完善,投资者直接利用网上终端就可以便利地完成开户、销户、查询、对账、转账等工作;对于证券公司来说,运用互联网技术,既加快了信息传播的速度,又提高了数据处理的效率,节约了时间,有助于安全、便捷地管理企业。

近年来,各大证券公司都陆续将各自的传统业务放在互联网平台上运作,减少成本、节约资本、快捷高效的优点,使得这些业务逐渐向第三方网络平台转型,为客户提供了更为方便的证券业务服务。改变传统的业务服务方式,减少人力物力的耗损,实现更加快速的资金融通,加速资金资本的流动。

2. 基于互联网的创新业务

基于互联网的创新业务,即脱离券商现有的各业务类别,依托社交网络、大数据、云计算、移动支付等互联网手段,促使投融资双方在线上直接对接。其中一个较为成功的尝试是券商借由互联网平台开办"金融超市",通过与电商平台,如天猫、淘宝,或者自己建立网上商城,销售资讯及金融产品,专注于用户的投资行为,实现了证券行业与互联网的自动化、专业化的全面连接,给客户带来一站式的消费与投资体验,并完善其支付功能,实现证券公司支付服务在整个产业链的完整应用。例如,方正证券泉友会天猫商城旗舰店于2013年3月正式营业,这是继银行、保险和基金等金融机构陆续进驻淘宝后,证券业内首家登陆第三方B2C电商网站的公司。随后,包括齐鲁证券、国泰君安、华泰证券等多家券商也纷加入发展电子商务的大军。还有一项运用是基于互联网思想实现网络证券,即借助互联网大数据和智能化数据分析能力,通过网络平台,提供自动化、专业化的理财咨询和理财规划服务,如有偿证券投资资讯、网上证券投资顾问、股票网上发行、买卖与推广等。这种模式综合运用了互联网技术手段和社交机制,为客户提供"定制化"服务,迎合客户的需求,具有较大的发展潜力,是我国探索互联网证券的指导方向。

国泰君安"君弘金融商城"

2013年11月28日,国泰君安证券推出"君弘金融商城",试水互联网金融,作为证券行业内首个探索互联网综合金融服务的平台,是证券行业主动拥抱互联网,在互联网金融领域依托专业能力建立自主阵地并积极出击的一次实质性探索。

"君弘金融商城"以一户通账户为基础,对标互联网企业操作流程,重视用户网络体验,倡导简单理财、轻松金融,为客户提供综合金融的一站式便捷服务。

"君弘金融商城"作为行业内的首创,其创新之处在于:

(1) 创新提出全账户概念并真正落实。客户在"君弘金融商城"可开通"君弘一户通"账户,该账户整合了沪深股东证券账户、资金账户、资管账户、基金账户,并且可进行期货及港股业务的申请,对券商而言,解决了投资者多账户难以管理的问题;对客户而言,为客户实现投资理财的一站式管理建立了基础。

(2) 创新购物式体验的金融产品购买方式。"君弘金融商城"提供各类金融产品以及投资相关的辅助产品的购买,千余产品全景呈现。商城从产品的展现到选购、下单、支付,实现了电商特色的购物式体验,明显区别于传统金融产品的购买。金融产品的购买流程不再烦琐,客户理财迎来了轻松时代。

(3) 创新推出了"一键下单"的功能,便于客户跟随投资组合类产品。"君弘金融商城"从客户参与理财的第一步——"开户"开始,就化繁为简,在合规的前提下为客户设计了简约化的开户流程;在产品购买方面,更是提供了多品种、多风格的金融产品,以满足不同客户需要,客户可以通过"一键下单"功能,直接选择符合自己投资需求的组合类产品,操作简单、快捷、明了。

(4) 创新推出了信用业务的在线申请,除了投资理财功能,"君弘金融商城"也为客户提供了信用业务的办理渠道,提供融资融券、约定购回等业务的办理功能,帮助客户了解更多证券公司业务,实现类贷款业务的在线申请。

(5) 首家实现保证金账户的对外转账、消费功能,国泰君安证券加入了央行的支付系统,在"君弘一户通"账户设计了转账充值功能,支持客户通过自己或他人的银行账户(包括非三方存管银行)向君弘一户通转入资金,同名银行卡转出,推广期跨行转账还免收手续费。通过"君弘一户通",客户的资金流转将更为高效,进行理财和消费将更为便捷。

资料来源:国泰君安"君弘金融商城"正式开放运营[EB/OL]. 证券时报网,2013-12-02,http://kuaixun.stcn.com/2013/1202/10967542.shtml;国泰君安推"君弘金融商城"进军互联网金融[EB/OL]. 中国证券报·中证网,2013-12-02,http://www.cs.com.cn/xwzx/jr/201312/t20131202_4230096.html.

4.4 保险业互联网化进程

4.4.1 保险业的互联网化发展进程

国外保险业自20世纪60年代开始互联网化进程,美国国民第一证券银行首创通过互联网销售保险单标志着互联网保险的出现。1995年,第三方保险公司 InsWeb 在美国成立,并且在两年间发展了300多万用户。随后,互联网保险业务在全球各地也逐步发展起来。1997年,意大利 KAS 保险公司推出了网络保险服务系统,该系统可以提供网络保险报价,给用户带来更快速便捷的服务,使得该公司的保险销售量大幅上涨。英国的"屏幕交易"网站和日本的索尼损害保险公司同样因推出了互联网保险服务,而提高了销售量。

与此同时,互联网保险也在我国逐步发展。

1. 第一阶段:保险服务网站成立阶段(1997—2001年)

我国互联网保险起步晚,目前尚处于初级阶段。它的产生可以追溯到1997年11月28日,中国保险学会和北京维信投资股份有限公司成立的我国第一家保险网站——中国保险信息网(china-insurance.com)。随后保险公司纷纷推出自己的网站:

2000年8月1日,国内首家集证券、保险、银行及个人理财等业务于一体的个人综合理财服务网站——平安公司的 PA18 正式亮相,其强有力的个性化功能开创了国内先河。8月6日,中国太平洋保险公司成立国内第一家连接全国、全球的保险互联网系统(www.cpic.com.cn)。

2000年9月22日,泰康人寿保险股份有限公司独家投资建设的大型保险电子商务网站——"泰康在线"(www.taikang.com)全面开通,这是国内第一家由寿险公司投资建设的、真正实现在线投保的网站,也是国内首家通过保险类 CA(电子商务认证授权机构)认证的网站。外资保险公司也紧随其后。

2000年9月,友邦保险上海分公司网站(www.aia.com.cn)开通,通过互联网为客户提供保险的售前咨询和售后服务。

2. 第二阶段:网上营销发展阶段(2001—2007年)

实际上,早在1997年12月,新华人寿保险公司就促成了国内第一份互联网保险单。然而,真正意义上的保险网上营销开始于2001年。2001年3月,太平洋保险北京分公司与朗络电子商务公司合作,在线销售的保险产品多达30个,实现当月保费99万元。

2003年后,网购热潮带动了保险的网上营销:2003年,中国太平洋保险支持航空意外、交通意外等3款保险在线投保;2004年4月,"泰康在线"通过互联网平台主推亿顺4款旅行保险、亿顺两款综合意外保险。

2005年4月1日正式实施的《电子签名法》,为电子保单技术的有效运行提供了一定的法律依据,这在一定程度上推动了电子商务的发展。因此,从2006年开始,我国大部分保险公司纷纷对自身的官网进行改版升级,从产品线、支付与承保优化的角度对保险产品在线购买进行了有效改善。

2006年以后,全新概念的"互联网保险超市"——"买保险网"上线运营,"买保险网"在营销过程中主要采用了"网络直销+电话服务"营销模式。

3. 第三阶段:全面发展阶段(2007年至今)

2007年以后,我国互联网保险迈入高速发展时期。除了传统的保险公司和保险专业中介外,拥有庞大消费群体的京东商城和苏宁等大型电子商务企业、新浪、网易等门户网站,携程网、磨房网等行业聚集类网站,也开始进军保险行业。

目前几乎所有的保险公司都建立了自己的网站,许多保险公司的网站不仅内容丰富、更新及时,并且可以在线为顾客提供多项服务。除此之外,我国的互联网保险业务开始呈现出多元化的发展态势,形成了包括保险公司网站、第三方保险超市网站、保险公司与互联网平台合作等多种模式。

其中,发展最为迅速的模式为保险公司和互联网平台的合作模式,自2012年互联网金融取得突破性发展后,保险公司与互联网公司的合作更加深入。例如,传统保险机构在淘宝网、天猫网等电子商务网站开通网络销售平台,在线提供多款险种供客户选购,这种商业模式在我国受到了消费者的欢迎,显现出惊人的营销潜力。

4.4.2 传统保险业发展存在的问题

传统保险业发展存在以下问题。

1. 人情保单多

传统的保险行业在发展过程中,由于营销模式的固有缺陷,使得很多保险营销员都依靠"人情保单"来提高业绩,"人情保单"存在一系列的问题:由于"人情保单"往往发生在熟人之间,一方面,客户可能会碍于情面重复购买相同类型的保险、购买并非是自己所需要的保险产品,或者是购买并不划算的理财型保险产品,损害了客户的利益;另一方面,如果保险营销员只做熟人的单子,而不去开拓新客户,迟早会被保险行业淘汰出局。

2. 保险产品设计不合理

在互联网时代,客户需求具有差异性、个性化的特征。传统保险机构企业的产品设计仍然遵循传统集约化思路,供给产品单一,难以适应用户个性化、多元化需求。

而且,保险公司推出的产品形式及收益率往往较为固定,尤其是一些长期寿险产品,所获保险利益跟不上通货膨胀的变化,然而,一旦投保人选择退保,那就意味着投保人将要损失一大笔过去所投的保费。选择继续缴费的投资人多半只是为了减少之前投入的亏损,但设计不合理的保单会使投保人产生抵触情绪,保险公司因此可能丧失许多投保人,不利于日后保险市场的推广。

3. 投保人利益难以保障

由于保险行业的薪资奖励机制,保险代理人可能受利益驱使向客户推销高佣金的保险产品,而不是客户最需要的险种,佣金的差异导致很多客户购买了险种重复、保障不全的保险产品。同时,高佣金也导致保险产品成本增加,这间接反映在保险费的提高上。

由于客户通过保险代理人与保险公司之间进行连接,存在部分保险代理人出假保单、盖假公章、签订保险合同进行诈骗、私吞保险费的现象,这不仅使保险行业声誉受损,更重要的是使广大的投保人遭受利益损失。

4. 用户体验不佳

虽然保险公司的宣传口号常常是"以客户为中心",但在客户体验上仍然存在诸多问题:

为促成保险交易,保险代理人在销售保险单时往往会夸大保险责任从而误导客户。根据中国保监会公布的数字显示,2013年人身保险公司涉及消费者权益的投诉事项有12 228个,其中,合同纠纷类投诉8 893个,违法违规类投诉4 712个。在违法违规类投诉中,涉及销售误导的4 257个,占人身保险公司违法违规类投诉的90.34%。一旦发生保险纠纷,就会使客户对保险公司的信任度降低,损害保险行业的形象。

传统保险机构提供的售后服务质量也难以保障,由于保险代理人流动性极大,保险公司为控制保险代理人的流失率,一般是把长期保单的佣金总和,集中到前5年发放。在保险代理人收到佣金之前,会向客户提供殷勤周到的服务,一旦保险代理人离开保险销售行业,那么其所承诺的各项服务也将难以兑现,客户的后期服务质量得不到保障,损害客户利益,客户的体验度和满意度差,进而使消费者对整个行业产生不满,影响保险公司良好形象的树立和业务拓展。

4.4.3 互联网金融对保险业的挑战

随着互联网技术的高速发展,目前P2P网络借贷模式、第三方支付、移动支付等互联网金融模式都受到了人们的欢迎,互联网企业在金融领域的探索越发深入。监管部门一旦放开牌照限制,传统保险公司的牌照优势将荡然无存,互联网企业发展保险业务(以下简称互联网保险)将会给传统保险行业带来巨大的挑战:

1. 互联网保险拥有信息技术优势

当今时代是互联网时代,数据量呈现爆发式的增长态势,拥有越多的数据就掌握了越多的信息,掌握了越多的市场资本,就越能把握发展的命脉,握有动态数据资源的企业将具有明显的竞争优势。尤其是在保险行业,在设计保险产品之前,保险机构需要对数据进行精算。

在数据采集方面,传统保险机构只注重收集结构化的数据,客户与保险公司间的数据大多是保单号、保险金额、费率、保费、姓名、身份证、电话号码等便于用数据库二维关系来表现的。在进行生命周期表的测算时,通常采用随机抽样的方式模拟总量,因为随机抽样可以有效减少人力和财力的投入,并且得到较为准确的答案。这种数据采集方式带来的问题是,保险机构较难对数据结构进行分析,测算的结果不够全面。然而互联网保险企业运用大数据技术,使得采集总量数据也成为一种可能,保证了数据采集的全面性,大大提高了其预测精度。借由社交网络、电子商务等互联网平台,互联网保险企业还可以收集到投保人的生活、消费、饮食习惯,掌握除投保人基本信息以外的大量非结构化数据,那么保险公司通过对数据的分析就会得到其生病的概率,从而更加准确地决定投保人或者潜在客户的保费。

在数据应用方面,传统保险机构的精算假设通常是建立在全社会或者行业公开信息以及自身积累的数据基础之上的,使得其数据具有一定的局限性,预测的准确性往往不尽如人意。互联网公司经过长期的经验积累,在数据处理方面具有先天性的优势,他们更懂得如何去分析、评估、使用这些数据。互联网保险企业在进行保险精算时,利用云计算、大数据来进行保险精算,基于大数据的支撑,互联网公司通过对未来风险的分析、评估可以厘定出更加精确的保费,开发更符合客户需求的产品。除此之外,随着现代信息技术的不断进步,互联网保险企业还可以利用现代信息技术,通过一定的运算法则将海量的数据用于预测未来事情发生的可能性。未来的保险公司不再仅仅是作为一个被动的赔付方,在出了事故之后勘查、审核、赔付,而是能够更加主动地去帮助客户规避风险。通过对数据的分析和应用,保险公司化被动为主动,向客户提供服务,预测风险,规避风险,提高客户黏性。

2. 互联网保险的成本更低

传统保险机构的保险营销主要通过线下营销渠道完成,包括银保渠道、代理人营销渠道、电话营销渠道,一方面,这些营销渠道在一定程度上都会存在夸大宣传的现象,造成销售误导,损害投保人的利益;另一方面,传统营销渠道需要一对一的服务,营销人员和客户需要来回奔波,一个营销人员每天能完成的业务量较少,所以每一笔保单都要求提取足够的佣金,无形之中提高了保险的销售成本。此外,传统保险公司营销渠道往往需要借由保险代理人、保险经纪人获得信息,间接和客户接触会使得其不能准确及时地收集客户信息、现时需求以及对产品的反馈等。

互联网保险开通了网销平台,这种营销渠道有如下优势。

(1) 保险公司直接面对客户进行销售,大幅缩减代理人费用,降低人员的销售成本既会提高公司利润,又会直接体现在保费上,节约的部分人力成本将让利于投保人,低价对于现在的客户来说更具有吸引力。

(2) 网销渠道改变客户的投保习惯。保险公司可以借由互联网平台展示不同险种的详细信息,客户自行在互联网上进行检索和查阅,选择需要的险种进行投保,逐渐改变客户以往被动接受保险推销的情形,这有利于减少保险公司的人员营销宣传费用,提升客户对保险营销的好感度。

(3) 互联网的高效性和便捷性保证了随时随地的服务。相比于线下模式时间和空间上的局限性,互联网保险可以提供 7×24 小时的在线服务,可降低保险公司与客户双方的时间成本,相比传统渠道,在互联网上进行投保更加便捷,手续相对简单,而且价格也一目了然,生成的电子保单与平常保险公司出具的纸质保单享有同样的法律效力与理赔待遇。

互联网公司利用自有的电商平台进行标准化保险产品的销售,在海量客户基础和已有平台的支持上,其销售保险产品的边际成本将呈下降态势,所以在成本控制上,部分互联网公司将比传统保险公司更具有竞争力。

3. 互联网保险提供"定制化"产品和服务

传统保险公司从收集客户需求到产品研发、推出、营销,直至停售,往往花费大量的时间,所以传统保险机构提供固定的保险产品,然而市场情况瞬息万变,往往在产品推出后市场已经不需要这样的产品,导致巨大的成本浪费。传统保险产品要通过组织各种线下活动进行营销,营销方式非常低效,而且也不能及时推荐客户所需要的保险产品。

互联网保险则不同,由于互联网掌握了大量的客户信息和交易数据,在进行新产品的推广活动时,可以利用网上数据进行精准营销,有针对性地投放给潜在客户群。互联网保险迎合了互联网时代个性化的需求,对每位客户提供个性化的服务,通过互联网,保险机构能够与客户实现直接沟通,随着客户的主动性不断增强和个性化需求被逐渐引导开发,一旦客户在网上找不到其需要的产品,或者保险产品的某一方面不符合自身的需求时,保险公司就可以根据客户的需求信息和反馈意见,对险种和服务做出调整,开发出符合客户当前需求的新型险种。定制化的服务一方面满足了客户的需求,提高了客户对互联网保险公司服务的满意程度;另一方面,客户的反馈改进了保险公司提供的产品,提高了产品的质量。

4. 互联网保险拥有更多的销售机会

传统保险销售模式由于受人力、财力等限制只能与部分客户接触,而互联网超越时间和空间限制的特性,使得互联网保险企业可以随时随地为全国各地的人提供24小时的服务。电子商务的发展带动了"网购"的热潮,互联网的运用扩大了保险营销的覆盖面,满足了不同消费习惯客户的需要。因此,互联网保险营销使更多的人成为保险新客户,大大增加了销售机会。

4.4.4 保险业金融互联网化策略

保险业金融互联网化的策略主要有以下几种。

1. 优化运营模式

我国的传统保险机构在之前的业务发展过程中,在组织机构逐渐壮大的同时也显得越发僵化。

(1) 目前保险公司的运营体系层次多,决策链长,导致运营效率低下。

(2) 非标准化的作业普遍,不能实现集中管理,导致服务质量差,客户体验差,难以适应互联网时代激烈竞争的市场需求。

造成上述困境的根本原因在于大部分保险公司仍然在用传统思维经营企业,营销模式依然是产品导向型。传统金融机构要迎接互联网金融带来的挑战,需要运用互联网思维,优化其运营管理:

(1) 针对保险公司运营体系层次过多造成效率低下的问题,整合运营环节,尽可能缩短决策指挥链。保险公司运用互联网平台而不是保险代理人、保险经纪人收集市场信息,利用远程通信技术和各区域人员保持联系,使得客户需求能够在短时间内得到反馈,能够对市场信息进行及时分析、预测、决策和控制,提高产品更新速度。

(2) 发挥"线上+线下"经营的优势,建立从线上到线下一体化的营运作业标准,通过严格执行标准化的营运流程,线上发展,线下完善,互相补充,为客户提供标准、全面的服务。

(3) 在运营过程中加入互联网思维,运用互联网承载量大的特点对大量的用户数据进行整理、归纳、储存,运用互联网传输速度快的特点使文件制作、发送、传阅、存储和查询速度加快,提高效率。通过互联网提供整个保险经营各个环节的服务,使整个业务流程,如保险信息咨询、保险计划书设计、投保、保险信息查询等全过程实现互联网化。

2. 打造保险网销平台

电子商务以其低成本、大规模和高效率的特点在短时间内取得了快速的发展,成为受到商家和消费者欢迎的销售渠道,保险行业也在近几年试水电商渠道,2012年中国保险电子商务市场保费收入达到39.6亿元,相较2011年增长123.8%,全球保险销售渠道电子商务平均渗透率超过5%。随着互联网技术的不断提高和网民渗透的进一步提升,保险销售的电子商务化必然成为中国保险销售渠道发展的主力。

相较于传统金融的营销方式,保险网上营销具有如下优点。

(1) 通过电子商务平台进行销售,能够减少交易的中间环节,减少人员消耗,降低企业和消费者成本。

(2) 网销平台能够不受空间、时间限制，随时随地提供服务。互联网 7×24 小时在线的运营方式可以满足不同作息习惯客户的需求，使保险公司的服务更具有连续性。

(3) 互联网能够覆盖更多的用户，充分挖掘潜在消费群体，提高销售量。

(4) 互联网能够实现实时互动，使客户与保险公司进行沟通交流，客户提交的需求和反馈的建议，对于产品创新有较大帮助。

传统保险机构要打造网销平台有两种渠道。一种是自建网销平台，这种方式适用于规模较大，有经济、技术实力的大型保险公司，例如中国平安，在2000年就推出了官网直销渠道，成为保险行业最初的"触网者"，泰康、人保等也相继建立了自己的网销平台。另一种是与互联网企业合作，利用互联网企业在技术、流量、平台以及数据处理方面的优势，分析客户的需求，优化精算方法，结合客户需求，开发出优质的保险产品，再通过互联网渠道进行推广，以实现"双赢"。例如，我国首家互联网保险公司"众安在线"就是由阿里巴巴、腾讯、平安保险三家企业共同开发合作，阿里巴巴提供电子商务数据，腾讯提供网络社交数据，平安保险以数据为基础进行产品开发。

3. 培养高素质的营销队伍

(1) 由于保险产品具有复杂性，因此，网络平台销售的大多为比较简单的保险产品，如家庭财产险、个人旅游意外险、机动车交强险等。较为复杂的保险产品无法通过互联网简单的展示就完成推广和销售流程，因此，除了要加强互联网平台的构建外，传统保险公司还需要配备营销人员进行推广销售。但是如前文所述，由于目前保险营销队伍良莠不齐，销售误导的现象还时有发生，保险公司应加强对保险营销队伍的规范化培训。

(2) 由于互联网保险产品与传统保险产品的定位存在差异，服务的客户群体也不尽相同，因此，对营销队伍的要求也不一致，保险互联网化发展的进程中需要大批掌握保险、营销、互联网等跨学科知识和经验的专业人才队伍，因此培养专业人才、组建强大且稳定的专业化队伍成为保险公司进一步发展互联网营销渠道的当务之急。

延伸阅读

众安保险

2013 年 11 月 6 日，第一家获得保监会批准成立的专业互联网保险公司——众安在线正式运营，众安在线的登记注册地在上海，注册资金为 10 亿元人民币，主要由三家企业控股，分别是：阿里巴巴、腾讯和中国平安，它们各自的持股比例分别为 19.9%、15%、15%。

众安在线充分利用了三大股东的优势。

1. 强大的渠道资源

阿里巴巴和腾讯，分别为中国最大的电商和社交平台，能够提供大量的客户基础。阿里巴巴服务的客户涵盖企业和个人，这些客户群体不仅能够成为保险产品的潜在消费者，还能够提供大量的客户交易记录和信用水平。腾讯不仅拥有强大的客户基础，在其发展壮大的历程中，还积累了丰富的媒体资源和营销渠道，能够为众安在线的发展和推广提供强大的渠道资源。

2. 拥有精算的保险产品

三大股东之一的平安集团,擅长发掘保险产品市场需求、保险产品设计、保险费率厘定、保险产品定价、保险准备金提取,旗下庞大的开发、精算、销售及理赔团队,可为"众安保险"产品供应提供强大保障。

3. 拥有可信的交易平台

阿里旗下的支付宝,腾讯旗下的财付通,都能够为客户提供即时消费和安全支付的保证,使得其安全性值得信赖。

作为一家专业的互联网保险公司,众安在线结合传统保险品种和互联网优势,扩展了传统保险的营销渠道,降低了保险公司营销成本,对互联网保险的进一步发展提供了借鉴实例。

资料来源:王静.我国互联网保险营销的问题研究——以"众安在线"为例[J].中国商贸,2014,15:42-43.

4.5 金融互联网的风险

金融互联网的主题还是传统金融机构,因此面临的风险主要是与传统金融行业所面临的风险相一致,由于金融互联网运用了互联网信息技术,因此,所面临的风险主要包括网络信息技术带来的技术风险和金融互联网创新业务带来的业务风险。

4.5.1 技术风险

技术风险指的是运用网络信息技术带来的风险,互联网的信息技术风险主要体现在两个方面,即安全风险和技术支持风险。

1. 安全风险

由于金融互联网的主要业务是传统金融业务的互联网化,无论是线上交易还是资金转移,都需要数据传输作为支撑,以计算机网络为介质,因此很容易受到黑客的攻击,而防火墙技术和杀毒技术的更新换代,往往滞后于病毒的产生。因此,金融互联网首先要防范的就是安全风险。以下几个方面尤其容易对金融互联网的安全造成威胁。

(1)电脑病毒入侵。

(2)计算机硬件和软件的障碍。

(3)平台设计中的缺陷。

(4)用户客户端的操作错误。

(5)来自外部的恶意攻击。

互联网快速传播的特性一方面助力金融互联网发展;另一方面,互联网可以带来计算机病毒的扩散以及传播,影响范围广,破坏力大,会带来极大的损失。

2. 技术支持风险

传统金融机构为了发展金融互联网业务,往往需要选择某种互联网技术实现金融方案,这会影响金融业务的开展,而互联网技术专业性较强,金融机构开展金融业务需要依托外部市场的技术服务,但是互联网技术一直在不断发展的过程中,技术更新换代时间短、频率高,当技术陈旧而被淘汰时,造成技术损失,降低金融机构经营业务的经济效益。

4.5.2 业务风险

业务风险指的是由网络金融业务本身的特点而产生的风险,主要包括操作风险、信用风险及法律风险。

1. 操作风险

操作风险指的是在金融活动中,由于金融系统、程序或者是操作人员的失误或操作不当,或者是因为外部的其他原因造成损失而带来的风险。金融互联网的操作风险主要有以下几个方面:一是金融互联网的服务人员受利益驱使,违背金融从业人员的道德规范和职业操守,挪用客户资金,从内部交易中获取私利;二是由于金融服务人员专业知识、实践经验不足的原因,在选择投资债券时对其利率、流动性等方面分析和筛选失误,造成收益的损失;三是金融机构自身互联网安全系统在设计上的缺陷、系统本身的错误等造成的操作风险。

金融互联网兼具互联网和金融属性,因而对金融互联网从业者的操作能力和专业能力有更高的要求,特别是对金融操作风险管理能力方面,因为操作风险在金融互联网中是一定会存在的,而且较难避免,金融对互联网的依赖性越来越强,操作风险管理和控制的难度正在加大。

2. 信用风险

信用风险指的是借款人不能到期偿还本息的风险。相对于传统金融,金融互联网能够为投资者提供更高的投资收益,为融资者提供更快捷便利的融资方式,因此投资者和融资者受到利益驱使会积极参与金融互联网交易活动,交易参与者的质量良莠不齐,加大了信用风险发生的可能性。

信用风险频发,会导致客户对传统金融机构的风险控制能力产生质疑,对其经营能力失去信心,而且互联网平台在无形中会放大客户质疑的声音,加大银行的损失,导致客户的流失以及资金等方面的风险。另外,金融互联网技术的开展依赖于新兴技术,会有更多出现故障的潜在可能,任何原因导致的系统问题都有可能加大信用风险发生的可能性。

3. 法律风险

(1) 金融互联网的法律风险来源于专门监管金融互联网法律的缺失。互联网金融作为一个全新的产品,无论在法律体系还是监管架构方面都很不健全,而金融互联网的主体是传统金融机构,已有的法律体系能够对传统金融机构实施有效监管。然而,对传统金融机构的监管法律不能完全覆盖创新型的金融业务,在法律缺失的情况下可能最终出现传统监管框架之外的问题而产生风险。目前传统金融机构在进行互联网处理业务时,需要完善的法律法规主要包括:隐私保护法、消费者权益保护法、知识产权保护法、货币发行制度和财务披露制度等。

(2) 金融互联网依赖互联网技术开展金融业务,互联网的匿名性、远程性和开放性助长了金融违法犯罪行为,例如,不法分子利用网络平台的匿名性,可以实施诈骗行为,还可以开设多个账户,达到洗钱的非法目的。互联网系统还容易遭受黑客攻击,一旦保密技术被破解,或者个人信息数据库在管理上出现漏洞,用户的私人信息将会泄露出去,容易被不法分子利用,给用户带来困扰。

4.6 金融互联网的监管

4.6.1 监管现状

目前,金融互联网的监管主要是沿用传统金融业务的监管体系,针对部分金融互联网特色业务的监管制度建设也已经起步,但是仍然存在一些局限性。

(1)沿用传统金融的监管体系不能覆盖具有互联网因素的特色业务,现有法律法规仍然不足以实现对金融互联网的全面监管。虽然人民银行已经颁布了《网上银行业务管理暂行办法》《电子银行业务管理办法》和《电子支付指引》等,但相对于复杂的互联网而言,这些办法和指引过于笼统和单薄。另外,对于金融互联网客户的隐私保护和跨境业务还缺乏具体的法律法规。

(2)监管体系尚不完善。目前,金融互联网的业务已经超越传统银行业务,甚至加入了保险、证券、电商等业务,已经逐步呈现混业经营的趋势,而对于金融互联网的监管还停留在分业监管的体系框架中。

(3)缺乏专门的监管机构、专业的监管人员。目前,监管部门没有区分传统业务和互联网业务,仍然按照传统业务的监管方式对金融互联网进行监管,缺乏专门的监管机构负责金融互联网业务的日常监管。并且,现有的监管人员也难以达到金融互联网时代全方位、灵活性、高技术监管的要求。

4.6.2 监管措施

具体的监管措施有以下几点。

1. 完善监管法律法规

有法可依是使用法律手段进行有效监管的前提条件,法律手段作为最具有强制执行力的手段,能够确保监管得到最有效的实施。因此,应适时修订完善现有法律法规体系,①加快研究制定专门针对金融互联网的法律法规,通过国家的立法和执法将金融互联网市场中运行的各种行为纳入法制轨道,使金融互联网中的各参与主体按照法律要求规范其行为;②出台详尽的金融互联网行业标准,增加新的金融互联网化的更高的监管要求和监管手段;③传统金融互联网化的过程中,由于凸显了互联网平台的作用,因此,应该加强对交易参与者的信息保护,防止信息泄露,对个人信息安全的保护应制定专门的法律条文,以弥补监管空白领域。

2. 多渠道监管

金融互联网,核心是金融,特色是互联网,对金融互联网进行全面的监管,既要加强行政监管、行业自律,又要采用先进信息技术手段,可以采用线上线下多渠道综合监管的方式。

(1)加强行政监管。明确金融互联网的监管部门后,具有监管效力的监管部门可以采用计划、政策、制度、办法等进行直接行政干预和监督。行政手段的优点是针对性强、效果明显;缺点是会干预市场经济秩序,造成负面影响,而且也缺乏稳定性和持续性,不符合金融市场自由化的趋势,一般只能作为一种辅助性手段。

(2) 加强行业自律。行业自律是规范行业行为、维护行业间公平竞争和正当利益的有效途径,金融互联网由于具有互联网特色,发展速度快,法律和行政手段的更新速度相对滞后,而且,金融互联网的不同行业、不同主体之间差距较大,专业要求较高,因此,要大力推动金融互联网形成行业自律,制定行业自律规范和同业公约,从内部对互联网金融和金融互联网行业进行全面的监管。通过建立行业自律组织,促进行业内有效交流,降低信息不对称性,降低金融风险,维护同业成员的权利以及缓和金融互联网行业内部矛盾。

(3) 采用网络技术手段监管的方式,运用电子计算机对互联网上的金融行为进行实时监管。互联网作为一个技术密集型行业,对金融互联网的监管必须采用先进的互联网技术手段,可以搭建互联网信息共享平台,实现连接全国一体、上下联动信息共享,扩大监管的覆盖面,加强监管。构建互联网金融和金融互联网监管长效机制。其发展离不开互联网,因此,网络技术手段是互联网金融和金融互联网监管的必要手段。

3. 规范化监管

(1) 要规范化监管流程。监管流程主要分为事前监管、事中监管和事后监管三个环节,监管要贯穿整个流程,一旦发现问题,应及时根据相关法律法规和办法要求进行规范处置。在交易发生之前,对有可能发生风险的事项进行一一排查,预防风险的发生,必要时还要进行实地核查;交易发生时,监督资金流向和项目的开展情况;在交易发生之后,做好数据汇总工作,并及时更新数据和风险类型,建立金融互联网的风险管理数据库。在监管过程中,规范监管计划制订、日常监管分析、风险评估、监管评级,除了日常监管外,还要对金融互联网中的特定事项安排专项核查,实施重点监督,以防范特定风险的发生。

(2) 要规范化监管队伍。金融互联网的复杂性和专业性给监管人员提出了新的要求,应该不断提升监管人员的水平,使其适应快速发展的互联网技术节奏,从而打造一支具备金融知识、监管知识与互联网知识相结合的现代化复合型监管人才队伍。具体做法包括:选拔高水平、高素质的专业人才、定期组织监管人员培训工作、鼓励监管人员参与国际认证考试等。

4. 加大监管力度

监管方面应该坚持现场监管和非现场监管相结合、日常监管与重点监管相结合,监管部门应该不断加大监管力度,持续投入人力、物力。从监管流程的各个环节出发,对日常监管和重点监管设定不同的要求、标准与手段措施,结合现场监管和非现场监管的监管方式确保监管的高效性,用特定监管补充日常监管,确保监管的全面性。还可以设立奖惩机制,对不规范发展的企业形成有效约束力,提高监管的执行力。对金融互联网中不合规、不合法引发风险的单位进行严厉处罚,除了罚款、没收非法所得等经济性惩罚,情节严重时可以施以停业整顿、吊销营业执照等行政惩罚。对于合法合规经营、风险控制能力出色的互联网金融和金融互联网企业可以通过表彰、优惠政策等进行奖励。

参考文献

[1] 李肇宁.商业银行互联网金融发展策略研究[J].现代商业,2015(5):120-121.
[2] 汤瑞欣.互联网金融对商业银行的影响分析[J].时代金融(中旬),2014(5):118-118.
[3] 温广平.从定位理论研究商业银行互联网金融创新策略[D].成都:西南交通大学,2014.
[4] 彭琨.互联网金融对证券行业的影响与对策[J].商业故事,2015(3):96-97.
[5] 杨宇.互联网金融对证券行业的影响浅谈[J].商,2014(22):164-164.
[6] 刘建玲.论互联网金融对证券行业的影响[J].财经界,2014(15):16-16.
[7] 罗钦城.互联网金融对证券企业的影响[J].时代金融(中旬),2015(7):123,125.
[8] 李红坤,刘富强,翟大恒,等.国内外互联网保险发展比较及其对我国的启示[J].金融发展研究,2014(10):77-83.
[9] 滕荣桢.互联网思维与互联网保险发展探析[J].东方教育,2015(4):567-568.
[10] 戴东红.互联网金融与金融互联网的比较分析[J].时代金融(下旬),2014(2):31-32,37.
[11] 杨帅.分析互联网金融及金融互联网的比较[J].商场现代化,2015(11):161-162.
[12] 陆岷峰,史丽霞.关于互联网金融与金融互联网的理性思考[J].河北金融,2014(9):18-21,47.
[13] 李智.关于"互联网金融"的几个关键概念辨析[J].中国商贸,2014(28):109-110.
[14] 陆岷峰,王虹.互联网金融与金融互联网的监管研究[J].海南金融,2014(3):52-56.
[15] 赵显超.中国互联网金融与商业银行的关系研究[D].昆明:云南财经大学,2014.
[16] 肖宇新.互联网环境下我国证券公司经纪业务营销研究:从金融互联网到互联网金融的升级[D].北京:对外经济贸易大学,2014.
[17] 章璠.互联网金融发展的研究[D].北京:对外经济贸易大学,2014.
[18] 秦亮杰,赵大欣.金融互联网化的国际经验与启示[J].农村金融研究,2014(8):34-37.
[19] 王京京.互联网金融浪潮下传统保险行业何去何从[J].金融经济,2014,12:17-19.
[20] 赵旭升.互联网金融商业模式演进及商业银行的应对策略[J].金融论坛,2014,10:11-20.
[21] 李荣艳,朱传波.互联网保险较传统保险销售模式之优势分析[J].新余学院学报,2014,5:42-44.
[22] 师群昌,帅青红.移动支付及其在中国发展探析[J].电子商务,2009,2:58-64.
[23] 郑艳芳.商业银行互联网金融发展[J].科技与企业,2015,18:11.

第 5 章

P2P 网络借贷

5.1 P2P 网络借贷概况

5.1.1 P2P 网络借贷的起源与定义

P2P 平台的前身为小额信贷,现代小额信贷起源于孟加拉诺贝尔和平奖得主穆罕默德·尤努斯(Muhammad Yunus)教授创办的"孟加拉乡村银行",其设立的最初目的是帮助没有抵押的低收入群体和失业妇女摆脱贫困,希望通过发放贷款,为他们提供创业机会。由于当时几乎不存在互联网的技术背景,贷款规模、从业者规模和社会认知层面等方面都存在一定的局限性。

进入互联网时代,小额信贷的主要形式也由单纯的"线下"模式演变为"线下"和"线上"并行的模式,"线上"模式以 P2P 平台的形式取得了快速的发展。2005 年 3 月,英国人理查德·杜瓦、詹姆斯·亚历山大、萨拉·马休斯和大卫·尼克尔森四位年轻人共同创造了世界上第一家 P2P 贷款平台 Zopa;2006 年,美国第一家 P2P 平台 Prosper 正式投入运营;2007 年,德国也成立了首家 P2P 网络借贷平台 Smava,随后,各式各样的网络借贷公司层出不穷。

P2P 网络借贷(Peer-to-Peer Lending),又称 P2P 网贷,指的是资金供给方与资金需求方借由第三方网络借贷平台实现资金的借贷流通过程,即互联网上个人与个人,或个人与企业之间的资金借贷过程。

P2P 网络借贷的参与者主要包括资金需求方(借款者)、资金供给方(投资者)以及第三方网络借贷平台,通过互联网上的资金借贷活动,资金需求方的资金需求得到满足,资金供给方获得相应利息收入,而第三方网络借贷平台在借贷过程中,作为撮合成交的中介,不介入交易,不集合资金,只是负责对双方的身份、经济实力、信用状况进行审核,并向借贷双方收取中介服务费等相关费用。

P2P 网络借贷将先进的互联网技术、小额信贷、电子商务技术等基本要素有效地整合到一起,从而产生了新的商业模式。这种创新模式的借贷过程不依赖于传统的金融机构,而是依托第三方互联网平台实现对借贷双方的信息、资金、合同等相关操作,促成交易的实现。

孟加拉乡村银行:格莱珉银行

格莱珉银行:"奇特"的银行

孟加拉乡村银行是一个发行微型贷款的机构。此组织及其创始人穆罕默德·尤努斯一起获得了 2006 年的诺贝尔和平奖。

孟加拉乡村银行最早起源于孟加拉国。1974年,穆罕默德·尤努斯在孟加拉创立小额贷款,1983年,正式成立孟加拉乡村银行——格莱珉银行。孟加拉乡村银行模式是一种利用社会压力和连带责任而建立起来的组织形式,是当今世界规模最大、效益最好、运作最成功的小额贷款金融机构,在国际上被大多数发展中国家模仿或借鉴。2006年10月,尤努斯因其成功创办孟加拉乡村银行,荣获诺贝尔和平奖。

孟加拉乡村银行作为一种成熟的扶贫金融模式,主要特点如下。

(1) 为穷人所拥有。1976年,格莱珉银行在孟加拉的乔布拉村诞生,并于1983年正式转变为一家银行。该银行特别通过一项原则:"贫穷的借贷者们,其中绝大部分为妇女,拥有这家银行,银行只为这些穷人服务。"如今,格莱珉的贷款者们拥有银行94%的股权,另外6%为政府所拥有。

(2) 无担保抵押物、法律文件、团体担保或连带责任。格莱珉银行的小额贷款不要求任何担保抵押物。格莱珉不打算将任何未能还款的贷款者送上法庭,也不要求贷款者签署任何法律文件。

尽管每个贷款者都必须属于一个5人小组,但小组并不需要为其成员的贷款提供任何担保。偿还贷款是每一位贷款者个人的责任,而小组与中心要以负责任的方式关注每个人的行为,确保不会有任何人发生偿付贷款的问题,没有任何连带责任。即组员不承担为其他有拖欠行为的组员偿付的责任。

(3) 贷款百分百由银行内部资源提供。格莱珉银行的待偿贷款全部由自有资金与存款储蓄提供,68%的存款来自银行的贷款者。仅存款储蓄就已达到待偿贷款的97%,如将自由资金与存款储蓄两项相加,则达到待偿贷款的130%。

(4) 无捐款、无贷款。1995年,格莱珉银行决定不再接受任何捐助资金,自此再未提请任何新的捐献请求,最后收到的一笔原有捐款的分期付款是1998年。

(5) 利率。孟加拉政府将所有政府运作的小额贷款项目规定为11%的统一利率,经月递减计算即接近22%。格莱珉银行的贷款利率低于政府的利率。

格莱珉银行的利率有四种:创收目的的贷款利率为20%,住房贷款的利率为8%,学生贷款利率为5%,艰难成员(乞丐)贷款免息。所有利率都是简单利率。

存款利率最低为8.5%,最高为12%。

(6) 吸收乞丐成员。乞讨是一个穷人求生的最后手段,除非他选择去犯罪或进行其他非法活动。乞丐中有残疾人、盲人、智障者,以及病弱的老人。格莱珉银行实施了一个名为艰难成员的特殊项目,以此将救助延展到乞丐。到2003年,已经有近2万名乞丐加入这个项目。

(7) 开办新分行的政策。在成立的第一年内,允许新分行向银行总部借款,以启动其贷款业务。第一年过后,分行的贷款业务必须由其自身的储蓄流动支撑。新的分行被要求在其运营的第一年内达到收支平衡。

5.1.2 P2P网络借贷的基本原理和业务流程

1. 基本原理

P2P网贷的原理是借由互联网Web2.0点对点的信息技术和电子支付为技术支持工

具,再通过P2P电子协议,实现快捷、安全的多对多资金融通和配置。互联网Web2.0点对点的技术,能够将借款分割为金额不等的多笔借款,再将每笔借款配置给不同的投资人,以达到分散风险的目的。借贷过程中,运用了大数据技术和征信系统进行对接,首先评定借款人的信用等级,处理借款订单以获得借款订单可供交易的标的,对交易标的进行风险评级,不同的风险标的定价不同,经过一连串的处理、筛选、评级,最终将标的提供给具有不同风险偏好的投资人。

2. 业务流程

P2P网络借贷的核心理念是借由互联网技术实现资金的快速流通,它摒弃了传统金融中介机构,简化了借款流程,借贷过程的本质是互联网时代的"金融脱媒",它的运营比较简单,通过建立一个网络平台来实现借款人与出借人的自行配对。其借贷业务的一般流程如下。

(1) 借贷双方在P2P网络借贷平台注册,并上传个人信息,借款人在P2P网络借贷平台发布个人的借贷金额、借款用途、还款期限、还款方式、个人能承担的最高利率等信息,同时,网站会提供一个最低利率或固定利率。

(2) 第三方平台对借款人的个人信息进行审核,当网贷平台获得借款者的用户信息和借款信息后,平台根据用户信息,确定借款人的信用评级,对借款人的借款信息进行审核。由于目前P2P网贷行业尚未形成权威的信用评级体系,因此有时候还需要与专业的机构进行合作,以防范信用风险。

(3) 投资者了解借款人的信用情况及借款信息后,根据个人风险承受能力和偏好,决定是否借贷以及借贷额度。

(4) 根据利低者得的原则,如果较低利率的投标组合达到了借款人的需求,则借款成功,借贷双方达成交易,电子借贷合同成立。由于我国用户的投资理念比较保守,为了尽量规避信用风险,除了贷前审查,许多网贷平台还会引入担保机构,以保障用户的资金安全。

(5) 合约到期后,借款人依据事先约定的还款方式将一定数量的金额返还投资方,这时可能会出现两种情况:①借款人履约,按约还本付息,在这个过程中,P2P网络借贷平台向借款人和投资方收取一定的服务费,具体收取的费用和收取方式会根据服务协议而定。②借款人违约,网贷平台要进行追讨,如果有担保则会进行赔付;如果没有担保,那么投资方就需要自己承担损失。

为了体现P2P网络借贷的业务流程的特色,表5-1展现了P2P网络借贷与传统商业银行贷款流程的对比。

表5-1 P2P网络借贷与传统商业银行贷款流程的对比

贷款流程	申请阶段	审核阶段	贷后管理	逾期处理
传统商业银行贷款	填写《贷款申请书》,提交个人/企业身份证明、财务情况、担保方证明、抵押质押证明	贷款审查、信用等级评估、可行性分析、综合性分析、提交上级审核,审核通过后与银行签订借款合同	对贷款使用情况进行监督和跟踪调查	催收、罚息、起诉、拍卖抵押物、申请人民法院强制执行可供执行的企业财产

续表

贷款流程	申请阶段	审核阶段	贷后管理	逾期处理
P2P网络借贷	上传个人身份证明、工作证明、中国人民银行出具的个人信用报告、收入证明，个体工商户则需要提供营业执照、经营场地租赁合同等	人工审核为主，结合数据分析技术对借款人信用情况进行综合评估，确定授信额度，审核通过后在平台上发布借贷信息	要求借款人按照约定的还款方式还本付息	催收、罚息、对借款人的信用评级进行降级，通过平台黑名单进行曝光，启用风险备用金或本金垫付，对投机者进行补偿，或由第三方合作担保机构进行补偿

5.1.3　P2P网络借贷的发展历程

相较于向线下民间金融机构借贷，P2P网络借贷的经营模式降低了中小企业融资成本，近十年来，在中国取得了迅速的发展。尤其是2013年之后，P2P网络借贷在我国发展速度令人瞩目。2013年我国共出现约800家P2P平台网站，贷款存量达到268亿元，全年行业实现总成交量1058亿元，与2012年200亿元左右的规模相比较呈现出爆发式的增长。截至2015年3月，全国可查的P2P平台已经超过2500家，发展形势异常迅猛。

综观网络贷款在中国的发展历程，自2007年拍拍贷成立至今大致经历了四个阶段。

1. 第一阶段：2007年以前（萌芽期）

我国的P2P网络借贷起步较晚，早在2007年以前，小额贷款理念在国外就已经形成，但受到当时外界条件的限制，小额信贷的贷款规模、从业者规模以及社会认知层面都比较局限。直到全球第一家网络贷款平台成立，网络贷款行业在国外得以发展，网络贷款才因此传入中国。

2. 第二阶段：2007—2010年（初始发展期）

2007年拍拍贷的成立，P2P网络借贷这个新兴市场第一次被引入中国，吸引了部分具有冒险精神和互联网创新精神的投资者开办P2P网络借贷平台。尤其是2008年金融危机以后，由于银行收缩了流动性，拒绝增加贷款额度，P2P网络借贷平台开始吸引更多的关注。通过互联网，P2P网络借贷平台提供了更灵活、更有效率、更高收益的融资方式，它注重于开拓传统银行不愿涉足的市场，因此吸引了不少借贷双方通过P2P网络借贷平台进行投融资活动。

但是在2007—2010年，我国社会融资的需求和导向还没有从资本市场中转移，大部分资金集团还寄希望于资本市场的再次转暖，尽管市场对于新形式的融资平台期望较高，但是这一阶段P2P网络借贷发展的规模仍然较小，国内的P2P网络借贷平台大约有20家，其中活跃平台不到10家，参与投融资活动人数较少，投资金额较低。

在这一阶段，P2P网络借贷的从业人员相对较少，相关从业人员都是互联网创业人员，没有民间借贷经验和相关金融操控经验，更不具备P2P网络借贷的运营经验。因此，这一阶段的P2P网络借贷主要参考了最初成立和发展起来的拍拍贷模式：以信用借款为主，只要借款人在平台上提供个人资料，平台进行审核后就给予一定授信额度，借款人基于授信额度在平台发布借款需求。这一阶段的主要问题是：由于我国的公民信用体系并不健全,平台与平台之间相互独立,信息交流较为闭塞,容易出现一名借款人在多家网络借款平台同时进行信用借贷的问题,引发借款人的信用风险问题。

3. 第三阶段:2010—2013年(快速扩张期)

随着利率市场化进程的推进,以及民间借贷的火爆,国内网络贷款行业的发展速度逐渐提高。

尤其是2013年以来,P2P网络借贷平台在我国的发展进入爆发期。据网贷之家发布的《2013年中国网络借贷行业年报》显示,平台数量方面,2013年P2P网络借贷平台数量达到近800家,是2012年约200家的近4倍;交易规模方面,2013年我国P2P网络借贷行业成交规模达到1 058亿元,比2012年交易规模翻了5倍,较2011年增长10倍。《2013年中国人民银行年报》也提及:截至2013年年末,全国范围内活跃的P2P借贷平台已超过350家,累计交易额超过600亿元。

随着行业的成交规模以及行业的平台数量不断增加,行业从业人员逐渐增多。拥有民间线下放贷经验和关注网络创业的人才开始涉足P2P网络借贷行业,同时,一些软件开发公司提供了相对成熟的网络平台模板,弥补了这些具有民间线下放贷经验的创业者开办网络借贷平台技术上的欠缺,降低了P2P网络借贷平台的开办成本。由于这一阶段开办平台的创业者具备民间借贷经验,了解民间借贷风险。因此,他们吸取了前期平台的教训,采取线上融资、线下放贷的模式,以寻找本地借款人为主,对借款人实地进行有关资金用途、还款来源以及抵押物等方面的考察,有效降低了借款风险,保障了网络借贷平台业务的真实性。

4. 第四阶段:2013—2014年(风险爆发期)

当平台数量呈现爆发式增长时,问题也随之日益凸显:P2P网络借贷的热潮让许多不法分子看到了非法牟利的机会,这个阶段出现了部分毫无资质的网络贷款平台,平台运营者只需要购买网络借贷系统模板,并租赁办公地点即可开始上线圈钱。这些平台并不具备正常运营贷款的能力,只凭着虚假、浮夸的手段来吸引投资者,提供劣质产品,为P2P网络借贷行业的发展埋下了隐患。

据《2014年中国网络借贷行业年报》统计:2014年累计问题平台数量已达到367家,其中,2014年全年问题平台达275家,是2013年的3.6倍。相对于2013年问题平台多是诈骗、跑路平台,2014年"诈骗、跑路"类和"提现困难"类问题平台数量不相上下,占比分别达46%和44%;另外,还有部分平台因为停业或者经侦介入等其他原因被曝光。

这一阶段之所以成为风险爆发期,从外部环境来看,经济疲软、借款人资金紧张造成逾期还款;股市回暖,使得投资人纷纷撤出资金,都削弱了平台的还款能力;从内部环境来看,监管的缺失和平台的不规范运营是引发风险的主要原因。这个阶段上线的许多平台的共同特点是利用高利息吸引追求高利润的投资人,实质上,这些平台通过网络融资后偿还银行贷款、民间高利贷或者投资自营项目。由于自融高息加大了平台本身的风险,加上这些平台本身资金实力和风控能力较弱,一旦出现负面消息,就容易导致挤兑现象。自2013年10月起,这些自融平台就频频出现逾期、倒闭、跑路,或者不能提现的情况,致使部分投资者损失惨重,给国内贷款行业造成了不利的影响,破坏了国内正常的金融秩序。

5. 第五阶段：2014 年至今（政策调整期）

由于缺少必要的监管和法规约束，导致 2013 年以来，多家 P2P 贷款公司接连发生倒闭、跑路等恶性事件，给我国正常金融秩序带来不利影响。因此，市场开始重新审视 P2P 贷款行业的发展，对行业疯狂发展的现象进行反思，对行业的期待开始回归理性。

网贷平台方面，贷款行业呼唤监管各个 P2P 贷款公司组成行业联盟、资信平台，并积极向央行靠拢，寻求信用数据对接。贷款公司向传统商业银行进行借鉴，引入借款者的征信报告以及收入证明等材料，以此来衡量借款者的资质，进行风险控制。

政府方面，加强了对 P2P 网络借贷平台的监管：2014 年，人民银行发布《中国金融稳定报告（2014）》，要求 P2P 和众筹融资坚持平台功能，不得变相搞资金池，不得以互联网金融名义进行非法吸收存款、非法集资、非法从事证券业务等非法金融活动。2014 年 4 月，中国互联网金融协会正式获得国务院批复，未来将挂牌成立，该协会成员单位涵盖银行、证券、支付、互联网、P2P 等多个领域，入会标准划定了 P2P 四大准入门槛。2015 年，《关于促进互联网金融健康发展的指导意见》《网络贷款信息中介机构业务活动管理暂行办法（征求意见稿）》《最高人民法院关于审理民间借贷案件适用法律若干问题的规定》等一系列政策制度的出台，使得整个 P2P 网贷行业走向阳光化，P2P 网贷平台运营和监管有法可依；修订原有相关金融法律规范，完善 P2P 网贷行业的法律体系；进一步明确了 P2P 网贷的监管机构。

地方性政策方面，全国各地地方政府出台政策，关注并扶持互联网金融的创新发展，深圳出台《关于支持促进互联网金融创新发展的指导意见》、天津开发区发布《推进互联网金融发展行动方案》、南京成立互联网金融中心扶持互联网金融的发展、广州公布支持互联网金融创新发展方法、武汉出台了《武汉市人民政府关于促进互联网金融产业创新发展的实施意见》。

在这一阶段，由于国家表明了鼓励互联网金融创新的态度，并在政策上对网络借贷平台给予了大力支持，使很多大型国有企业和金融巨头开始尝试创立网络借贷子公司或者以入股已有 P2P 贷款公司的形式参与 P2P 贷款市场的竞争。

随着市场的进一步发展，投资者将会趋于理性，借贷平台的利率水平也会更加稳定，国内贷款行业的竞争将会加剧，在激烈的竞争中，劣质的平台将会淘汰，优质的平台将会逐渐壮大，使得市场份额更加集中，平台数量也会趋于稳定。未来几年内，监管机构将会继续出台相关的法律法规，逐步提高网贷平台的准入门槛，规范平台的运行，使得 P2P 网络借贷逐步进入正规运作阶段，完成本土化的进程。

5.1.4 P2P 网络借贷兴起的原因

要探究 P2P 平台在短时间内快速发展的原因，首先要对 P2P 平台出现的背景进行分析。

1. 融资者的需求

经济社会的不断发展，带来了越来越多的投资机会，其中，中小企业在国民经济的各个领域表现得尤为活跃，成为拉动我国经济增长的重要力量。但是，中小企业在发展过程中的资金缺口问题也成为制约企业发展的"瓶颈"。

一方面,中小企业自身经营规模小、经营管理不尽规范、经营效益不稳定,贷款违约风险明显偏高,同时也难以为银行提供足够的质押、抵押物;另一方面,由于银行的体系机构庞大,借贷过程中严格的信贷审批机制、繁杂的手续,都需要较高的成本来维持运营。商业银行出于收益最大化和降低坏账的目的,往往选择拒中小微企业于千里之外,放弃小额贷款市场。

中小微企业的融资问题未能得到有效解决,传统金融渠道不畅通,为民间信贷提供了发展空间。民间借贷指的是依托关系圈建立的借贷关系,分为民间个人借贷活动和公民与金融企业之间的借贷活动。虽然民间贷借贷的利率远远高于银行,但是由于其信息成本低、期限、利率较灵活以及审批手续简单,仍令许多资金需求者对其趋之若鹜。

虽然民间借贷拓宽了企业的融资渠道,但是,民间借贷往往也存在许多问题,由于我国的金融体制不健全、借贷双方的法律意识淡薄等原因,民间借贷常常引发社会纠纷。在互联网时代,P2P网络借贷平台的出现,对于银行体系内小额贷款的空白领域而言,无疑是有力的补充。

P2P网络借贷平台不仅可以满足中小微企业的资金需求,其便捷、低门槛的特性也使得包括贫困农民、弱势群体在内的社会大众在筹集资金时有了新的选择。

2. 投资者的需求

由于生活条件的改善,投资者寻求多样的投资渠道以获取更多的投资收益,然而近年来,银行利率却远远低于实际通胀率,投资收益率无法令投资者满意,股市、贵金属等高风险的投资渠道又令投资者望而生畏。因此,P2P网络借贷平台作为新型投资方式,受到了投资者的青睐。一方面,投资者的闲置资金得到了增值;另一方面,借款人的资金需求得到了满足。

从以上两方面来看,P2P贷款的出现,有利于填补传统金融及服务的空缺,将民间资本盘活,且打破了地域限制,节约了线下成本,促进民间借贷的繁荣,缓解小微企业和个人的资金需求紧张问题。

3. 技术支持

信息技术的发展是推动产品创新的技术保障,网络平台在P2P网络借贷的过程中发挥信息的展示和匹配的重要作用,随着技术发展,搭建网站、建立数据库变得越来越容易,一些P2P平台只要将搭建平台的工作外包给专业IT公司或者购买平台的源代码即可攻破技术壁垒。由于技术支持极易获得,短时间内,P2P平台的数量加倍增长。

4. 宽松的发展环境

除了市场需要和技术背景,在我国,P2P网络借贷行业的发展,更多的是因为宽松的发展环境为P2P网贷的迅速崛起铺就了道路。

(1) 行业门槛低。在我国,与互联网相关的注册登记会受到工信部的监管,而工信部对于P2P网络借贷平台的准入要求非常宽松。首先在有关工商部门进行登记,获得营业执照后向工信部申请《电信与信息服务业务许可证》,之后向工商部门申请在经营范围内增加"互联网信息服务"并办理经营性网站备案就可以从事网络信贷中介活动。在以上注册、登记、审核的过程中,对于网贷平台的注册资本、资金管理、网络安全保障都没有严格的规定。由于技术壁垒已被攻破,建立者只需花费较少资金便可获得网站模板代码,初期人工和简单的办公场所投入成本也较低，因此吸引众多创业者争先设立 P2P 网贷平台。

（2）国家政策的支持。2003 年 8 月 8 日，国务院办公厅发布《国务院办公厅关于金融支持小微企业发展的实施意见》，文件指出为了支持小微企业的良性发展，要加快丰富和创新小微企业金融服务方式，积极发展小型金融机构，加大对小微企业金融服务的政策支持力度。P2P 网络借贷平台出现后，各地方政府也陆续出台了相关扶持政策，国家相关政策的支持为 P2P 信贷提供了迅速发展的土壤。

5. 利润推动

从历年 P2P 平台发展报告来看，每年投入运营的 P2P 网络借贷平台有上千家，但是处于活跃状态的平台只有几百家，正常运营并取得盈利的平台少之又少，然而，每年仍有新的平台不断涌现。这些平台设立的原因主要如下。

（1）利用平台自融。有的企业资金周转困难、信用状况堪忧，无法从正规渠道获得贷款，通过构建 P2P 平台虚拟借款人非法筹集资金。

（2）利用平台诈骗。有的平台提供虚假项目，推出虚假产品，以传销形式敛财，在获得丰厚的利益后，关闭平台，选择跑路。

（3）利用平台"跑马圈地"。一些传统金融行业的巨头，在即将到来的互联网金融时代，需要获得用户掌握流量才能保证公司发展、获得利润，立于不败之地。与传统金融业相比，互联网金融更方便、更灵活、更符合时代潮流，因此，利用平台在互联网金融领域先获取一定知名度，有利于今后互联网金融业务的展开。

5.1.5　P2P 网络借贷的特点

P2P 平台之所以取得如此迅速的发展，还要归因于 P2P 平台自身的特点。

1. 准入门槛低

（1）对借款人而言，贷款门槛低。P2P 平台的服务对象，往往是无法提供足够抵押担保条件、被传统金融服务拒之门外的借款人。借款人只需要在 P2P 平台注册，完成身份验证，即可成为该平台的会员，随后即可按照平台规定发布标的开始借款。在申请过程中，用户需要向平台提供身份证明、收入来源证明以及信用证明等信息，平台结合线上、线下方式核实信息真伪，通过这些信息设定用户的借款额度。

（2）对投资者而言，投资门槛低。传统的投资渠道，如银行和信托机构，都设置了较高的投资门槛，然而 P2P 的投资准入条件非常宽松。大部分的 P2P 平台推行的都是"小而分散"的原则，投资者的投入甚至可以低至几十元。

（3）对网贷平台而言，行业门槛低。这在上一节已具体描述，在此不做赘述。

2. 互联网技术的运用

（1）信息流通速度提高。P2P 网络借贷依托互联网平台，利用了现代通信技术，可以极大地提高信息传播的速度和扩大覆盖面，吸引更多的用户进行投融资活动，最大限度地降低信息传播的成本。P2P 网络借贷的实质就是为借贷双方提供快捷便利的交流平台，通过平台展示的信息进行了解，双方可以快速掌握对方的信息，以促使交易快速达成。贷前，交易双方可以了解对方的身份信息、信用信息、资金供求信息等；贷后，投资者可以掌握资金流向、追踪还款进度等。由于平台发挥的中介作用，在整个借贷过程中，借贷双方无须进行面对面的交易,在网络上即可完成全部的交易手续。网络媒介不仅仅在撮合成交的过程中发挥作用,平台用户身份信息的认证、个人信用的评估等借贷程序,都可以完全借由互联网渠道完成。信息的快速流通,交易手续的方便快捷,使P2P平台模式迎合了现代商业和网络时代的要求。

(2) 搜索引擎提高匹配效率。在P2P平台上,通过设定搜索条件,搜索引擎能够自动过滤不符合条件的冗余信息,借贷双方可以迅速获取与自身期望相符合的标的,提高信息检索效率及匹配率,高效撮合成交。

(3) 大数据征信。互联网金融的一大特色即大数据、云计算等高新科学技术的运用,大数据能够通过用户以往的交易数据、浏览记录、检索历史、社交网络,获取用户的交易信息,再通过云计算技术对庞杂的数据进行分析,获取潜在信息,构建基于真实数据技术的征信系统,最大限度地规避信用风险。

3. 交易的灵活性

P2P平台持续火热还归因于其交易的灵活性。

借款人可以根据自身的需要设定借款的金额、期限的长短以及利息的计算方式,还可以自行选择还款方式、担保方式等,这种"定制化"的交易能够充分满足借款人的资金需求,也产生了多样化的P2P借贷产品。

投资者可以根据自己的目标收益率及未来的资金需求情况选择不同的投资期限,有些平台还允许投资者转让其持有的债权。这种做法保障了资金的流动性,也使得投资者的变现需求能够及时满足。

P2P借贷的手续简单方便,平台对借款人进行信用评级时,个人借款仅需向平台提供个人身份证明、工作证明、中国人民银行出具的个人信用报告、收入证明,个体工商户则需要提供营业执照、经营场地租赁合同等。审核通过后,借款人就可以发布借款信息,相对于银行等金融机构烦琐的层层审批的贷款模式,P2P平台简化了流程,能够简单、快速、及时地解决需求者的资金问题,满足市场需求。

4. 投资收益稳定

(1) 涉及金额小、借贷期限短。P2P的前身为小额信贷,作为传统金融信贷业务的补充产品,它的一大特点就是每笔贷款的金额比较小、借贷参与人数多、借贷期限较短。国内的P2P网络借贷平台所设置的借款额度基本设置在数百元到几十万元之间,最长的期限也不超过5年。较小的借贷金额、交单的期限设置在一定程度上有利于控制借贷风险以及对借贷过程的运营管理。

(2) 风险分散化。P2P借贷的借贷双方是一种非特定的主体之间的多对多的关系,其参与者分散也极为广泛,部分P2P网络借贷平台作为债权人出借资金,再通过分割借款,将不同额度、不同期限、不同利率的借款组合起来,再将这些组合后的债权转让给其他投资者,实现风险的分散化。不过这种方式已被叫停,同时,大部分平台还要求借款人按月还本付息,这种做法可以尽早发现还款问题,有利于降低贷款违约率。

(3) 投资收益较高。P2P平台的利率往往高于商业银行,但低于传统高利贷公司。前文提及,P2P借贷中的借款者往往是无法在传统金融机构中获得贷款的个人或个体工商户,为了能够及时获得贷款满足资金需求,他们倾向于承担更高的利率。

同时，作为新兴的互联网金融产品，为了获得更高的公众认知度，打响品牌，许多平台往往采用提高利率的方式吸引投资者，只有在出借人可以获得高于银行存款利息的情况下，才能促使更多的个体愿意参与 P2P 投资（见图 5-1）。

图 5-1　各年综合收益走势

5. 覆盖面广

P2P 网贷的借贷双方是一种非特定主题之间的多对多的关系，由于 P2P 网络借贷的准入门槛低，不同于一般的银行贷款，往往需要抵押担保，借款者和投资者只需要具有良好的信用，就可以参与其中，所以其参与者极为广泛，有资金需求的一般弱势群体、中小微企业以及资金盈余者都可以成为 P2P 平台的用户。另外，由于这种借贷模式的交易方式非常灵活，参与者可以依据自身需要"定制化"产品，灵活选择借款资金额度、借贷期限长度，可以满足用户多样化的需求。同时，由于 P2P 借贷设计的资金额度小，风险高度分散化，同时又能获得较高的收益，吸引了许多投资者的目光。

因此 P2P 网络借贷的覆盖面十分广泛，人人都可以成为信用交易的传播者和使用者，社会中的闲散资金也能更好地进行合理配置。

5.2　P2P 网络借贷的模式

5.2.1　国外的 P2P 网贷模式

国外 P2P 网贷平台模式，按照营利性质，可分为营利型和非营利型。其中，营利型也可以分为复合中介型和单纯中介型，复合中介型以 Zopa 模式和 Lending Club 模式为代表，单纯中介型以 Prosper 模式为代表；非营利型以 Kiva 模式为代表。

1. Zopa 模式

1）公司简介

2005 年 3 月在英国成立的 Zopa，是世界上第一家网上小额信贷平台，Zopa 的运营模式是一种典型的线上复合型 P2P 网络借贷模式，它主要面向社区群体提供小额的贷款服务,它曾宣称"摒弃银行,每个人都有更好的交易"。

Zopa 作为 P2P 网络借贷平台的鼻祖,经过十多年的发展,已经成为目前最广为人知的 P2P 网络借贷平台之一。2010 年 Zopa 被评为"最佳个人贷款提供者"(Best Personal Loan Provider),并连续 4 年被评为"最值得信任的个人贷款者"(Most Trusted Personal Loan Provider)。Zopa 平台具有英国公平贸易局(Office of Fair Trading)颁发的信贷许可证,即在法律上承认了 Zopa 具有向消费者提供信贷服务的资格。Zopa 获得了罗斯柴尔德旗下 NIT 资本的参股投资,为今后的发展锦上添花。同时 Zopa 是英国反欺诈协会(CIFAS)的成员,并且在信息专员办公室(Office of the Information Commissioner)注册,截至 2014 年年底,其累计贷款规模已超过 7.13 亿英镑。

Zopa 在英国的运营取得成功,自 2007 年起曾试图向其他国家如美国、日本扩张业务,但上述国家对网络信贷监管较严格,从而阻碍了 Zopa 国际化发展的脚步。

2)业务流程

Zopa 主要提供小额度贷款,一般为 500~25 000 英镑,其借贷流程如下。

(1)借贷双方要先在平台提供个人信息进行实名注册,成为会员。借款人发布借款需求时,需要按照要求尽可能详细地提供有关个人经济状况、家庭情况、借款理由及借款期限、利率和金额,并提供个人信用报告。投资者需要先在个人账户中充值,然后输入可以投资的金额和投资的时间,并设定期望收益率、还款方式等信息。

(2)Zopa 在借款人提交信息 24 小时内进行信息审核,每个借款人都必须接受身份认证、信用认证和风险认证。审核后 Zopa 将这些信息交由英国 Equifax 专业信用评级机构进行信用评分,借款人按信用等级被分为 A*、A、B、C 四个等级,如果借款人情况过于糟糕在这四类评级之外,则会被网站拒之门外。信用等级越高者违约风险越小,就能以较低的利率借到钱,信用评级还能帮助投资人根据自身的风险偏好做出投资决定。

(3)投资者在网站上浏览,根据自身风险偏好和期望收益自行选择借款人,Zopa 会将借款以每份 10 英镑为单位进行分割,分散匹配给不同的投资者以达到分散风险的目的。投资者以 10 英镑为单位进行投资,最后达成交易。

在借贷过程中,Zopa 充当中间人的角色:根据借款人的信用等级将他们分在不同的交易市场,借款人根据资金需求自行设定借款金额和利率,制作成借款列表显示在借款平台上。投资人根据自己的风险偏好在不同的信用等级交易市场上选择感兴趣的投资列表,并对借款人给出的最高利率进行竞标,竞标成功后,Zopa 会撮合借贷双方的信息,生成有效的电子借贷合同。在整个借贷过程中,Zopa 实行双向收费制度,针对借款人收取贷款审批费用、针对出借人收取一定数额的服务费。

3)风险控制

在风险控制方面,Zopa 主要有如下举措。

(1)执行严格的身份认证、信用认证和风险认证的审核制度,并且与专业的信用评级机构合作,保证了借款人的质量。

(2)强制投资人分散投资,Zopa 的所有投资都是以 10 英镑为单位进行的,将风险降低,将贷款等额分割给不同的借款人并强制借款人每月还本付息,有效地分散了风险。

(3)借款人必须签署具有法律效力的合同。

(4)借贷平台介入交易的程度比较高,当借款人发生逾期未还款情况时,Zopa 会启用"风险储备金",偿还出借人的本金和利息;发生坏账之后该网站负责雇用第三方公司进行坏账跟踪和追讨,和投资人共同承担信贷违约的风险。

4) Zopa 模式的特色

(1) 严格的风险控制制度。Zopa 严格划分借款人信用等级,并使信用等级成为借贷中的重要评判标准。除了对借款人进行信用评级外,还要求投资者分散投资、借款人按月分期偿还贷款,此外,借款人还必须签署法律合同保障投资者的权益。

(2) 完善的服务。Zopa 在整个交易过程中的服务包括:信息发布对接、相关法律文件准备、对借款人进行信用认证、坏账发生时雇用代理机构为投资人追讨欠账等。

Zopa 模式的不足在于只适用于征信体系成熟的国家,在信用体系尚未完善的一些地区,采用线上模式容易面临较大的信用风险和道德风险。

(资料来源:Zopa 官网,http://uk.zopa.com)

2. Lending Club 模式

1) 公司简介

2007 年 5 月 Lending Club 在美国成立,Lending Club 以 Zopa 模式为基础,结合社交网络,发展出一种全新的 P2P 网贷模式:Lending Club 和 Facebook 合作,作为平台应用加入,伴随着社交网络的快速发展,作为 P2P 网络借贷的后起之秀的 Lending Club 也取得了飞速的发展,并获得了以年轻人为主的社交网站用户群体的认同。Lending Club 提供的贷款额度最低 1 000 美元,最高 2.5 万美元,平均的贷款年限为 3 年。

截止到 2014 年 6 月底,Lending Club 已经撮合完成了超过 50 亿美元的交易额。

2) 业务流程

Lending Club 的借贷流程与 Zopa 模式的借贷流程相似,不同的是:

(1) 借款前,借款人必须经过严格的信用认证并获得 A—G 分级,Lending Club 会根据不同的分级制定固定的贷款利率。

(2) 投资者在浏览借款人的资料时,除了可以根据自己的风险偏好、期望收益率、借款期限进行选择以外,还可以依据借款人是否是自己的朋友,来做出是否借款的决定。

(3) 借款人可以在 Lending Club 的 Facebook 应用中发出借款请求,利用社交网络的优越性,增加借款成功的可能性。

在借贷过程中,Lending Club 的收入来源主要是手续费、服务费和管理费。

3) 风险控制

(1) 通过 Lending Club 进行借款的借款人在交易前必须经过严格的信用认证和 A—G 分级,Lending Club 不采取竞标方式,而是根据借款人的信用等级有不同的固定利率。

(2) 2010 年 11 月,Lending Club 注册了全资子公司 LC Advisor,用以保障投资者的资金安全。随着 Lending Club 大额投资期的到来,Lending Club 设立了投资低风险借款人(A、B 级客户)的保守信贷基金 CCF 和投资中等风险借款人(B、C、D 级客户)的信贷基金 BBF。

4) Lending Club 模式的特色

(1) Lending Club 模式最大的特点是借助于世界上使用范围最广、影响最大的社交平台 Facebook,利用社交网络的用户参与度高、活跃度高、互动性强、传播特性强的特点,对借贷活动进行推广。由于 Facebook 进行的是熟人之间的借贷,因此,借款成功率更高,同时,由于借贷发生在朋友圈之间,所以借款人无须公布自己的信用历史,保障了隐私安全。

(2) 划分了信用等级,并将它和利率完全挂钩,撮合符合信用要求的借款人和投资人进行有效率的借贷和投资,提高成交效率。

Lending Club 模式也属于线上复合中介型模式,其主要风险在于担保公司会过度介入交易,以及担保公司担保能力的可信度。

(资料来源:Lending Club 官网,http://www.lendingclub.com)

3. Prosper 模式

1) 公司简介

Prosper 于 2006 年在美国成立,是美国第一家 P2P 网络信贷平台公司,Prosper 的运营模式是一种单纯中介型 P2P 网络借贷模式,旨在帮助普通个人更方便地相互借贷。Prosper 模式类似于 eBay 实行的是"拍卖模式":借款人在网站上发布借款需求,贷款额度最低 50 美元、最高 2.5 万美元,写明期限并说明借钱的原因和用途,然后设定一个愿意支付的最高利率,投资人以此利率为基准通过降低利率进行竞拍。与普通拍卖模式不同的是,Prosper 的拍卖模式是以自愿投资额度竞拍而非全额竞拍。

Prosper 的发展极为迅速,曾有过惊人的成交量,在不到三年的时间里完成了 1.76 亿美元的贷款交易。美国证监会(SEC)对 Prosper 的运营模式进行调查后,认为 Prosper 在其平台上转让凭证属于证券行为,这种运营模式不符合有关法律的规定,因此 2008 年 Prosper 被 SEC 勒令停业整顿。

随后 Prosper 对其运营模式进行了大规模的整顿,并于 2009 年 7 月向 SEC 申请登记注册。截至 2014 年 6 月底,Prosper 发放贷款总额达到 10 亿美元。

2) 业务流程

Prosper 的借贷流程与一般 P2P 网络借贷流程有所区别。

(1) 借贷双方在 Prosper 平台上注册,平台要求借贷双方必须是拥有"社会保险号"(记录美国人一生所有基本信息和信用记录)的美国公民。

Prosper 要求借款人的信用评分必须达到 640 分以上,然后必须详细填写个人信息、个人税号、银行账号,并提交信用报告。

Prosper 要求个人投资者须是 18 岁以上的美国公民,机构投资者必须是美国本土机构并且具有纳税人号码,所有投资者都必须具有支票或储蓄银行账户,投资者在注册时,也必须提供个人信用报告。然后在其 Prosper 的账户中充值大于 25 美元的金额,账户中的金额会进入 Prosper 在 Wells Fargo 开立的资金账户池。

(2) Prosper 审核借款人信息并给予相应的信用等级,信用等级决定了借款人的最大借款额度、借款利率和服务费。

(3) 通过审核后,借款人可以在 Prosper 借款平台上发布自己的借款需求,内容包括 Prosper 信用等级、借款数额和期限、借款用途、个人经济状况简介等。通过审核后,借款人的认证尚未完成,由于此时借款人提交的证件还不齐全且没有获得最终的真伪验证,借款人的借款列表中会出现一个认证进度表,分为三个阶段,认证进度越快越容易被出借人信任。

(4) 投资者看到借款人的借款列表后,筛选得到符合要求的借款列表,系统会优先匹配认证进度快的列表，投资人选择后就可以开始竞标，当达到募集金额或借款列表发布达到 14 天时募集结束。

投资人还可以使用"快捷投资"功能进行投资，输入出借总金额及分割给每份贷款的最大值，选择借款人的信用级别，Prosper 会给出相应的回报率和坏账率供出借人参考，表 5-2 所示为投资各信用等级的预期回报率。

表 5-2　投资各信用等级的预期回报率

信用等级	AA	A	B	C	D	E	HR
预期回报率(%)	5.48	6.78	9.47	11.14	10.74	11.35	10.78

（数据来源：www.prosper.com）

（5）募集结束后 Prosper 会在 2～8 个工作日内对借款人的信息进行更加细致深入的审核，在审核期间还会要求借款人提供更多证明文件以获得贷款资金。只有当进一步验证借款人的信息后，Prosper 才会通过 WebBank 向借款人账户打入资金，在向借款人账户转入资金前，Prosper 会先扣除应该收取的服务费金额。同时，生成贷款票据，并将票据发给竞标成功的投资者。

在借贷过程中，Prosper 向借贷双方收取费用，按照对不同信用等级的借款人收取不同比例的服务费，对投资人按年总出借款额度的 1% 收取服务费。Prosper 还建立了第三方交易平台"FOLIO Investing"，通过该平台，出借人可以转让其拥有的票据，该平台对每笔交易收取票据总金额 1% 的服务费。

3）风险控制

Prosper 刚成立时，要求借款人的个人信用评分超过 520 分，鉴于这个条件非常宽松，导致难以控制坏账率，随后，Prosper 加强了风险控制，主要的举措如下。

（1）Prosper 利用严格的审核制度和信用评级甄别出信用良好的借款人，通过公布各信用等级详细的历史数据帮助出借人了解投资风险。

（2）当借款人的详细资料通过 Prosper 所有阶段的审核后，资金才会打入投资者的账户。出借人会收到相应的 Prosper 票据，按月收回本息。

（3）Prosper 鼓励投资者分散投资、要求借款人按月还本付息，在一定程度上降低了投资风险。

（4）Prosper 虽然不承诺保障本金，但是当借款人超过 15 天还款时，就会被收取滞纳金，滞纳金按照投资比例划分给出借人。当逾期不超过 30 天时，Prosper 会先向借款人进行直接催收，若借款人出现逾期 30 天不归还贷款的情况，Prosper 会向出借人推荐催款公司收账，但费用需要由出借人自己承担。

（5）Prosper 严格要求：发生坏账的借款人除非还清贷款和罚金，否则不被允许在 Prosper 借款，同时，Prosper 会向信用评级公司递交违约人的拖欠报告，将其违约记录记入其信用报告。

（6）为保障投资者的资金安全，投资者的投资资金将存入 Prosper 在富国银行为客户设立的特别托管账户，该账户安全由美国联邦存款保险公司（FDIC）保障，以防止

Prosper 擅自挪用出借人资金。

4) Prosper 模式的特色

（1）Prosper 最大的特色是以拍卖的形式撮合交易，由于有同样为"拍卖模式"的购物平台 eBay 的成功在前，Prosper 推出后也受到了美国民众的广泛欢迎。不同的是，eBay 上拍卖的是商品，而 Prosper 拍卖的是投资机会。

（2）关于 Prosper 的一个重要事件是 2008 年年初美国证监会曾勒令该网站关闭。美国证监会认为这种 P2P 模式实际是在变相进行证券交易，触犯了证券法的相关规定，不过 2009 年加州政府允许该公司重新开业并重新从事 P2P 信贷业务。这一事件说明即便在美国，P2P 模式也处在一个动荡探索的时期。

（资料来源：Prosper 官网，http://www.prosper.com）

4. Kiva 模式

1) 公司简介

Kiva 是 2005 年在美国成立的 P2P 网络借贷平台，与前面三种模式不同的是，Kiva 是一家非营利的 P2P 贷款网站，提供跨境小额贷款服务，服务的借款人主要是发展中国家收入非常低的企业，而投资人则是来自发达国家的居民，由于该平台具有公益和扶贫的性质，因此愿意通过 Kiva 投资的人可能都是带着捐款的心去的。作为一个具有公益性质的平台，Kiva 的运作比较透明：它会通过官网分享往期借贷成功的故事，包括这些贷款帮助的对象、对方的生活情况，以及资助项目运转情况。

截至 2016 年 2 月，共有 2 364 452 名用户在 Kiva 上注册，其中共有 1 384 940 位投资者提供了贷款，共有 1 882 330 名借款人获得贷款，累计金额达到 811 485 800 美元，有 304 家区域合作伙伴与该平台合作，Kiva 的业务广布全球，分布在 83 个国家，Kiva 的还款率达到 98.40%，人均借款数额达 413.32 美元，人均交易 10.12 笔。

2) 业务流程

Kiva 采取通过平台募集资金撮合借款人和投资人之间的交易流程。

（1）借款人通过 Kiva 平台进行借款，可以通过两种方式：①直接通过平台进行借款，借款人在平台上发布贷款请求，Kiva 要求借款人详细说明企业相关信息、贷款缘由、贷款用途、贷款期限、负债情况；②借款人向与 Kiva 有合作项目的当地小额贷款公司提出贷款申请。

（2）Kiva 通过与其有合作的小额贷款机构对借款人进行审核，收集借款人的相关信息，对信息进行整理后，将资料反馈给 Kiva。

（3）Kiva 将审核通过的企业贷款需求发布在网站上，网站会详细介绍申请贷款企业的相关信息、贷款原因、资金用途、还款来源、负债情况，并提示贷款的潜在风险，贷款时限一般为 6～12 个月。

（4）投资人在 Kiva 网站上浏览项目，选择感兴趣的投资项目进行投资，Kiva 要求借款人投资金额大于 25 美元，Kiva 汇集性质相近的出借人资金完成一笔贷款的资金募集；投资人也可以对某一借款列表进行全额出借。

（5）募集完成后，Kiva 使用 PayPal 将募集到的资金转账给发展中国家的小额信贷机构，这些信贷机构即 Kiva 分散在世界各地的合伙人，由它们来完成最后一步支付和收集小额贷款的工作，借款利率由小额贷款机构制定，利息用来维持它们的正常运作。

(6) Kiva 的合伙人寻找适当的借款人、支付借款、监督管理借款人、收集到期的还款返还给 Kiva,这些机构还负责找寻合适的贷款项目,企业到期还款之后,当地的小额金融服务机构把贷款集齐后再通过 PayPal 返还给 Kiva。

在借贷过程中,作为非营利机构,Kiva 提供的是无息贷款,不会向小额贷款机构收取费用,出借人也不需要向 Kiva 支付手续费,所以 Kiva 更像是为发展中国家的小企业项目募集资金的一个渠道,但借款人需要向小额贷款公司支付较低的利息以满足机构的基本运作。

3) 风险控制

(1) Kiva 在对借款人信息进行审核时,借由当地的小额贷款公司进行考察,由于每一个与 Kiva 合作的小额贷款机构都是通过 Kiva 严格审核筛选出来的,它们具有专业的信贷人员对贷款进行管理,可以更加深入地了解信用情况,同时定期回访了解资金运用情况,通过平台公布借款人信息,有利于提前发现借款人存在的问题。

(2) 当借款人出现逾期还款现象时,小额贷款公司对借款人进行催缴,Kiva 还加入了小额信贷客户保护组织(Smart Microfinace)。小额信贷客户保护组织也是一个非营利性组织机构,它帮助小额贷款公司设计适当的贷款产品,建立防止借款人过度负债的机制。

(3) Kiva 在平台上明确告知出资人存在的风险,如借款人违约风险、小额贷款机构运作风险,还有汇率风险。由于 Kiva 服务的是跨境用户,但 Kiva 平台以美元为结算货币,因此汇率波动也会给出借人的本金带来一定的损失。

(4) Kiva 也建议投资人分散投资以达到分散风险的目的。

4) Kiva 模式的特色

Kiva 采取的是"批量出借人+小额借贷"的形式开展业务,与其他模式相比,这种模式有三大特点。

(1) 公益性。Kiva 是不以营利为目的公益性 P2P,其借款人为发展中国家的低收入企业,主要提供三种类型的贷款:集体贷款、住房贷款和农业贷款。

(2) 跨国借贷。Kiva 从发达国家的居民处筹集资金,服务的借款人主要来自发展中国家,在借贷过程中,利用国际贸易支付工具 PayPal 实现资金的跨境流动,PayPal 的运用有利于实现资金的即时支付、即时到账,保障了借贷过程资金流动的快捷性。

(3) Kiva 不与借款人直接联系,而是通过各地的合伙人来间接放贷。

(资料来源:Kiva 官网,https://www.kiva.org)

5.2.2 国内的 P2P 网贷模式

随着 P2P 平台的不断发展成熟,为了满足不同用户的需求,我国已经形成了多种平台模式。根据不同的分类标准,P2P 平台可以分为不同的模式。

1. 按有无抵押、有无担保分类

根据抵押和担保情况的不同,主要分为三类不同的经营模式。

1) 无抵押、无担保模式

国外平台以 Prosper 为代表,国内第一家 P2P 平台拍拍贷也采用了这种模式。在该模式下,P2P 借贷平台只发挥了信息中介的作用,主要负责交易规则的制定以及为交易双方提供便捷的交易平台,借贷利率由交易双方竞拍决定,至于交易的成功率及后续问题,都不在其业务范围内,主要依靠服务中间的手续费盈利,所以又称为纯粹的中介平台模式。

由于不提供担保和抵押,该平台的操作流程较为简单。

借款人在平台上发布借款信息→出借人利率竞标→投标资金待到需求数量形成借贷关系→借款人偿还债务。

这种模式的特点是,平台只充当信息中介的角色,既不为出借人承担担保责任,又不承担借款人的违约风险。与此同时,其缺点就是平台的风险控制能力较弱,投资风险较大。但是,高风险往往伴随着高收益,优点就是收益相对较高。

P2P平台的介绍——拍拍贷

1. 公司简介

拍拍贷成立于2007年6月,公司全称为"上海拍拍贷金融信息服务有限公司",总部位于国际金融中心之一的上海,是中国第一家P2P(个人对个人)网络信用借贷平台。

拍拍贷是国内第一家由工商部门特批,获批"金融信息服务"经营范围,得到政府认可的互联网金融平台。拍拍贷用先进的理念和创新的技术建立了一个安全、高效、透明的互联网金融平台,规范个人借贷行为,让借款人改善生产生活,让出借人增加投资渠道。

截至2014年,拍拍贷平台注册用户超过600万人,累计成功借款笔数超过260万笔,累计成功投资笔数超过1 200万笔,平台在品牌影响、用户数、平台交易量等方面均在行业内占据领先位置。

2012年10月,拍拍贷成为首家完成A轮融资的网贷平台,获得红杉资本(Sequoia Capital)千万美元级别的投资。

2014年4月,拍拍贷在北京钓鱼台国宾馆宣布率先完成B轮融资,投资机构分别为光速安振中国创业投资(Lightspeed China Partners)、红杉资本(Sequoia Capital)及纽交所上市公司诺亚财富。

2015年4月,拍拍贷正式宣布完成C轮融资,再次成为国内P2P行业首个完成C轮融资的网贷平台,C轮融资投资方组成为:由联想控股旗下君联资本和海纳亚洲联合领投,VMS Legend Investment FundⅠ、红杉资本以及光速安振中国创业投资基金等机构跟投。

目前,拍拍贷平台针对不同的用户需求推出了不同的投资类型,包括安全标专区、逾期就赔专区、网商专区、二次借款区和合作机构区等。

2014年,拍拍贷平台每天处理的交易达5 000~10 000笔,盈灿咨询联合中国金融研究中心、网贷之家发布的《2014年度网贷平台发展指数评级报告》中显示,拍拍贷与陆金所、人人贷、宜人贷和招财宝排名位列前五。

2. 业务流程

拍拍贷的运营模式主要借鉴国外的Prosper平台,借贷的全过程都是在线上以竞标的方式完成的,网站以收取借贷双方的中介费用实现盈利。借贷流程如下。

(1) 注册认证。拍拍贷可以通过个人邮箱注册账户或使用拍拍贷合作伙伴(包括支付宝、淘宝、新浪微博、QQ、财付通等)的账号进行登录,注册完毕后会员需要详细填写个人资料。

(2) 借款人注册成功后申请成为借入者即可开始借入资金,借款人通过拍拍贷平台发布借款需求,借款需求包括借款理由和借款详情等。

投资者注册成功后申请成为借出者即可开始投资活动,首先要对账户充值,作为投标时的资金。

(3) 平台对借款人的借款需求进行审核。拍拍贷的借出投标是由出借人来判断的,但在完成了100%的借款金额满标之后为了保证出借人的利益,拍拍贷会根据不同类型借款人提交的材料进行最终审核。(拍拍贷对资料的审核仅限于如下方式:①对用户提交的书面资料的扫描件或电子影像文件进行形式上的审查;②对用户提交的书面资料的内容与其申报信息的一致性进行审查)审核会在1~3个工作日内进行。

(4) 投资人选择借款列表并投标。通过筛选正在进行中的借款列表,选择愿意投资的借款列表并进行投标。拍拍贷还提供了"自动投标"功能,由出借人自定义投标筛选规则,系统会在有符合条件的借款列表出现的情况下进行自动投标,简化投标操作。

(5) 借款列表在投标期内满标,且借款人的个人资料已通过平台验证,投资者投标的金额将会自动转账划入借款人账户,与此同时,拍拍贷平台将自动生成电子借条并通过电子邮件方式寄发给交易双方。

(6) 到期还款。网站会按时通过电话、邮件或短信方式对借入者进行还款提醒,借入者需按照规定的还款日期还款。

以上流程如图5-2所示。

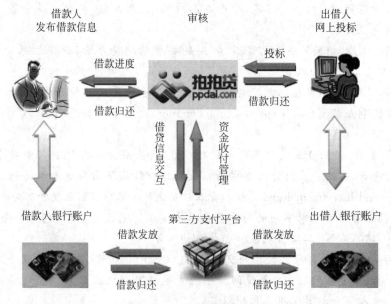

图5-2 拍拍贷的借贷流程

3. 风险控制

(1) 完善的信用机制。其包括2009年正式上线的各种认证系统、信用评级系统、反欺诈系统,提供的信用机制包括:认证机制、审核机制、资金管理机制和黑名单机制。2015年3月正式发布"魔镜系统",这是行业首个真正基于征信大数据的风控系统,对信用风险的控制带来很大的帮助。

（2）平台自身运营资金与借贷资金严格分离。2015年1月，拍拍贷推出"拍钱包"业务，率先实现平台资金银行托管。

（3）设立"风险备用金账户"。拍拍贷与中国光大银行上海分行合作，设立风险备用金托管账户，账户内资金将用于在一定限额内补偿拍拍贷所服务的逾期就赔列表的借出人在借款人逾期还款超过30日时逾期当期未还本金和逾期当期利息，即当借款人逾期还款超过30日时，拍拍贷将按照"风险备用金账户资金使用规则"，从该账户中提取相应资金用于偿付借出人在该笔逾期就赔列表项下逾期当期未还本金和逾期当期利息金额。

资料来源：拍拍贷官网. http://www.ppdai.com。

2）无抵押、有担保模式

国外平台以Zopa为代表，国内平台以红岭创投、人人贷等为代表。相比于纯粹的中介平台模式，这种模式下的借贷平台为用户提供更加丰富的金融服务，利差为其主要的盈利方式。

其业务流程为：

借款人意向借款→平台实地核实申请资料→平台重组资产并向投资人推荐→债券转让、担保等→借款人偿还债务。

这种模式的特点是：当借款人违约情况发生时，由于平台为投资人提供了担保，该P2P网贷平台将代替违约人支付全部或者部分的本金和利息。由于平台要为借款人提供担保，因此需要对借款人的信用进行评级，并根据评级情况确定借款利率，也需要对借款人的资金运作情况进行监督和管理，以确保借款人能够按时偿还债务。通过参与以上过程，无抵押、有担保模式下的P2P平台实际上同时发挥了担保和资金管理的职能，具有较强的风险控制能力。

3）有抵押、有担保模式

这种模式的前身为传统的民间借贷，是一种纯"线下"模式，互联网平台仅发挥了辅助宣传的作用，并未真正参与借贷过程。从本质上来说，这种模式还不属于典型的P2P平台模式。

这种模式的特点是：对借款人要求抵押，对出借人提供担保，保障了公司的贷款质量，大大降低了投资风险。

2. 按借款流程不同分类

按借款流程不同，可以分为以下几种经营模式。

1）纯粹中介平台模式

该模式下，交易由借贷双方完成，双方在P2P网络借贷平台上直接接触，进行一次性的投标以完成借贷过程。在这个过程中，借贷平台只负责对借款人的信息进行审核，并对借款信息进行展示及招标，投资者只需要根据平台展示的信息自行选择借款人及借款金额，平台并不介入交易。

这种模式的特点是：业务流程简单，运营成本低，由于交易由借贷双方自行撮合完成，平台并不需要承担违约风险，相应地，投资者就需要对自己的资金安全性负责。

2）准金融机构

在这种模式下，P2P企业不仅仅发挥了中介作用，还成为与借贷双方有权利义务关系的第三方。P2P平台在撮合成交的过程中，分别为出借人和借款人确立相应的借款利率，平台最后的收益不仅包括手续费、服务费，还包括借贷双方的利差。这种盈利模式与商业银行非常接近，但是，在这种模式下，P2P平台还会为投资者的收益作担保，因此，不能获得金融机构的合法牌照，成为"准金融机构"。

这种模式的特点是：P2P平台能够在经营过程中获得更多的利益，但是，由于平台完全超越中介平台的定位，容易触及监管红线。

3）信贷资产证券化模式

这种模式的参与者不仅仅是借贷双方，还包括中间方即专业放贷人的介入，中间方先贷款给借款人，再将这笔贷款产生的债权转让给出资人，从而实现资金在供需双方之间的流通。这种模式还有一个特点是，借贷平台可以将优质的债券分割并进行打包，再为投资者提供多样的选择。通常情况下，P2P企业与债券转让的第三方存在紧密联系，所以从本质上来说，信贷资产证券化模式是专业放贷人与债权转让形式的结合。

这种模式的特点是：信贷资产可以通过互联网以极低的门槛对外销售，这类信贷产品的起售额更低、期限长短也更为灵活。但是这种模式容易使平台产生非法集资的法律风险，并且由于业务较为复杂，不利于平台的扩张。

3. 按融资渠道不同分类

按照融资渠道的不同，可以分为以下两种运营模式。

1）纯线上模式

顾名思义，纯线上模式即包括借款人的信用审核、借贷双方合同的签署以及交易达成后贷款的催收等过程，全都在线上完成。但是由于国内的征信体系并不健全，P2P平台往往是通过搭建数据模型和分析来完成对借款人的信用审核，较难实现完全的线上审贷过程。

这种模式的优点是平台的运营成本低，地域不受限制，相对实地考察较为方便高效。缺点是难以保证借款人信息的真实性，风控能力也较弱。

2）线上线下相结合模式

我国的P2P网络借贷平台大多采用了这种模式，这种模式在线上进行借贷的交易环节，在线下遵循传统的审核和管理方式进行信用审查及贷后管理。线上业务主要包括利用理财产品开拓市场，借贷业务信息的展示和招标，相关法律服务流程的展示。线下业务主要包括对借款人的资信和还款能力进行实地考察，抵质押手续的审核以及贷后资金流向管理等风险控制的相关业务。

这种模式的优点是实地考察保证了借贷双方信息的真实性，对资金流向的把控，提高了风控能力。缺点是线下实地考察带来较高的运营成本，同时对审贷人员的资质经验要求也较高，由于平台需要对审贷结果负责，也容易引发平台的风险。

5.3 P2P网贷发展带来的影响

尽管P2P信贷近几年来发展迅速，但交易量相对较小。传统商业银行资金实力雄厚，网点分布广泛，诚信度高，依然是资金需求者融资的主要渠道，因此短期内P2P信贷不会对商业银行造成巨大冲击,但随着互联网金融的崛起,"金融脱媒"成为经济发展的必然趋势。

5.3.1　推动利率市场化,合理引导民间投融资

P2P网络借贷提供的是直接融资的融资模式,这种模式能够较准确地反映资金供求情况:借款人在平台上报出可以承担的利率,出借人根据流动性、信用等级通过竞标选择借款人,最终确定利率借出资金,借贷双方可以直接参与利率的决定,推动利率市场化。

不同于传统融资模式赚取存贷利率差的盈利方式,P2P网络借贷平台往往以获取服务费获利。随着P2P网络借贷行业的发展逐渐走向成熟,平台的利率在借贷双方的博弈中会达到一个合理的水平,P2P行业之间激烈的竞争也会形成一个有效的利率波动范围,客户将来可以以更低的利率获得更高的借款额度。不仅如此,P2P网络借贷还可以改善传统融资活动中一对一借贷的模式,充分发挥平台作用,汇集投资者的闲置资金,然后将筹集到的资金分散借给不同的借款人,合理引导民间投融资。

5.3.2　弥补金融市场空白,吸引潜在客户

传统融资方式的高门槛和高成本使普通百姓与中小微企业的融资需求不能得到有效满足,制约了国内微型经济体的发展,P2P网络借贷能够更快捷、更低成本地满足个人和中小微企业的资金需求。

由于P2P信贷平台上产生的利率是借贷双方博弈的结果,体现了市场利率,因此借款人的借款成本会低于传统融资方式,投资者的收益也会提高,将会吸引越来越多的潜在客户。

5.3.3　加速"金融脱媒"的发展

P2P信贷的发展突破了地域和行业的限制,使借贷双方可以直接在平台上了解彼此的需求和信息,通过平台选择交易对象并完成整个借贷过程,双方在平台上直接交易降低了交易成本。而第三方支付平台可以为用户实现收款、转账汇款、支付等结算功能,借贷过程可以替代商业银行,因此P2P信贷的发展加速了"金融脱媒",商业银行的资金中介功能将被弱化。

5.3.4　树立全社会诚信风气

多数P2P网络借贷平台采用了无抵押担保的借贷方式,这种模式发展依赖于全社会良好的诚信风气。作为非金融机构,P2P网络借贷平台并没有介入央行的征信系统,为保障还款,P2P网络借贷平台往往会根据积累的金融数据建立一套信用评级体系,并形成信用报告,借款人一旦违约,将会对信用评级造成一定影响。大多数平台以借款人的信用评级设定借贷利率、借贷额度,信用评级高的借款人的借款需求可能会以较低的利率成本得到优先满足,这将无形的"信用"转化为有形的"财富"体现出来,在无形中促使借贷参与方更加珍视自身的信用,树立全社会的诚信风气。

5.4 P2P 网络借贷的风险分析

5.4.1 P2P 平台常见的风险种类

在金融行业,只要是投资,就意味着风险的存在,这种风险是每个投资者都需要承受的。要规避风险,首先要对存在的风险有清醒的认识,才有助于投资者把控资金的安全性。P2P 平台的投资风险,主要包括以下几类风险,分别是:经营风险、业务风险、非法集资风险、网络安全风险、法律政策和其他风险。

1. 经营风险

在 P2P 行业中,经营风险主要表现在以下几个方面。

(1)信用风险,又称为违约风险。信用风险即借款人到期不能偿还本息的风险,因为 P2P 提供的利息远远高于银行存款等保守的投资方式,而高收益往往建立在高风险的代价之上。目前,尽管国外的 P2P 行业发展较为成熟,但他们的平台违约率和坏账率也高达 3%,可见 P2P 借贷的信用风险很高,所以这是投资者需要面对的最常见的风险。由于大部分网贷平台都具有"无担保、无抵押、信用贷款"的特点,一方面,平台评估借款人的技术缺乏有效性,使得平台即使已经对借款人进行了资信能力的审核,但是也很难保证借款人按时履行还款义务;另一方面,目前国内 P2P 平台在进行信用评估时,主要是对借款人在互联网上的交易数据进行分析,然而线下对借款人的尽职调查也非常重要,但是由于线下调查的成本较高,很多 P2P 平台无法承担从而使信用风险上升。如果违约率过高,将会严重影响贷款平台自身资金流,以至于形成坏账、呆账,甚至造成更严重的后果。

(2)流动性风险。流动性风险是指由于无法及时变现资产可能造成的财务损失。虽然 P2P 平台往往只是发挥中介的作用,其本身并不提供贷款,不会遇到资金"瓶颈"的阻碍,但是一旦 P2P 平台出现期限和金额错配的情况,导致现金流的断裂,从而损害投资人的利益,就容易导致流动性风险的发生。同时,为了保持一定的流动性,平台往往需要设置风险保障金账户,但是《中华人民共和国合同法》中规定转让过程中不得牟利。于是,平台只能利用自有资金现行完成借贷而不能通过债权转让获得收益,这样容易造成平台的资金错配从而增大资金压力。

(3)担保能力不足。有些平台为了吸引客户,往往会对客户的投资收益率进行担保,然而实际上,很多平台夸大了自身的实际担保能力,一旦发生风险,平台的资产规模将无法为客户提供有效的担保。

2. 业务风险

P2P 平台作为新兴事物,在短时间内取得了快速的发展,与之俱来的缺点是经验不足,在借贷条件和规章制度上,都不及传统金融机构健全严格。与银行相比,P2P 平台没有实现与人民银行的数据对接,在数据分析方面处于绝对的劣势地位,还有信贷管理系统的贷款分类管理体系也不如银行机构健全等诸多限制,使得 P2P 企业在运营的过程中较容易产生操作风险。当前网贷从业人员缺乏专业的培训,也没有积累大量的实践经验,对借款人的资信情况进行审核的时候,可能存在主观性较强的问题,从而导致低质量贷款大量发放的问题。

在运营的过程中,P2P平台还需要中间资金账户保管用户资金,但是,目前对中间资金账户的监管普遍处于监管真空状态,中间资金账户的资金可能被挪作他用,P2P平台也有可能随时卷款跑路。中间账户的监管缺位风险,可能会带来严重的金融诈骗、非法集资以及各种道德风险问题。

3. 非法集资风险

自融自用、虚假借款、庞氏骗局等事件一旦发生,就说明存在非法集资问题。

由于中间资金账户的存在,容易形成"资金池"问题:平台利用自身优势,将借款需求设计成理财产品在平台上进行出售,投资者购买理财产品,资金流入平台账户,形成资金池。一些企业运营P2P网贷平台,实际上是为了筹集资金,实现快速融资的目的,这种情况称为"自融自用"。还有P2P平台的经营者发布虚假的借款标的,以高息吸引投资者,在短时间内迅速募集大量的资金,用于归还之前的借款,形成"庞氏骗局"。

由于网络的虚拟性特点,P2P平台无法做到及时、准确、全面地核查借款信息,导致虚假借款人在平台发布虚假借款信息募集资金,大肆骗取钱财,有些不合规的P2P平台甚至默许、助长虚假借款情况的发生。

4. 网络安全风险

由于大部分平台只需要通过购买平台模板,再根据平台自身的特点进行简单定制即可投入运营,背后没有专业的IT技术支持人员进行维护和管理,安全性堪忧。

对于平台而言,一旦网络黑客入侵平台系统,进行网络犯罪,对数据进行修改,进行虚拟充值提现等操作,就会为平台带来巨大的损失。

对于平台的用户而言,在借贷过程中,借款人需要向网贷平台提供个人身份信息,包括家庭成员、信用记录等内容,一旦网站的保密技术被破解,或者个人信息数据库在管理上出现漏洞,用户的私人信息就会泄露出去,容易被不法分子利用,给用户带来困扰。

5. 法律政策和其他风险

1)法律政策风险

P2P平台作为互联网企业,多以"信息咨询服务公司""信息技术公司""电子商务公司"等性质进行工商登记。按照规定,此类性质的企业"不得从事金融业务",而P2P行业虽然本身是信息中介服务行业,但开展的却是货币资金服务,行使较为敏感的金融职能,涉嫌超范围经营。而且,随着P2P行业的不断发展,越来越多的P2P平台不满足于纯粹的中介平台模式,转向准金融机构模式或者信贷资产证券化模式发展,以期获得更多的利益,实现平台业务的扩张和发展。但是,这些模式下的P2P企业已经完全超越了中介平台的定位,触及了监管红线。

我国实行"分业经营、分业监管"的金融制度,相关金融机构分别由中央银行、证监会、银监会和保监会依据相关的法律法规进行监管。然而,因为P2P行业兼有金融行业和IT行业的性质,法律定位不明确,一直无法确定监管归属。直至2015年,我国陆续出台了《关于促进互联网金融健康发展的指导意见》《网络贷款信息中介机构业务活动管理暂行办法(征求意见稿)》《最高人民法院关于审理民间借贷案件适用法律若干问题的规定》等一系列政策制度,才进一步明确了P2P网贷监管机构,并使P2P网贷平台运营和监管有法可依。

从目前来看，P2P网贷在我国的发展虽然拥有宽松的政策环境，但是伴随着P2P网络借贷本土化的进程，必然会继续出台相关的法律法规，具体监管细则对P2P网贷模式的运行会造成何种影响，都是未知的风险。可以预见的是，新的法律政策出台可能直接改变很多P2P网贷企业的业务流程和作业模式，甚至让一些规范性较差的平台从市场上消亡。最典型的案例就是美国证监会（SEC）对Prosper的运营模式进行调查后，认为Prosper在其平台上转让凭证属于证券行为，这种运营模式不符合有关法律的规定，因此在2008年Prosper被SEC勒令停业整顿，直到其对运营模式进行了大规模的整顿，才于2009年7月向SEC申请登记注册。所以，虽然现阶段我国为P2P网络借贷的发展提供了宽松的发展环境，但是由于具体的监管细则尚未推出，仍有着巨大的政策风险。

2）其他风险

在经营过程中，P2P平台为了对未准时履约的客户进行惩罚，会采用在网络上进行黑名单公示的方式对借款人的违约行为进行公开通报，但是这种做法涉嫌侵犯了客户的个人隐私问题。

由于P2P平台不能做到对投资者和借款人的身份进行严格审核，同时也无法保障贷方资金来源的合法性和借款人的资金流向，使得洗钱犯罪分子容易伪造身份，利用多个账户或者以借贷双方双重身份进行交易，从而进行洗钱等犯罪活动。

5.4.2 P2P平台在国内发展的问题

P2P网络借贷自2007年进入我国后取得了飞速的发展，发展初期监管政策和体制缺失、业务边界模糊、经营规则不健全等，导致P2P网贷行业的进入门槛非常低，平台公司盲目进入行业，导致行业服务水平参差不齐，其弊端也很快显现出来。根据有关方面不完全统计，截至2015年11月末，全国正常运营的网贷机构共2 612家，撮合达成融资余额4 000多亿元，问题平台数量1 000多家，约占全行业机构总数的30%。

我国P2P网络借贷行业发展过程中暴露出的问题和风险隐患主要如下。

1. 缺乏必要的风控

在我国，由于P2P平台模式尚未发展成熟，网贷机构往往缺乏必要的风险控制能力，主要表现在以下几个方面。

（1）利用高息揽储，投资风险巨大。许多平台受利益驱动，为争取更多的资金，会给出很高的利息，利用高息收揽资金，除了借款合同标明的利息，还包括各式各样的投资奖励、提成等，一味追求高息，会带来巨大的投资风险。

（2）信用风险防范能力较弱。由于我国征信系统不够完善，平台对贷款客户的信息无法准确核查，平台对借款人的信用风险控制能力较弱，逾期情况严重，阻碍了P2P网络借贷平台安全有效地持续运营，更有甚者，P2P网络借贷极易为不法分子所利用，成为不法分子诈骗资金的新渠道。

（3）运营能力差，难以把控运营风险。P2P网贷平台自身经营管理能力不足，由于P2P平台的进入门槛低，导致P2P行业一直处在激烈的竞争中，平台往往需要投入大量的资金用于运营、推广和周转，使得平台在短期内很难盈利；而且对单纯中介型P2P而言，它无法从根本上有效督促借款人及时还款，借款人一旦违约就会形成坏账，对于复合中介型P2P而言，实现偿付力与盈利间的平衡也是一个难题。

（4）缺乏专业团队、专业技术支持。P2P网络借贷作为新兴行业,其中的从业人员缺乏专业的知识及技能,而P2P网络借贷发展过程迅速又具有多样性,对它的风险控制更提高了对工作人员的要求。但实际上,大多数的平台缺乏平台风控所需的专业团队,风险控制机制的建设明显落后于平台交易规模的增长;在信息安全方面,由于技术限制,不少网贷机构网络信息系统脆弱,易受黑客等攻击,存在客户资金、信息被盗用的安全隐患。

2. 缺乏必要的规则

不少P2P网络借贷机构缺乏必要的规则对业务进行规范,影响金融市场秩序和社会稳定。

（1）为客户借贷提供隐性担保,由信息中介异化为信用中介,平台用自身运营资金对用户的本息进行担保,容易造成平台的资金错配从而增大资金压力。

（2）许多平台违规设立资金池,没有将客户贷款资金托管在第三方管理账户,意味着资金的流向完全是在网贷机构的控制之下,机构对贷款资金拥有百分之百的控制权,可以任意挪用客户资金,资金安全完全依赖于P2P网贷机构经营者的道德底线,一旦权力没有得到制约,P2P网贷机构的经营者就可能会受利益驱使卷款潜逃,给投资者带来巨大损失。

（3）对投资人缺乏制度约束,在当前P2P模式下,一旦投资人在短时间内大规模撤走资金,就会使平台爆发流动性风险,导致平台无法持续经营。

3. 缺乏必要的监管

网贷机构游走于合法与非法之间,借用网络概念"包装",涉嫌虚假宣传和从事非法吸收公众存款等非法集资活动。P2P行业欺诈情况严重,时有经营者卷款、"跑路"等事件发生,严重影响市场参与者信心和行业声誉,抑制了行业的发展,损害了社会公众利益。P2P网络借贷的监管难度主要体现在以下几个方面。

（1）对平台而言,借贷双方信息的真实性难以监管。互联网的虚拟性便利了信息的伪装,在P2P网贷平台注册的用户信息的真实性难以保证,易引发信用风险,也有可能出现冒用他人身份或一人注册多个账户以骗取贷款的情况。

（2）对监管机构而言,平台的运营难以监管。由于我国没有明确的法规约束,在发展过程中,P2P逐渐形成了多种运营模式,不同模式下的P2P网络借贷机构的业务活动的差异性大,再加上网络平台的虚拟性、隐蔽性、匿名性、即时性的特点,监管部门难以实现对资金流向的实时追踪把握。

4. 缺乏法制健全的外部环境

网贷行业虽然取得了飞速的发展,但无论是在信用体系建设、消费者保护机制还是法律规范等方面都很不健全,成为行业健康发展越来越明显的障碍。

（1）缺乏统一从业标准。目前我国P2P网络借贷平台缺乏行业标准,由于P2P网络借贷行业发展初期门槛较低,导致大量业务水平参差不齐的P2P平台蜂拥而入,无法保证服务质量,从而影响了P2P网络借贷发展的声誉。P2P网络借贷作为新兴的互联网金融模式,其未来的发展很大程度上由现阶段的声誉决定,因此从业标准的制定和遵守显得尤为重要。

尽管目前已有部分网贷机构自发组织了行业自律联盟,如上海网络信贷服务业企业联盟联合拍拍贷、陆金所等机构,在"2013上海金融信息服务业年度峰会暨上海互联网金融高峰论坛"上发布全国首个《网络借贷行业准入标准》。但是小范围的行业自律缺乏足够的约束能力,能够吸收的平台数目尚不够多,约束范围有限,管理松散。

(2)监管制度不完善。我国管理P2P网络借贷的法律法规较为缺乏,目前只有规范性文件,法律体系还不够健全,还不能解决实践中面临的问题,目前我国P2P行业的监管情况将在第6章详细介绍。

延伸阅读

e租宝事件

1. 平台简介

e租宝全称为"金易融(北京)网络科技有限公司",是钰诚集团全资子公司,注册资本1亿元,总部位于北京,是以融资租赁债权交易为基础的互联网金融服务平台。

平台于2014年7月上线,据网贷之家的数据显示,截至2015年12月8日,e租宝总成交量745.68亿元,总投资人数90.95万,待收总额703.97亿元,e租宝单日、7日、30日累计成交额已经跃居网贷行业第一名,发展速度惊人。

2014年2月25日,金易融(北京)网络科技有限公司注册成立。

2014年7月21日,e租宝平台上线。

2014年12月2日,"e租年享""e租月享"上线发布。

2014年12月22日,"e租乐盈"上线发布。

2014年12月28日,"e租乐享""e租富盈""e租富享"上线发布。

2. 事件回顾

2015年12月3日,e租宝深圳宝安分公司被经侦突查,40余人被带走;随后e租宝官方紧急回应:自身运营合规合法,系深圳某代销公司员工协助当地经侦部门例行了解情况;当日晚间e租宝回应:协助检查人员就已全部返回。

2015年12月4日,网贷之家发布e租宝深度数据研究报告,e租宝于当日连发三封律师函,指责网媒虚假报道,网贷之家发布声明,表示对此事陈述客观、公正、全面。

2015年12月8日,e租宝位于北京数码大厦的信息化研发中心及位于安联大厦的办公场所被警方调查;当日晚间,新华社消息通报了其正在接受调查的事实;随后e租宝通过微博证实因为经营合规问题正在接受调查;晚间开始,e租宝的官方网站与APP就已无法打开。

2015年12月9日,钰诚集团大厦今早拆牌,否认e租宝母公司身份;e租宝关联方10.71亿风险备用金遭警方冻结。

2015年12月10日,e租宝发布《e租宝告客户书》,称"截止到2015年12月8日19:00之前,e租宝平台依然可以进行正常的注册、充值、投资、赎回、提现交易。19:00之后,e租宝平台配合接受相关部门检查,为防止不实传言引发恐慌和无序赎回、提现,本着保护客户资金安全、平台交易安全的原则,e租宝平台向社会各界宣布暂停平台交易"。公告同时表示,将在相关部门检查结束后,及时公布结果。

2015年12月12日，e租宝正式接受调查，已成立专项处置机构。

2015年12月16日，广东省公安厅官方微博发布通报，称各有关地方公安机关已对e租宝网络金融平台及其关联公司涉嫌犯罪问题依法立案侦查。警方已对涉案相关犯罪嫌疑人采取强制措施，对涉案资产进行查封、冻结、扣押。

2016年1月，警方公布e租宝非法集资500多亿元。

2016年1月11日晚间，深圳市公安局经济犯罪侦查局官方微博发布消息称，深圳公安机关已经对e租宝网络金融平台及其关联公司涉嫌非法吸收公众存款案件立案侦查。

2016年1月14日，备受关注的e租宝平台的21名涉案人员被北京检察机关批准逮捕。

3. 事件分析

e租宝是钰诚集团及其关联公司下属的金易融（北京）网络科技有限公司运营的网络平台。2014年2月，钰诚集团收购了这家公司，并对其运营的网络平台进行改造。2014年7月，钰诚集团将改造后的平台命名为"e租宝"，打着"网络金融"的旗号上线运营。

以高额利息为诱饵，虚构融资租赁项目，持续采用借新还旧、自我担保等方式大量非法吸收公众资金。警方初步查明，e租宝实际吸收资金500余亿元，涉及投资人约90万名。e租宝非法集资的手段如下。

（1）假项目、假三方、假担保。e租宝对外宣称，其经营模式是由集团下属的融资租赁公司与项目公司签订协议，然后在e租宝平台上以债权转让的形式发标融资；融到资金后，项目公司向租赁公司支付租金，租赁公司则向投资人支付收益和本金。

实际上，e租宝只是用融资金额的1.5%~2%收买企业或者注册空壳公司，把这些企业信息填入准备好的合同里，制成虚假的项目在e租宝平台上线。为了增强投资人的投资信心，还更改了企业注册金等方式包装项目。

根据人民银行等部门出台的《关于促进互联网金融健康发展的指导意见》，网络平台只进行信息中介服务，不能自设资金池，不提供信用担保。然而，实际上，e租宝将吸收来的资金以"借道"第三方支付平台的形式放入自设的资金池，以达到将贷款资金挪为他用的目的。

不仅如此，钰诚集团还直接控制了3家担保公司和一家保理公司，为e租宝的项目担保，制造资金安全保障的假象。

（2）"高收益低风险"的承诺陷阱。e租宝广为宣传的口号是："1元起投，随时赎回，高收益低风险"，并向投资者承诺保本保息、灵活支取，以吸引投资人。e租宝共推出了6款产品：e租财富、e租稳盈、e租年享、e租年丰、e租富盈和e租富享，预期年化收益率在9%至14.6%之间，远高于一般银行理财产品的收益率。

最高法在2010年出台的关于非法集资犯罪的司法解释里明确，不能用承诺回报引诱投资者；银监会更是明确要求，各商业银行在销售理财产品时必须进行风险提示。

但是，e租宝抓住了部分老百姓对金融知识了解不多的弱点，用虚假的承诺编织了一个"陷阱"。为了加快扩张速度，钰诚集团还在各地设立了大量分公司和代销公司，直接对老百姓进行"贴身推销"。其地推人员除了向老百姓推荐"e租宝"的产品外，还会"热心"地为他们提供开通网银、注册平台等服务。正是在这种强大攻势下，e租宝仅用一年半时间,就吸引了90多万实际投资人,客户遍布全国。

据警方调查,e租宝非法吸收的资金除了一部分用于还本付息外,其余大部分被钰诚集团自用,包括公司高管的个人挥霍、维持公司的巨额运行成本、投资不良债权以及广告炒作。

e租宝的CEO(首席执行官)丁宁私生活极其奢侈,大肆挥霍吸收来的资金,单是赠予他人的现金、房产、车辆、奢侈品的价值就达10余亿元。钰诚集团为了营造公司形象,还要求办公室秘书集体穿戴奢侈品制服,并向职工支付高额的薪资。不仅如此,2014年以来,钰诚集团先后花费上亿元大量投放广告进行"病毒式营销"……

然而钰诚集团旗下仅有钰诚租赁、钰诚五金和钰诚新材料三家公司能产生实际的经营利润,但三家企业的总收入不足8亿元,利润尚不足1亿元,入不敷出,除了挪用e租宝吸收的贷款资金,其正常收入根本不足以支付其庞大的开支。

资料来源:真相终于来了!新华社发文定性e租宝非法集资事件[EB/OL].中金资讯,2016-02-01,http://news.cngold.com.cn/20160201d1903n62679349.html;网贷之家.http://www.wdzj.com/news/pingtai/25752.html。

5.5 发展趋势

1. 发展规模继续扩大,竞争加剧,资金价格不断降低

P2P网络借贷在我国的高速发展说明其满足金融多元化的需要,而且有利于我国的金融创新,推动利率市场化的进程,P2P网贷平台发展机制不断成熟,P2P网络借贷对实体经济发挥的作用越来越大:其不仅能够促进中小企业及个人的借贷需求,还能够满足投资者多样化的投资要求。图5-3说明了市场对网贷平台的需求呈爆发式增长态势,业务规模不断扩大。

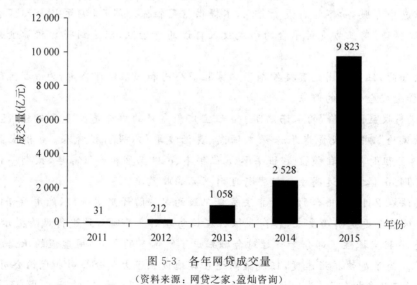

图5-3 各年网贷成交量
(资料来源:网贷之家、盈灿咨询)

随着需求的不断增加,吸引越来越多平台进军 P2P 网络借贷行业,新增的机构不断增多,尤其是在一些不发达的地区,传统金融业不发达、融资难的问题仍未得到有效解决,这些地区的网络借贷行业具有较大的发展潜力。图 5-4 说明了近几年网贷平台的数量仍处于增长趋势。

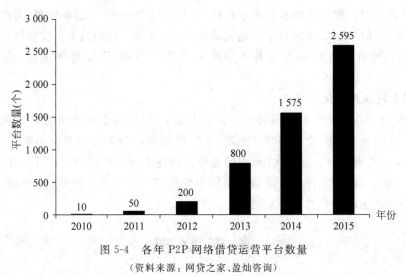

图 5-4　各年 P2P 网络借贷运营平台数量

(资料来源:网贷之家、盈灿咨询)

平台数量增加,竞争将不断加剧,尤其是具有国资背景和银行系的 P2P 平台数量也在不断增加,资历较老的平台业务能力增强,实力雄厚的平台不断涌现,单位运营成本有所下降,各种费用不断降低,整体上拉低资金价格水平。同时,大量资金供给者进入 P2P 借贷市场,资金供给充分,议价主导权由供给方转向资金需求方,贷款利率自然下降。

2. 借款人由个人向企业扩散

在我国,P2P 网络借贷行业的服务对象主要为个体客户,通过 P2P 借贷满足资金需求的客户多是用于个人生活,但是,随着市场需求的发现以及小微企业对 P2P 网贷平台的逐渐熟悉,更多的企业会将资金需求转向网贷平台,P2B 模式的出现就很好地说明了这个趋势。P2B(person to business)是有别于 P2P 网络融资平台的一种微金融服务模式,指的是个人对企业的一种贷款模式。中小企业在无法获得银行借款时,往往会选择民间借贷的融资渠道,P2B 平台能够提供远低于民间借贷的利息,同时,P2B 平台将会负责审核借款企业融资信息的真实性、抵质押物的有效性、评估借款风险,通过从借款资金中提取还款保证金的方式确保将还款风险降到最低。2013 年以来,通过 P2B 模式服务小微企业的网贷平台不断增多,相比于 P2P 的个人借贷模式,其单笔贷款额度就能达到百万元甚至千万元级别。目前,P2B 模式受到了广泛的欢迎,由于其贷款规模大,能够给 P2P 平台带来更多的经营效益,因此受到网贷平台的欢迎,平台的服务对象将从以个体消费者为主转向个体消费者与小微企业并重的局面。

3. 平台提供的服务更加全面

P2P 网络借贷伴随着金融创新的进程将会获得更全面深入的发展。首先是技术方面,互联网相关技术不断进步,能够大大缩短网站响应时间和数据分析处理时间,从而提供定制化的服务;其次,随着竞争的加剧,P2P网贷平台自身也在不断加强投资端产品的研发,新产品不断推陈出新,理财化、便捷化成为P2P平台高度关注和发展的方向;最后,网贷平台为了提高客户黏性,不断丰富平台功能,P2P网贷平台产品业务类型不局限于信用贷款、车贷、房贷,如今已经有许多平台拓展到票据、融资租赁、商业保理、资产证券化等垂直化业务,有的平台依托网贷平台销售信托产品,有的平台利用平台优势提供征信服务等,未来P2P网贷平台将逐步发展更多的金融资产类别,提供更加灵活、更加便捷的服务。

4. 行业发展规范化

P2P网贷行业快速发展的同时也存在不少安全隐患,由于行业内的P2P网贷机构水平不一、鱼龙混杂,因此,平台倒闭、"跑路"事件造成的投资者亏损情况不断发生,P2P行业的泡沫现象严重。一方面,越发激烈的竞争将会逐步淘汰劣质平台;另一方面,随着监管机制的健全、法律的出台以及征信体系的不断完善,我国P2P网贷行业的准入门槛将会提高,有利于实现行业的规范发展。

参 考 文 献

[1] 张正平,胡夏露.P2P网络借贷:国际发展与中国实践[J].北京工商大学学报(社会科学版),2013,2:87-94.
[2] 彭明明.P2P网络贷款的问题与对策研究[D].南宁:广西大学,2014.
[3] 王敏.P2P平台挤兑倒闭事件案例分析[D].蚌埠:安徽财经大学,2014.
[4] 高才.P2P网络借贷法律监管研究[D].上海:华东政法大学,2014.
[5] 李龙.我国P2P网络借贷的风险与监管探讨[D].杭州:浙江大学,2014.
[6] 刘瑞菁.P2P网贷行业的税务问题研究[D].北京:财政部财政科学研究所,2015.
[7] 赵旭升.互联网金融商业模式演进及商业银行的应对策略[J].金融论坛,2014,10:11-20.
[8] 高勇.P2P网络借贷平台发展中的中美比较分析及启示[J].海南金融,2015,1:37-40,45.
[9] 毕研博,刘凯,国伟.P2P网络借贷平台存在的主要问题及应对策略[J].企业导报,2015,2:161,160.
[10] 王艳红,安乔治,王艳霞.国际P2P网络借贷平台的监管实践与启示[J].对外经贸实务,2015,2:54-56.
[11] 董妍.P2P网贷平台风险控制研究[J].兰州学刊,2015,4:133-138.
[12] 史宁.P2P网络借贷平台发展、问题及应对办法[J].企业导报,2015,4:86-87.
[13] 伍坚.我国P2P网贷平台监管的制度构建[J].法学,2015,4:92-97.
[14] 贾丽平,邵利敏.P2P网络借贷的监管边界:理论探讨与中国的检验[J].经济社会体制比较,2015,3:175-184.
[15] 梅蕾.P2P网络借贷平台运营模式研究[D].呼和浩特:内蒙古大学,2014.
[16] 杨中民.P2P借贷行业调研报告[D].成都:西南财经大学,2013.
[17] 陈莉.P2P网络借贷平台的中介职能分析[D].长沙:湖南大学,2013.
[18] 施永雷.P2P网络借贷行业发展及其对实体经济支持的研究[D].上海:上海交通大学,2014.
[19] 高超.国内外P2P网络借贷平台运营模式比较研究[J].合作经济与科技,2015(7):60-61.
[20] 兰王盛,慎劼.P2P网贷融资平台风险分析及监管探析[J].金融发展研究,2014(11):86-88.

[21] 李显廷,吴香萍.当前我国P2P网络借贷的发展特征及趋势[J].绵阳师范学院学报,2015(6):33-38.

[22] 张莹.P2P网络借贷平台的风险防范研究[J].征信,2015,33(3):79-82.

[23] 王艳红,安乔治,王艳霞,等.国际网络借贷平台的监管实践与启示[J].对外经贸实务,2015(2):54-56.

第 6 章 众筹融资

近年来,随着互联网 IT 技术的普及和高速发展,互联网金融成为社会经济的热门话题,也是发展潜力巨大的新兴市场,如 P2P、网上支付、众筹网络融资等。相比较其他互联网金融类型,众筹网络融资在全球逐渐呈现井喷式发展,而在中国发展比较缓慢,主要是由于对中国市场而言,其交易结构比较新颖,交易延续过程较长,面临较多法律障碍,但仍得到理论界和市场越来越多的关注。

6.1 众筹的概念与发展历程

6.1.1 众筹融资的概念

众筹融资是指项目发起人(企业或者个人创业者)借助网络众筹平台向大众投资人公开发出的融资申请,并承诺项目成功后向投资人提供产品或服务、股权、债权等回报的一种新型互联网融资模式。具体到小微企业众筹融资,可以从以下两个方面理解:一方面,作为项目发起人,小微企业为解决发展过程中的融资需求,通过在线平台发布融资计划,并制定多种回报形式;另一方面,作为投资者,大众投资人可以根据自己的个人偏好和自主判断选择不同的创意项目与投资额度。

6.1.2 众筹的发展历程

众筹(Crowd-funding)起源于美国,最早是由美国学者迈克尔 2006 年在他的博客中提出的。2009 年,美国众筹融资平台——Kickstarter 诞生,并在很短的时间内帮助几个创业者实现了筹资梦。它的出现给处于融资困境中的创业企业带来了希望,迅速在创业领域得到了极大的追捧,同时也引起了各方的关注和重视。2009 年至今,众筹融资市场呈现爆发式增长,Kickstarter 是国外最具代表性的众筹平台,发展速度相当快,是目前全球最大的众筹平台。截至 2012 年,共有 27 086 个众筹融资项目在该平台公开发布,其中成功融资的项目达到 11 836 个,共获得 9 934 万美元的资金支持,参与项目的投资者超过 300 万人,其巨大的筹资能力和发展前景震惊了全世界。

国外众筹融资如火如荼发展的同时,国内众筹融资也逐渐兴起。2011 年,众筹融资正式进入中国。笔名为寒雨(2011)的中国作家在其文章中首次将 Crowd-funding 翻译为"众筹"。随后,我国的众筹融资网站开始出现。2011 年 7 月,我国第一家众筹融资网站点名时间(Demohour)正式上线,被称为"中国的 Kickstarter"。截至 2012 年 7 月,点名时间上线一周年,共收到项目申请约 5 500 个,通过审核的项目有 318 个,融资成功的项目有 150 个,融资成功率为 47%,融资总额达到 300 万元人民币。Smart-Plug 是点名时间平台 2014 年最成功的众筹融资项目。Kankun 是一家刚刚成立的 Wi-Fi 领域创业公司的创办人,他设计了这款世界上最小的无线Wi-Fi智能插座,该项目最终成功融资170万元,共得到3754个民众的资金支持,是迄今为止点名时间上筹资金额最高的标志性项目。

据世界银行发布的《发展中国家众筹融资潜力报告》称,中国将是全球最大的众筹融资市场,预计规模会超过500亿美元。我国知名的众筹融资网站还有众筹网、淘梦网、微电影、天使汇、娱乐宝等。总体来说,我国众筹融资处于萌芽阶段,大部分以模仿国外为主,不论在融资金额还是参与人数方面,都远不如国外,众筹融资要想在中国落地生根还有很长的路要走。但不容置疑的是,众筹融资的诞生,必将打破传统融资枷锁,成为我国小微企业融资的新方向。

6.2 众筹模式分类

目前的理论研究中对于众筹的分类意见并不统一。世界银行在其发布的《发展中国家众筹发展潜力报告》中就将众筹模式按其目的分为捐赠及投资两大类,其中捐赠类下包含捐赠型众筹及奖励型众筹,投资类下包含股权型众筹、借贷型众筹及提成型众筹(较其他众筹模式更少见,支持者有权从发布者知识产权收益中抽取一定提成)。然而结合目前众筹发展的现状尤其是国内发展情况来看,是否应当将奖励型众筹划分到捐赠类下存在较大的争议。但抛去分类上的争议,在众筹的商业模式主要分为捐赠型、奖励型、借贷型、股权型上并没有太大分歧。

6.2.1 捐赠型众筹

捐赠型众筹被认为是互联网众筹中出现最早的一种模式,顾名思义,就是指不以获得收益为目的,以捐款、赞助的形式无偿地支持某个众筹项目的完成,捐赠型众筹的基本法律关系是赠予关系。

捐赠型众筹可视作对传统慈善机构的一种补充。捐赠型众筹通过网络平台将慈善项目或弱势群体的困难进行宣传,以引起社会上热心人士的关注和无偿募捐。鉴于慈善丑闻以及慈善机构的账目不透明问题,很多人对现存的慈善机构产生怀疑。与此同时,中国存在着大量需要帮助的弱势群体。捐赠型众筹既可以通过网络平台的宣传,扩大慈善项目的影响,也可以通过增加账目的透明度,对慈善资金的募集和使用进行跟踪与更新,来吸引大量投资人员。

例如"孩子与自然"众筹项目。"孩子与自然"是公益人士邓飞发起的一个非常成功的公益项目,前期项目精心策划、明星参与和网络大力宣传,是此次项目成功的最大关键因素。反复讨论文案,设置合理的项目回报,发起人及时更新项目资金,都有利于项目的成功。该项目共8个话题,拥有152位支持者,300 626元的众筹资金。

6.2.2 奖励型众筹

奖励型众筹是指发布者承诺在支持者投资于众筹项目并且该项目取得成功后,由发布者向支持者提供一定奖励的一种模式。

奖励型众筹又根据承诺给予的奖励不同而分为两类。

一类是只给予象征性回报,以 3D 国产动画《纳米核心》所发布的众筹项目为例,按照投资金额不同从 10 元起到 50 000 元划分了 16 个不同的投资等级,承诺给予支持者以该动画的周边产品以及非实物奖励,比如将支持者的名字加入片尾的感谢名单、承诺给予支持者网站的会员身份,投资金额越高承诺给予的奖励也越丰厚,但总体来说奖品均以象征性或纪念性的产品为主。此类众筹的支持者支持项目的目的并不是获得超额或等额的回报,而更多的是出于个人兴趣、喜好对项目本身的支持。该类众筹相当于支持者与发布者通过众筹平台为媒介缔结了附条件的赠予合同。支持者缔结合同后有义务给付约定金额,而发行人则负有按合同承诺履行给予支持者相应纪念品的义务。

另一类奖励型众筹是目前发展速度极快的预购模式众筹,这类众筹的趋势是与京东、淘宝等互联网购物平台相结合发布众筹项目。以京东为例,京东众筹 2014 年 7 月上线至 10 月底累计为 60 个项目筹集逾 5 000 万元资金。支持者选择此类众筹的原因不再是单纯支持项目且回报也更加实际,资助产品的目的就是获得产成品,这类众筹项目或通过低于市场的价格来吸引投资者、或用市面上没有的创意来制造卖点。众筹项目的发布与上一类项目大致相同,也设有不同的金额等级,投资额越高可以获得的产品配置就越高或数量就越多。

Kickstarter 众筹平台

1. Kickstarter 简介

成立于美国纽约的 Kickstarter 是目前全球最大的综合性众筹平台,也是奖励型众筹平台的代表,于 2009 年 4 月正式上线。Kickstarter 成立之初只接受来自美国本土创业人员提交的项目,随着其业务规模的不断发展壮大,其业务逐步向英国、澳大利亚、新西兰和加拿大开放。Kickstarter 对支持者没有来源地限制,全球各地的支持者都可以向该平台上的项目提供资金支持,但是只支持以美元或者英镑进行支付。

Kickstarter 通过互联网平台向公众集资,致力于支持与鼓励创新型、创造型和创意型的创业项目,但不支持慈善和法律诉讼项目。最初 Kickstarter 主要是为图片、电影、音乐等项目融资,随后逐步发展为一个典型的综合类平台(依据面向的领域跨度,通常人们将众筹平台划分为综合类平台和垂直或专业类平台),涵盖了艺术(art)、漫画(comics)、手艺(crafts)、舞蹈(dance)、设计(design)、时尚(fashion)、电影视频(film & video)、食物(food)、游戏(games)、新闻(journalism)、音乐(music)、摄影(photography)、出版(publishing)、科技(technology)、戏剧(theater)15 个项目类别。

Kickstarter 在电影线上的成就较为出名的有获得奥斯卡提名的《新巴格达事件》电影,此外在 2012 年圣丹斯电影节上有 10% 的电影都是从 Kickstarter 上筹到资金的,其中有 19 部入选,4 部拿到大奖。其他的创新型产品包括:Pebble 智能手表、短期精准天气预报应用 DarkSky、蛋形空气质量检测器 AirQualityEgg、搭乘摄像头的气球拍摄地图等。Kickstarter 为这些优秀的项目提供了融资平台和信息平台,方便项目发起人和支持者进行顺利融资。

2. 运作流程

Kickstarter 主要在融资中发挥信息中介的作用,连接项目发起人和支持者,通过搭建交流互动的平台,能够提高生产计划中生产资金筹集阶段的效率。Kickstarter 的工作任务主要是:审核项目发起者的身份,协助其包装宣传项目;甄别支持者的身份,帮助项目的发起人寻找更多的支持者。

美国 Kickstarter 的众筹运作模式如下。

(1) 发布项目前项目发起人将项目策划交给 Kickstarter,Kickstarter 会对项目的估值、信息披露、融资额等进行严格的审核,严格的审核可以让 Kickstarter 的项目质量有保证。

(2) 通过前期审核并经过相关审核后,项目发起人需要提前设定筹资项目的目标金额和筹款的截止日期,然后在平台的网站上建立属于自己的页面,通过向公众展示自己的创意吸引项目支持者。如果项目前期审核未能通过,则会被要求重新修改或者被直接拒绝。

(3) 发布项目后项目支持者可以在筹资设定的目标期限内承诺贡献一定数量的资金,最小的捐赠额甚至可以低至 1 元。这也体现了众筹的优势所在——门槛低,可以激励大众积极参与。不同的众筹平台采用"当即入账"(当即入账是指不论项目在规定的时间内是否能够达到预先设定的筹资目标,只要有项目支持者出资,资金就会被立刻打入项目发起人的账户中的一种资金管理方式)、"达标入账"的方式或者是两者相结合的方式对筹到的资金进行管理。Kickstarter 采用的是"达标入账"方式,在项目成功前,先由众筹平台掌握项目支持者的资金,项目成功后,项目支持者的资金才会从众筹平台的账户划拨到项目发起人的账户中。Kickstarter 规定项目发起人在限定的时间里筹集到预先设定的目标金额,规定筹集期限不超过 60 天,如果超过期限项目发起人无法达到融资目标的,发起人无法提取资金,所融到的资金必须返还给投资者,相反,如果在规定的期限内实现了融资目标,发起人则可以提取资金。

(4) 项目筹资成功后。众筹平台 Kickstarter 从融资金额中抽取 5% 的金额作为盈利,支付处理商收取 3%~5% 的手续费。从 2015 年 1 月开始,Kickstarter 的支付处理商由原来的亚马逊转向 Stripe,Stripe 以易用性和价格透明的服务著称,能够为 Kickstarter 大大简化支付流程,项目发起人需要向支付系统缴纳融资金额 3%~5% 的费用。在项目成功实施后,支持者可以从项目发起人那里取得相关产品回报,如纪念 T 恤、明信片、CD 等,但是 Kickstarter 明确要求不能以股权作为项目回报。Kickstarter 运作流程具体如图 6-1 所示。

3. Kickstarter 的特点

(1) 融资门槛低。Kickstarter 主要的服务对象是创业者,并且专注于创意项目领域,因此,对融资者的经济实力和经济基础没有严格要求,只需要提供一个可行的创意项目即可。

(2) 价格歧视带来更多的产品选择。奖励型众筹平台一般是使用预购的方式进行项目众筹,这种方式使得项目发起人可以通过使用价格歧视来筹资。项目发起人事先公布产品以后的市场价格,并且运用优惠的价格组合在众筹平台上进行预售,吸引众筹的项目

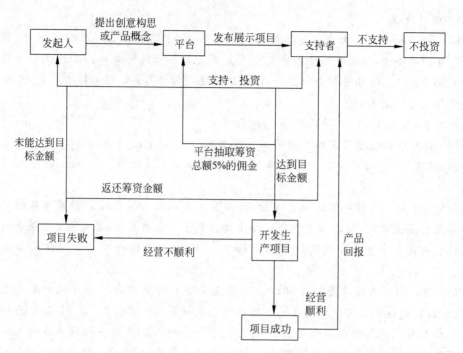

图 6-1 Kickstarter 运作流程

支持者参与众筹。价格歧视的存在,使得项目的支持者能够拥有更多的产品选择,满足不同需求弹性的项目支持者的产品需求,运用差异化定价的策略使项目利润最大化。

(3) 具有强社交性。Kickstarter 拥有众多的参与者和关注者,项目发起人通过平台发起项目,能够产生广告效应,并且吸引媒体的关注和报道,进一步扩大融资范围,提高项目融资成功的概率和盈利水平。此外,项目的发起人和参与者可以通过众筹平台进行交流。Kickstarter 不仅设立了自己的博客和论坛,还有 Kickspy 等站内搜索分析功能,与社交网络 Twitter、Facebook 合作,扩大平台的社交影响力。Kickstarter 发布的手册显示,84% 的 Kickstarter 资助来源于社交链接相关项目的推介,16% 来源于在 Kickstarter 上随意浏览的用户。众筹平台的社交性增加了项目发起人和项目支持者的对接机会,使得项目发起人能够接触更多的潜在项目支持者。

(4) 发挥激励性作用。Kickstarter 作为奖励型众筹平台,不仅仅是发挥商业投资的作用,更多的是考虑对项目发起人的创意和梦想的支持。Kickstarter 的宣传口号是"赋予创意以生命",强调创意和梦想的重要性,而非产品本身。Kickstarter 通过情感的激励来吸引大批的项目支持者参与到项目中,奖励型众筹平台不同于其他商业平台,它不以获利为目的,项目参与者主要是通过参与项目感受产品和服务的内涵,其重视的是自己在参与项目过程中带来的参与感和荣誉感。

4. Kickstarter 的融资情况

2010 年,Kickstarter 成功完成了 3 910 个众筹项目,筹集资金达到 0.28 亿美元,融资成功率为 43%。

2011 年,Kickstarter 成功完成了 11 836 个项目,筹集资金达到 1 亿美元,融资成功率为46%。

2012年,Kickstarter成功完成了18 109个项目,总融资项目是3.2亿美元,投资人数达到220万人,成功率增长到85.7%。

2013年,Kickstarter共吸引了300万人参加集资活动,筹集资金达到4.8亿美元。

2014年,Kickstarter成功完成了22 252个项目,筹集资金达到5.29亿美元,支持者人数达到330万人。

截至2015年5月31日,Kickstarter上显示网站成立以来共发起约23万个项目,其中成功众筹项目约8.6万个,共成功筹资17.5亿美元,项目支持者已经高达872万余人。

资料来源:苏倩.美国奖励型众筹的激励研究——以Kickstarter为例[D].广州:暨南大学,2015.

6.2.3 借贷型众筹

借贷型众筹与前述两种众筹模式的不同在于支持者通过互联网平台向发起人认购债权凭证,在将来除返还本金外,发起人还应按承诺的比例给予支持者额外的利息收益。借贷型众筹中的支持者为发行人提供资金的根本目的不在于支持发行人的项目或获得某种产品,而在于获得一定的投资收益,是一种典型的投资行为,其本质是借款人以承诺给予一定的利息作为报酬,通过网贷平台向公众募集资金的活动。借贷型众筹在国内有一种更为人熟知的典型——P2P网贷(Peer to Peer Lending)。理论上借贷型众筹应属于证券法的管辖范围,但P2P网贷在我国的发展过程中性质较P2P网贷鼻祖Zopa等网站建立的模式有了较大的不同,国内P2P网贷平台超越原有界限、担任信用中介、允许资金错配形成资金池引起的流动性风险等问题使得P2P风险骤增,因此目前将其按照金融中介机构范畴进行监管较为适宜。在"2014中国互联网金融创新与发展论坛"上银监会负责人已明确银监会对借贷型众筹的十项监管原则,将借贷型众筹纳入银监会的监管范畴。

6.2.4 股权型众筹

股权型众筹,即指创业者向众多投资人融资,投资人主要以资金等作为对价换取创业企业的股权。在互联网金融领域,股权众筹通过网络进行较早期的私募股权投资,是对VC(风险投资)的一个补充。投资者在新股IPO(上市)时申购股票是一种广义上的股权型众筹。

股权型众筹,一方面可以部分解决小型项目找不到创业资金的难题;另一方面,使投资者获得高额回报,或者其他利益。股权型众筹发展得好,可以成为我国的纳斯达克。在我国放开股权融资的背景下,股权型众筹市场必然面临新的市场机遇,在市场有序化的过程中,市场正能量不断聚集,负能量得到扼制。积极、健康、有序的股权型众筹市场,将给主板市场、三板市场等股票交易市场带来竞争压力,推动我国的企业融资制度深刻变革,更加彻底地激发市场活力。

股权型众筹在我国有凭证式、会籍式和天使式三种形式。

1. 凭证式众筹：美微创投

2012年10月5日，淘宝出现了一家店铺，名为"美微会员卡在线直营店"，店主是美微传媒的创始人朱江，原来在多家互联网公司担任高管。消费者在该淘宝店购买相应金额会员卡，除了能够享有"订阅电子杂志"的权益外，还可以拥有美微传媒的原始股份100股。从2012年10月5日到2013年2月3日12:00，美微传媒进行了两轮募集，共募集资金120.37万元。

未等交易全部完成，美微的淘宝店铺就于2013年2月5日被淘宝官方关闭，阿里对外宣称淘宝平台不允许公开募股。而证监会也约谈了朱江，最后宣布该融资行为不合规，美微传媒不得不向所有购买凭证的投资者全额退款。按照证券法，向不特定对象发行证券，或者向特定对象发行证券累计超过200人的，都属于公开发行，都需要经过证券监管部门的核准。

在淘宝上通过卖凭证和股权捆绑的形式募资，可以说是美微创投的一个尝试，虽然因为有非法集资的嫌疑最后被证监会叫停，但依旧不乏可以借鉴的闪光点，即门槛低，即使几百元也可购买。主要问题在于受政策限制。建议在政策放开之前，以相对小范围的方式合规式地筹集资金。例如，股东不超过200人；再如，从淘宝这样的公开平台转移到更小的圈子。如果希望筹集到足够资金，可设立最低门槛，并提供符合最低门槛的相应服务和产品以吸引投资者。该模式比较适合大众式的文化、传媒、创意服务或产品。

2. 会籍式众筹：3W咖啡

互联网分析师许单单这两年风光无限，从分析师转型成为知名创投平台3W咖啡的创始人。3W咖啡采用的就是众筹模式，向社会公众进行资金募集，每个人10股，每股6 000元，相当于一个人6万元。那时正是微博最火热的时候，很快3W咖啡就会集了一大帮知名投资人、创业者、企业高级管理人员，其中包括沈南鹏、徐小平、曾李青等数百位知名人士，股东阵容堪称华丽。3W咖啡引爆了中国众筹式创业咖啡在2012年的流行，几乎每个城市都出现了众筹式的3W咖啡。3W很快以创业咖啡为契机，将品牌衍生到创业孵化器等领域。

3W的游戏规则很简单，不是所有人都可以成为3W的股东，也就是说，不是你有6万元就可以参与投资的，股东必须符合一定的条件。3W强调的是互联网创业和投资的顶级圈子，3W给股东的价值回报在于圈子和人脉价值。

会籍式的众筹方式，适合在同一个圈子的人共同出资做一件大家想做的事。例如像3W这样开办一个有固定场地的咖啡馆方便交流。英国的M1NT Club，就是典型的会籍式众筹股权俱乐部。M1NT在英国有很多明星股东会员，并且设立了诸多门槛，曾经拒绝过著名球星贝克汉姆，理由是当初贝克汉姆在皇马踢球，常驻西班牙，不常驻英国，因此不符合条件。后来M1NT在上海开办了俱乐部，也吸引了500名上海地区的富豪股东，以老外圈为主。

创业咖啡注定赚钱不易，但这与会籍式众筹模式无关。实际上，完全可以用会籍式众筹模式来开餐厅、酒吧、美容院等高端服务性场所。这是因为，现在圈子文化盛行，加上目前很多服务场所的服务质量都不尽如人意。通过众筹方式吸引圈子中有资源和人脉的人投资，不仅是筹集资金，更重要的是锁定一批忠实客户。而投资人也完全可以在不需经营的前提下,拥有自己的会所、餐厅、美容院,不仅可以赚钱,还可以拥有更高的社会地位。

3. 天使式众筹:大家投网站

当创业者的创业项目在平台上发布后,吸引到足够数量的小额投资人(天使投资人),并凑满融资额度后,投资人就按照各自出资比例成立有限合伙企业(领投人任普通合伙人,跟投人任有限合伙人),再以该有限合伙企业法人身份入股被投项目公司,持有项目公司出让的股份。融资成功后,"大家投"网站从中抽取2%的融资顾问费。

如同支付宝解决电子商务消费者和商家之间的信任问题,"大家投"将推出一个中间产品叫"投付宝"。简单而言,就是投资款托管——对项目感兴趣的投资人把投资款先打到由兴业银行托管的第三方账户,在公司正式注册验资的时候再拨款进公司。投付宝的好处是可以分批拨款,例如投资100万元,先拨付25万元,根据企业的产品或运营进度,决定是否持续拨款。

对于创业者来讲,有了投资款托管后,投资人在认投项目时就需要将投资款转入托管账户,认投方才有效,这样就有效避免了以前投资人轻易反悔的情况,大大提升了创业者融资效率;由于投资人存放在托管账户中的资金是分批次转入被投企业的,这样就大大降低了投资人的投资风险,投资人参与投资的积极性会大幅度提高。

天使式众筹模式比较适合成长性较好的高科技企业创业融资。投资人对项目要有一定了解,门槛较高。对于创业者来讲,依旧需要依靠个人魅力进行项目推荐,并期望遇到一个专业的领投人。对于明星创业者,不适用该模式,应该选择与大的投资机构接洽。这个模式可以由某个专业圈子中有一定影响力的创业者结合社交网络来进行募资,他能够把信息传递给身边同样懂行、并且相互信任的投资者。

从该案例中,我们发现,最有可能给你天使投资的不是微博上你关注的大V,而是关注你的小号粉丝。"大家投"的12个投资人中,有投资经验的只有5个人。这有点儿像美国人所说的那样,即最早的种子资金应该来自3F:Family(家庭)、Friends(朋友)和Fool(傻瓜)。社交媒体的出现,利用普通人的个人感召力,可以将信息传递给除朋友外的陌生人。

6.3 "大家投"网众筹案例介绍

1. 案例简介

"大家投"网前身是"众帮天使"网,网站成立于2012年9月,其创始人是做互联网技术和产品出身的。2012年他想创业的时候,苦于资金不够和不认识天使投资人,因此尝试通过其他众筹网站筹集资金,但是国内的网站基本上运行模式类似于"预购",对投资人的回报不涉及现金、股票等金融产品,因此他自己成立了股权融资模式的众筹网站。2013年7月由"众帮天使"更名为"大家投"。网站上的项目按照行业可以分为PC互联网、移动互联网、IT软件/硬件、服务业、文化创意、节能环保、新能源、生物医药、其他九大类,虽然在项目索引上是这样分的,但网站的主推项目还是科技创新类和连锁服务类。投向城市为深圳市、广州市、北京市、上海市、杭州市、苏州市和厦门市。根据项目所属阶段分为已启动、产品开发中、产品已上市或上线、已经有收入、已经盈利、尚未启动。由于网站创始人互联网行业的工作经历,使得"大家投"推广的项目大多与互联网行业相关,并将股权投资作为网站的特点之一加以宣传。由于很多互联网产品易于复制或是再生产成本低等原因,存在着严重的搭便车现象和版权保护方面的争议,而使用众筹的方式可以募集资金用于项目发展,在一定程度上鼓励了产品的创新。但是在现有法律制度环境下,有人认为其在打集资的"擦边球"。截至2013年12月,"大家投"网站成功案例6个,分别是大家投第一轮、鱼菜共生农场、趴客、奇异果、bintels和大家投第二轮,佣金收入合计36 000元。

项目页面中,对于项目的展示分为商业模式、创业团队、历史执行情况、未来计划、项目附件、项目评论六栏。对于一些创新性较强或是易于复制的项目,投资人需要经过向创业人申请,通过资格审查后才能查看,这样在一定程度上保护了项目发起人的知识产权。商业模式中,项目发起人应介绍项目的目标用户或客户群体定位、定位目标客户的需求、满足目标客户的服务模式说明、盈利模式说明和项目的核心竞争力。创业团队说明中,发起人对于股东团队人员的职务、所占股份、实际出资额或者出资方式及与其他股东关系历史描述都要有介绍,并且附带成员简介。历史执行情况中,介绍公司前期准备工作和盈亏情况。未来计划中,项目发起人应对下一阶段做出规划,并列出发展步骤和预计盈利状况。项目附件里面,发起人可以通过添加照片、说明书或是一定的资历情况供投资者参考和审核。项目动态中,发起人可以实时发布对于项目进展的报告或是与投资人进行沟通。项目评论中,投资人可以给项目发起人留言,提出问题或建议,与发起人进行互动。以上七项内容,项目发起人根据需要填写,并不是每一个栏目都要有内容。

2. 业务流程

创业者在大家投网站上发起一个项目,说明该项目所要融资的金额目标和可行性方案,并注明出让股份的比例。大家投网站本身对于创业者进行审核,要求创业者对于自身项目进行投资,不接受有几个创业项目的创业者,从项目说明、团队行动、预算规划方面对于项目进行考察,符合相关要求才能审核通过。审核通过后,发起人可以在网站上创建筹资页面,使用文字叙述、图片等方式宣传项目,吸引投资者投资。投资者可以从商业模式、创业团队、历史执行情况、未来计划等方面了解项目的具体信息和发起人的情况,还可以使用网站约谈创业者功能与项目发起人进行线下交流。大家投也会在其官方微信、微博平台上进行新项目的宣传。投资额度达到项目发起人的预期金额后,投资人向投付宝转账,标志着众筹成功,线上业务流程结束。线下业务由领投人以该注册基金成立有限合伙企业,办理投资协议签订、工商变更等手续。大家投对有限合伙企业名称进行核准,并对有限合伙企业协议模板补充完整的合伙协议、合伙企业登记申请书等书面材料。签订协议后,大家投使用申请材料和相关证件到有关部门办理手续,之后向大家投申请将投付宝账户中的资金转入发起人企业。所融资金根据项目情况不同,拨款的方式分为三种:一是一次性全额到账,融资金额应在50万元以下,80%以上融资资金用于前期场地租金、装修、购买设备等;二是分两次拨款,每半年一次,每次为融资金额的一半,适用类型为融资资金50%以上用于前期场地租金、装修、购买设备等;三是项目资金每季度拨款一次,每次1/4,其融资资金主要用于人力成本、市场推广费用的个人计算机或移动互联网项目。该项资金完全投入发起人的企业标志该项目的天使期融资结束,投资人按照出资金额比例占有发起人出让的股份比例。投资者的退出渠道包括引进风险资本、私募股权或是通过新三板、股权市场进行股份出让。

3. 业务模式

1)"领投人+跟投人"模式

投资者根据职能的不同可以分为领投人和跟投人两种。一个项目只能有一个领投人,要成为领投人需要在"大家投"网站上申请,由网站对其履历和相关资历进行核实,同时,也要经过发起人同意,才能成为领投人。领投人的投资额度为项目融资额度的5%~50%,但是可以与发起人商定而获得后者赠送的若干点股份作为激励,具体的数目需要双方自行约定。领投人需要全程跟踪项目,从项目分析到尽职调查、项目估值议价、投后管理等,同时也要协调融资成功后发起人与跟投人之间的关系。跟投人投资金额按照项目融资金额的具体情况,有不同的上限和下限金额,通常单次跟投额度的下限为项目融资额度的2.5%。相较于领投人需要资质审核的要求,对于跟投人的要求十分宽松,虽然在网站注册时可以非实名,但是投资项目转账时的个人资料还应真实填写。在提交投资意向后到项目完成前,跟投人都有申请退出项目的机会,并且资金仍在跟投人手中,在筹集资金达到目标后,投资人才会向投付宝中转账,超过5个工作日未转账则自动视为投资人放弃资格。在投资人将资金转入投付宝后,不能撤资。但是,分批拨款的项目中,投资人有投票决定项目是否继续的权利。如果大多数投资人对项目运作结果不满意,就可以撤资。

项目筹资完成后,在线下,以领投人作为一般合伙人、跟投人作为有限合伙人成立有限合伙企业,由有限合伙企业投资目标项目或企业。

2) 投付宝业务

投付宝业务是大家投网站的发起公司深圳市创国网络科技有限公司委托兴业银行深圳分行推出的一种面向大家投投资款托管服务,能够有效降低投资人投资风险,提高创业者融资效率。官方支付平台投付宝于2013年9月27日开通,这是国内第一家与银行进行委托资金托管服务的网站。

投付宝业务的主要用途是:投资人认投项目时把投资款转入托管账户,待有限合伙企业成立后,按照投资人的意见分批次将筹集资金转入有限合伙企业基本账户,有限合伙企业一般合伙人再将有限合伙企业基本账户的投资款转入目标项目公司基本账户。分批次转入被投企业中途,投资人根据项目实际运作情况,参与投资的合伙人可以集体投票(少数服从多数)选择继续放款或者终止放款。如果选择终止放款,剩余未拨付的投资款就会全额退还给投资人。深圳市创国网络科技有限公司无法挪用或转移该账户的一分钱,因此该账户的资金安全。例如:某项目融资100万元人民币,出让20%股份,有20个投资人参与了该项目的投资,则这20个投资人集体成立有限合伙企业,入股该项目公司,第一笔投资款(如项目融资额度的1/4即25万元)从托管账户拨付过去3个月后,被投项目企业发展状况令投资人不满意,投资人集体投票决定后续资金不再拨付,则剩余的75万元将会按照各自的出资比例全额退还给投资人。当然该有限合伙企业已经拨付的25万元照样持有被投项目公司出让股份的1/4(20%×1/4=5%)。

3) 大家投网站平台职能

大家投网站负责监督项目的发起人和投资人双方按照既定要求去运作,不承担投资过程中发生的风险。在项目运作成功后,大家投的平台收取项目融资金额的5%作为中介费(前期中介费为2%),费用涵盖投资人集体成立有限合伙企业的所有费用,除中介费外无其他任何费用。

其他的众筹网站，投资人在项目募集期间，一旦决定投资，就需要将资金转入众筹网站的账户。如果项目不能达到目标筹资额度，标志着项目筹资失败，账户中的钱将返还给投资者。也就是如果项目募集失败，那么在项目募集期间筹集来的资金，都在众筹网站的账户上。众筹平台的主要作用是接受项目发起人的申请并审核项目，整理投资人信息、监督筹集资金用途、辅导项目运营并公开项目实施成果等。介于大家投网站资金和人员的限制，它所推出的"领投人＋跟投人"的投资模式加上投付宝业务的开通，使得大家投不同于其他众筹网站，只有项目完成，投资者的资金才会转入大家投网站的账户。与其他众筹网站不同的是，对于项目运作时的监督和投资人之间的协调工作，主要是有一定资格的领投人在做，相当于将这部分工作外包给领投人。虽然领投人可能比网站的工作人员更加了解项目的优势与劣势，但是不同的领投人运作的项目可能存在着不规范的问题。

4）不设定完成项目期限

一些众筹网站规定在项目上线后，需要在固定期限内完成资金募集，否则就算募集资金失败。有所不同的是，大家投网站没有对项目的完成期限做限制，尚未完成的项目可以一直在网站上筹集资金。如果一个项目设定了截止日期，就会对于投资者的行为产生影响。在项目募集资金的初期，对于人们做出最终的决定，还有很多时间。潜在的投资者在项目初期因为对于项目完成的个人责任较小而投资意愿不是很明显。当项目接近截止日期时，无论前期的项目融资情况如何，潜在的投资者对于项目其他投资者的支持不抱有太多期待，因此他们更愿意投资这一项目。而不设定项目的截止日期，则不受这种最后期限的限制，投资者可以更理性地对项目做出选择。在众筹模式普及率仍然不高的情况下，不限制项目筹资时间，在一定程度上可以提高项目筹集资金的成功率。

6.4 众筹融资模式的发展意义

6.4.1 众筹融资模式优势

1. 众筹融资模式降低投融资门槛

相较于传统的天使投资，在众筹网站上，每个人的投资看起来额度很小，可能少则几十元，多则上万元，但是却能够完成一些看起来目标融资金额很大的项目。因为众筹平台突破了传统投融资模式的限制，使得"人人都能成为天使"，参与新项目或是新企业的产生。虽然股权类的众筹模式由于法律等的限制，不能像预购式众筹那样有成百上千个投资者，但是相比于传统的天使投资，投资门槛在几千元至几万元不等，投资门槛大大降低了。

2. 众筹融资模式可以降低信息传播成本，提高信息传播速度

信息是金融市场框架的核心，传统金融市场主要通过发行标准化的金融工具，并建立金融中介、信用评级公司等机构收集借款人的相关信息，以解决由于信息不对称带来的逆向选择与道德风险问题。众筹模式利用网络平台传播融资信息，一方面，互联网拥有庞大的用户群和一定的社交功能，信息传播更为方便、快捷且成本低廉，相比于传统的广告推广、拜访投资人或是扫街式的宣传，众筹模式以更低的成本为项目进行了宣传；另一方面,互联网信息交互性强,用户使用众筹平台发送信息和接收信息,项目发起人除了在计划中阐述项目的优势,还能在互动平台上回答投资者一些计划书中没有或是不明确的地方。借助众筹平台,借款人与投资方可以较低的成本进行高效的交流互动。

例如"大家投"网站上的"微星辰 APP"项目,短短 4 天内就筹集 50 万元,该网站的筹资网页的浏览次数达到几千次,在完成筹集资金的同时,这一项目也为很多人所知晓。

3. 众筹融资模式满足消费者个性化定制

众筹平台不仅仅为项目发起人提供了一种融资渠道,也为投资人提供了产品个性化定制的途径。美国趋势学家杰里米·里夫金在《第三次工业革命》一书中有如下观点:正在兴起的第三次工业革命有两个特点,一是直接从事生产的劳动力会不断下降,劳动力成本占产品总成本的比例会不断减小;二是新生产工艺需要满足个性化、定制化的各种需求,这一需求要求生产者了解消费者与市场。众筹网站为这种满足需要的个性化定制的低成本运作提供了可能性。在众筹网站上,一些原本面向小众的产品被放在这一平台进行推广,满足了投资人的各类需求。项目发起人与投资者交流的项目评论板块的设置,使得网站不再仅仅是一个简单的融资渠道,还拥有市场调研的功能。一些投资者可能有着丰富的管理经验或是技术经验,可以在不同方面为发起人提供良好建议;一些投资者本身就是产品的潜在使用者或消费者,他们提出的建议能够帮助发起人更好地了解市场,使得产品更好地适应市场的需求。

4. 筹融资模式应用长尾效应鼓励创新

相较于传统的天使投资,众筹平台上,长尾效应在众筹融资方式中有着良好的应用。长尾理论是美国《连线》杂志主编克里斯·安德森在 2004 年首次提出的,其核心观点是只要存储和流通的渠道足够多,需求不旺或销售不佳的产品所共同占据的市场份额就可以和那些少数热销产品占据的市场份额相匹敌。传统市场中,资金的投入更倾向于有名的艺术家或是有一定实力的企业,而在众筹融资平台鼓励每个人都发挥自身的创造能力,发起大量具有创新性的项目,一些不是很知名的艺术家或是企业的产品或项目也能拥有宽广的展示平台和交流的渠道,降低了这类项目的营销成本,使得看似需求极低的商品获得了广泛的支持,使得它们所能够筹集的资金可以与主流的产品相比较。因而,众筹融资在一定程度上鼓励了产品的创新。

6.4.2 民间资本与小微企业融资需求

2011 年 7 月,工信部等四部委联合研究制定了《中小企业划型标准规定》,第一次提到了"微型企业",其具体标准是结合行业特点,并考虑企业从业人员、营业收入、资产总额等指标制定的,该规定共列出了 16 类行业的划型标准。以工业企业为例:企业从业人员少于 1 000 人,或者营业收入小于 40 000 万元即为中小微型企业。若从业人员多于等于 20 人,且营业收入大于等于 300 万元即为小型企业;若从业人员少于 20 人,或营业收入小于 300 万元即为微型企业。根据这一标准,当前小微企业占我国企业总数的 99%,吸纳 75% 的城镇就业岗位,创造 GDP 总额占我国 GDP 总额的 60%,对税收贡献率超过 50%。小微企业的发展,有利于我国优化产业结构、提升国民经济增长质量、提高国际竞争力的重要基础。即便如此,小微企业融资难仍旧是世界性的难题。在严格的金融监管制度下，小微企业通过股权融资十分困难——处于创业期和成长期的小微企业，很难达到主板市场的上市标准。对于实行信息披露制度和退市制度的中小板市场，定位是高成长型企业，也不能成为小微企业融资的主要渠道。并且，公开渠道的 IPO 信息披露任务繁重，少有小微企业能负担实施 IPO 的融资成本。由于小微企业自身存在着信用状况不好、财务体系不健全、资产结构存在缺陷、个体经营风险大等问题，与大企业相比，由于信息严重不对称、交易成本高的原因，银行不愿意放贷给小微企业，尤其是金融危机的影响，更加剧了这种融资的困难性。另外，在小微企业无资可融的同时，民间资本却投资无门。民间资本受到行业准入准则的限制，缺少融资渠道，致使民间资本难以转化为投资。导致这些资金多用于非法集资和投机炒作，不仅浪费了庞大的资源，更扰乱了社会经济秩序。因此，如何正确引导民间资本注入实体经济，促进技术创新，提升就业能力，是社会各界需要共同面对的问题。

  传统金融市场中，参与投资的主要是风险承担能力较强的投资者，普通投资者大多通过金融机构参与金融。众筹网站的出现，改变了这一局面，为普通民众提供了直接参与金融市场的渠道，有利于实现民间资本与中小企业的高效对接，缓解资本市场资金紧缺而民间资本投资无门的双重问题。众筹的筹融资方式代表了"金融脱媒"的创新发展方向。投资者对更高回报的寻求与企业对更低融资成本的寻求，都要求"非中介化"的融资方式。随着投资者日渐成熟与金融服务的不断创新，"金融脱媒"现象开始出现，这也是经济发展的必然趋势。众筹融资是资金从储蓄者直接流向借款人的便利渠道，代表着未来金融市场"脱媒"的趋势。众筹融资利用了互联网高效、便捷的信息传播特点，为民间资本投资搭建了平台，开拓了民间资本与实体经济的对接通道。众筹网站作为高效、公开的信息传播平台，投资者可以根据偏好选择投资项目，有效地集中了人们手中的闲散资金。创业者可利用众筹网站获得创业资本，完成产品生产或技术创新等项目，顺利将民间资本投资到实体经济中，避免了资金滥用给实体经济带来的隐患，保障了实体经济的健康高速发展。

  众筹的融资方式可以引导民间资本转化为投资，参与技术创新，为国家经济注入活力。它为民间资本流向优质企业和项目提供了渠道，同时满足了小微企业旺盛的资金需求，为实现资本资源的合理配置提供了很大的可能。日益发展的互联网联结众多的民间投资者，从实际情况看，短短几年，众筹融资已经逐步从创意产业和慈善项目扩大到一个更为广泛的商业平台，将社交网络与种子基金、风险投资的投资方式巧妙地融合在一起，为资金需求方和供应方提供了一个新的桥梁，为小企业融资带来福音。相较于其他模式，股权类的众筹模式可以投资小微企业而不仅仅限于某一项目，更有利于企业的长远发展，股权类众筹模式的推广，对于我国解决小微企业融资难的问题和开拓民间投资渠道，有着很好的借鉴意义。

6.4.3　项目使用有限合伙制度

  "大家投"所率先使用的领投加跟投机制，实现了职业天使投资人与业余天使投资人共同支持创业者的行业格局，是这一网站的一大创新之处。领投人以该注册基金成立有限合伙企业，对目标项目或企业进行投资，这一方式具有诸多优势。

1. 有限合伙企业有良好的激励机制

有限合伙企业中,领投人为一般合伙人,跟投人为有限合伙人。因为筹集资金时对于领投人的要求,最少出资金额为项目目标融资金额的5%,因而对一般合伙人形成一个良好的约束机制,使其能够尽职对目标项目进行调查,防止其做出冒险的投资决策,促其谨慎投资和注重风险防范。在收益分配方面,本案例中的一般合伙人虽然不能像其他有限合伙企业一样,获取一定比例的管理费作为激励,但是可以通过与项目发起人进行商谈,免费获得一定的若干点股权作为激励。这就激励一般合伙人努力去获得更好的业绩,从而促使利润最大化。

2. 有限合伙制度具有灵活的运作方式

有限合伙的管理结构适应了风险投资的需要。通常情况下,有限合伙制企业中不具有专业知识技能、投资能力有限、没有时间和精力管理项目的跟投人作为有限合伙人,不参与项目的尽职调查和实施,承担有限责任,将资金交给具有专业知识、投资能力和丰富经验的一般合伙人也就是项目的领投人去投资运作,在损失有限、风险可控的基础上以求获得更高的收益。有限责任使得一般合伙人能更好地控制投资风险,也使得有限合伙人加入或退出有限合伙更加自由和方便,而且没有竞业禁止的限制。

在有限合伙企业中,有限合伙人不参与企业事务的经营和管理,而由一般合伙人从事合伙经营与管理,因此,有限合伙企业的经营管理权相对集中,并且专业化程度比较高。有限合伙企业的组织结构也较简单,不像公司那样需要股东会、董事会、监事会等组织机构,因此企业事务的决策程序也相对简单、灵活。正是因为有限合伙的经营管理权相对集中、灵活、高效,才能适应瞬息万变的市场和高新技术产业发展的要求,才使有限合伙这一企业组织形式得以应用。同时,由于有限合伙企业在解散、退伙、转让等方面十分方便,使投资者可以采用短期投资的方式,在追求一定投资收益的同时,使资金保持一定的流动性。

3. 有限合伙制度具有税收优势

由于有限合伙制企业不能作为企业法人,不能作为纳税主体,因此无须缴纳企业所得税,其所得税由合伙人各自承担。如果合伙人是自然人,则需缴纳个人所得税;如果合伙人是法人和其他组织,则需缴纳企业所得税。有限合伙企业综合了公司制承担的有限责任,同时也综合了合伙制的纳税方式,免征企业所得税,只交各合伙人的个人所得税,避免了双重征税,减轻了投资者的税收负担。而公司制基金则存在双重纳税,作为企业法人,在公司取得收入时要缴纳企业所得税;股东进行分红后,还要对红利缴纳个人所得税或企业所得税,使得投资者的税收负担加重。在这一点上,信托制基金也不是法人主体,作为一种法律关系,同样具有避免双重征税的优势。

传统融资模式下,投资者数量少,投资金额大,风险也相对集中。众筹模式的特点体现在利用互联网平台的无界性,可以在短时间内聚集数量庞大的参与者;而每位投资人的投资额度可以很低,有利于通过分散化的方式降低融资风险。虽然使用有限合伙制度有如上优势,但可能是出于对有限合伙法规定的有限合伙企业中有限合伙人人数的限制因素考虑,大家投设置的投资金额下限是领投人出资为融资目标的5%、跟投人出资为融资目标的2.5%,虽然大大降低了天使投资人的投资门槛,但是完成一个项目筹资的最多人数仅仅有 39 人，相比于其他众筹网站上一个项目可能有成百上千甚至上万的投资者，每个人的投资金额较大，并且人数过少不利于投资风险的分散。

6.4.4 众筹融资的技术基础

1. 互联网技术的发展为众筹融资奠定了科技基础

随着互联网技术的发展，金融交易朝着更高效、更快捷、更安全的方向发展。不但将很多金融业务由线下转为线上的形式持续，而且有向手机客户端发展的趋势。大数据技术和云计算等信息科技的发展，使得资金的供给和需求有效匹配的程度审核，能够有效地满足市场的投融资需求，准确反映市场的供求信息变化，为众筹模式的发展开辟了渠道，改变了以往只有一定资金规模和从业资格的金融机构或是企业获得融资、发放贷款和进行风险投资的局面，易于使用的平台使大众化的投资成为可能。并且，互联网金融的发展使得人们的投资突破了地理上的限制。如果没有互联网，天使投资人想要投资一个项目，必须到项目所在地进行考察，时间成本和机会成本十分高昂，并且即使投资成功，后续的项目管理过程也难以参与，互联网使远距离的投资变得更加可行。

2. 互联网平台有助于提高效率

互联网的发展，使得信息的复制和传递变得更加简捷。以线上用户体验的方式能够实现融资项目商业计划书从文档化到数据化、标准化，将彻底结束创业者为了推广一个项目大量发送电子邮件或是在生活中到处奔波分发商业计划书的低效融资历史。同时，互联网的筛选功能使得投资人只要输入自己所感兴趣的关键字或是利用网站的筛选功能，就能找到感兴趣的项目，大大提升投资人从众多商业计划书中筛选自己感兴趣项目的工作效率。

6.5 众筹模式的风险与防范

6.5.1 法律风险

法律问题可能是众筹网站发展所遇到的最大问题，因为众筹融资在我国发展时间较短，大多数使用预购式的众筹模式，我国没有众筹融资的相关法律，但是，对于明确违反《中华人民共和国证券法》(以下简称《证券法》)、《中华人民共和国公司法》(以下简称《公司法》)或是《中华人民共和国有限合伙法》(以下简称《有限合伙法》)的行为，监管部门会予以禁止。现列举相关法律规定辨析如下。

根据《证券法》第 10 条的规定，公开发行证券，必须符合法律、行政法规规定的条件，并依法报经国务院证券监督管理机构或者国务院授权的部门核准；未经依法核准，任何单位和个人不得公开发行证券。有下列情形之一的为公开发行：向不特定对象发行证券，向特定对象发行证券累计超过 200 人，以及其他情况。大家投的创新可能面临法律风险。上海金诚同达律师事务所合伙人许海波表示，大家投网站的模式实质是以柜台交易的方式变相公开募股，相当于做了一个场外交易市场，可能涉及非法证券经纪或其他非法经营问题。根据我国法律规定，从事证券经纪业务需要得到中国证监会批准的特殊资质。

《公司法》和《有限合伙法》规定,股份有限公司的股东人数不能超过200人,有限合伙制企业的有限合伙人不能超过50人。因而,有的众筹网站在筹集资金中,遵守了200人的人数限制。而一些项目募集的资金中,为遵守200人的限制,采用协议代持的方式,变相扩大了众筹的参与人数。但是采用代持的方式,容易在项目投资后期产生纠纷,因为没有相关法律保护,后期的纠纷很难解决。大家投网站使用的"领投人+跟投人"的制度设置,并规定了一个项目的最低投资比例,使得一个项目的最大投资人数仅有39人。而且项目筹资金额目标达成即标志着项目在众筹网站的平台上筹资结束,投资人总数不可能超过39人。因此,大家投网站在众筹项目的运作中符合《公司法》和《中华人民共和国合伙企业法》(以下简称《合伙企业法》)的规定。

《最高人民法院关于审理非法集资刑事案件具体应用法律若干问题的解释》中规定,违反国家金融管理法律规定,向社会公众(包括单位和个人)吸收资金的行为,同时具备以下四个条件的(除刑法另有规定的以外),属于"非法吸收公众存款或变相吸收公众存款":一是未经有关部门依法批准或者借用合法经营形式吸收资金;二是通过媒体、推介会、传单、手机短信等途径向社会公开宣传;三是承诺在期限内以货币、实物、股权等方式还本付息或者给付回报;四是向社会公众即非特定对象吸收资金。但是,未向社会公开宣传,在亲友或者单位内部针对特定对象吸收资金的,不属于非法吸收或是变相吸收公众存款。对于实物类众筹网站来说,它们的运作模式更倾向于团购或是定制,投资者最终获得的,多为实体化的产品,而股权制度众筹融资的回报是公司股权。众帮天使网的法律顾问、广东德纳律师事务所合伙人蔡永祥则认为,这家网站的业务并未违反法律规定。蔡永祥指出,根据法律规定,股份有限公司向不特定公众发行,必须经过批准。但法律对有限责任公司的发行方式并无明确规定,"法不禁止即为自由"。蔡永祥称曾就此事咨询过深圳市工商局,后者表示不属于他们的管辖范围。在我国对于此类网络融资平台监管尚不完善的情况下,国内一些众筹网站虽然出发点是善意的,以支持实体经济发展为目的,鼓励创新与科技发展,不同于非法集资的以吸收存款为目的,但是其运作模式与非法集资有很多相似之处:未经有关部门批准,向不特定对象进行资金的募集,并承诺一定的收益率。因此,尽快在法律方面予以明确定义与规范,才能更好地促进众筹网站的发展,发挥其推动实体经济发展的作用。

6.5.2 道德风险

目前,中国人民银行已经建立了覆盖全国的个人征信系统,一些地方如辽宁省、浙江省等也建立了独立于中国人民银行征信系统的个人征信,但是二者的信息格式不尽相同,在信息采集和信息对接方面有一定难度。并且,不同地方的个人征信系统的组织机构也不相同,例如,北京市和辽宁省等地是由发展和改革委员会组织,上海市由市经济和信息委员会主持相关工作,江苏省和福建省由省经济贸易委员会负责。这也为地方间个人征信系统的统一带来了一定的难度。一些经济联系紧密的省市已经尝试一体化,其中江苏、浙江和上海早在2004年已经开始合作,安徽省于2010年加入,但是合作仅停留在基本信息共享层面。信用记录本身也可能会存在不完备性,即对于信用卡和银行贷款可以查询,但是对于社会上的借贷并不能完全查询。这样使投资者难以获得一般合伙人的信用信息,对其以往的信用状况进行核查。信用体系不健全造成的对基金管理人信用状况的获得成本较高或者无法获得,加大了对于一般合伙人道德风险的防范难度。

而企业的信用数据主要由工商、公安、法院、财税、银行等部门掌握,因此,企业的信用信息主要来源为以上部门。目前,只有工商部门的信息向社会公开,但是公开的信息大部分仅限于企业的注册数据,许多数据尚未公开,少量的数据不能满足社会对于企业征信的需求。对于非上市公司来说,社会上要想获取其企业征信资料只能通过新闻媒体等公开渠道、实地走访和政府部门及相关机构,获取信息的时间成本和经济成本较高,一定程度上限制了企业征信信息的获得。

网络平台的虚拟性使得人们对于网站的发起人知之甚少,征信系统的不完善又使得人们对于网站发起团队的信用和网络平台的安全性信息获取成本高昂或是不能得到相关信息,可能导致一些欺诈情况的发生,加大了在网络平台投资所承受的风险。例如2011年9月,某网络借贷公司的法人因在多个借贷平台恶意拖欠多笔债务而被调查;2011年10月,某个网贷公司的网页突然不能登录,导致65位贷款人高达550万元的本金无法追回,造成很大的损失,众筹平台的发展也面临着同样的问题。无论是平台还是投资者,对项目发起人不甚了解,只能依靠众筹网站的资料审核和领投人的尽职调查。因此,应建立互联网征信体系和信息共享系统,有效地防范非法集资风险。

6.6 众筹的发展建议

6.6.1 建立健全相关立法

在金融危机的背景下,小型公司面临着通过上市等方式融资困难、融资渠道狭窄的问题,为了增加就业和鼓励创新,美国在2011年1月宣布了"创业美国"的计划,旨在鼓励和帮助小型企业发展,创造就业机会和增强创新。企业振兴法案(Jumpstart Our Business Startups Act,JOBS法案)应运而生。

对JOBS法案的具体分析详见本书10.3.2众筹的国际监管及启示。

虽然中美法律体系不同,在经济发展状况、投资理念和信用体系等诸多方面也有所不同,但是JOBS法案的出台,对于我国针对众筹类网站的监管,仍具有借鉴意义,因此,我国应借鉴欧美发达国家的立法情况,根据我国经济环境及众筹发展的特点,尽快建立健全相关立法,以规范众筹融资模式的健康发展。

6.6.2 完善众筹融资方式

众筹融资深刻体现了互联网时代的金融包容性特征,是融资民主化、金融市场化在互联网时代的自然延伸,对于解决小微企业融资难、科技文化创意类项目融资难等具有独特价值,也可为社会大众的小额权益性投资提供可能。虽然众筹集资中,每个投资者的投资额度较小,诉讼的动机较小,但是由于其人数较多,一旦出现问题影响较大,因此,我国有必要借鉴国外立法规范众筹融资的做法,结合当前的《证券法》修改,或者出台关于互联网金融的相关法律,规范众筹融资的运营制度,做到既解决小微企业融资的便捷性和经济性,也保护小额投资者的合法权益,为我国众筹融资规范发展提供合法性支持。具体建议如下。

1. 对于众筹网站实行核准制的准入制度

由于对于众筹网站没有相关法律法规,对众筹网站的准入制度没有相应的标准,不能按照传统金融机构的法定市场准入程序进行注册登记。因此,无论是监管部门还是广大投资者,无法确定一些众筹网站的合法性,加之依托于互联网平台的众筹网站有一定的虚拟性,很容易沦落为不法分子的诈骗工具。投资者也不能掌握众筹网站的资质和信用度,产生非法集资的可能。对于众筹网站的发展,不能单纯地依靠网站创立者、项目发起人的诚信。因此,对于众筹网站的创立,应该实行准入制度,对于众筹网站的发起和成立有注册的要求,由证监会对网站建立者的资质、信息技术水平、风险控制能力等方面进行审核,审核通过后颁发牌照,网站方可作为中介平台进行筹融资。

2. 设定投资者资格认证制度

不同类型众筹网站的业务模式有差别,网站上产品项目的类型也有差别,面对的投资者的类型也不尽相同,投资者可能是机构也可能是个人,个人投资者的相关投资经验、水平和风险承受能力也不尽相同。股权型众筹模式的发展,所以面临的问题有很多,股权型众筹项目的企业大多数处于种子期或者创业初期,企业规模小、市场占有率较低,因此,对抗市场风险和行业风险的能力较弱,加之企业的发展很大程度上取决于领导者的能力,企业的盈利能力波动极大,投资该类企业的风险很高。因此,股权型众筹模式的发展,是这几类常见众筹模式中最应该设立投资者准入门槛的。

但是,我国的现实状况决定了准确核实个人收入水平需要一定的信息成本,依靠个人收入等因素判断投资者是否合规并为他们设定一般性准入门槛的做法实践起来有一定难度。因此,有必要根据不同的筹资模式,由众筹平台主导,对投资者设置一定的准入门槛。可以从投资者银行卡流水投资记录方面进行审核,或者是从项目的投资规模方面限制,设定某一项目中单个投资者的投资上限,也可以在该众筹网站中,设定投资者投资总额的上限,引导投资者合理控制风险。

3. 规范众筹网站平台业务

规范众筹网站平台业务主要包括:一是投资者教育,众筹网站应该在其主页显要位置对投资者进行风险提示,提醒投资者在投资过程中可能产生的风险和应承担的责任,明确告知各方应承担的权利和义务以及发生争议时的处理办法。定期对投资者讲座或是利用其他方式宣传众筹模式,让投资者对于众筹模式有更多的了解;二是对网站的业务流程进行规范,包括项目的审核流程、募集期内资金是否支付给众筹网站的平台、筹资期限是否固定等;三是对一些业务进行限制,例如,众筹平台不能为投资者提供相关建议或推荐,不能够参与项目发起人和投资者之间的交易,等等;四是众筹平台应有保护投资者隐私的义务,众筹平台作为数据的掌握者和使用者,应该对投资者的信息进行保护,防止由于投资者的隐私泄露带来不必要的麻烦。

众筹平台应与第三方机构进行合作,由第三方负责资金托管,代理众筹平台在投资者账户、众筹平台账户和项目发起人账户之间进行资金划转,保证资金的安全性,防止资金在募集期间被挪作他用。

众筹平台作为创业者或是小微企业和投资人之间的中介机构,不应作为项目的发起人。本文中选取的"大家投"网,在其所在的网站上为自身进行了两轮融资,虽然客观上网站发展需要资金,但是既作为项目发起人、又作为融资的中介,存在不妥之处,一是与网站上的其他项目竞争,可能挤占原本想投资其他项目的资源;二是很大程度上弱化了众筹平台对项目的审核和监督作用,存在一定的道德风险。因此,不提倡众筹网站在其平台上为自身进行融资。

4. 完善项目信息披露制度

众筹平台上项目能否如期完成,与项目发起人的能力有很大关系,发起人披露多方面信息十分必要,包括发起人自身履历和项目的具体情况。因此,有必要对发起人信息披露进行规范。如果是个人作为项目发起人,要披露姓名、财务状况和经营现状、融资目的和预期用途、目标融资金额和最后期限等信息。如果是公司,则需要披露的信息较多,包括对公司所属行业、主营业务、财务状况和募集的资金使用计划等。由于涉及知识产权,一些项目的核心内容,可能只有在投资人经过信息审核后才能查看。项目信息披露过程中,应尽可能保护发起人的知识产权以鼓励创新。项目筹集资金完成后,发起人应定期披露项目的完成情况。对于发起人起到监督作用,促进项目更好地完成。

众筹平台也可建立针对项目发起人的类似信用评级一类的评价标准,对于其以往的项目发起记录、筹资金额、项目完成情况等进行记录,为投资人提供相关信息。也可以对投资人认投项目后是否真正投资进行记录,规范投资人行为。项目发起人和投资人在网站上的行为记录,有助于降低双方信息不对称带来的道德风险。

5. 建立众筹行业协会

众筹融资属于互联网金融的一种,资本市场互联网创新活动对应的监管部门是证监会创新业务监管部,因而众筹融资的监管也由证监会创新业务监管部主持。2016年2月,证监会在北京、深圳等地进行了股权众筹的调研,本文所选取的大家投网以及天使汇等股权众筹平台,都曾接待过来自证监会的调研团队。众筹行业也期待中国版的"JOBS法案"的出台。相对于立法完善众筹行业发展,经历调研、草案的提出、试点到法案的出台需要复杂流程,成立行业协会似乎是一种更为简便和有效的措施。新的投资模式发展到一定程度之后,才会有相关法律法规对其进行规范,在此之前,行业协会能够协助监管部门对众筹网站进行管理,对众筹网站行业内部、众筹网站和监管部门进行协调,共同促进这一行业的发展。

参考文献

[1] 杰夫·豪.众包:群体力量驱动商业未来[M].北京:中信出版社,2011.
[2] 文卡特·托马斯瓦米,弗朗西斯·高哈特.众包2:群体创造的力量[M].北京:中信出版社,2011.
[3] 常静,杨建梅.百度百科用户参与行为与参与动机关系的实证研究[J].科学研究,2009(8):1213-1219.
[4] 常静,杨建梅,欧瑞秋.大众生产者的参与动机研究评述[J].科学管理研究,2009(5):423-425.
[5] 许博,胥正川,邵兵家.影响网络社区用户参与的社会因素及其实证研究[J].现代管理科学,2010(3):8-10.
[6] 许博.基于Web2.0的开放式知识系统公众参与问题研究[J].现代管理科学,2010(9):41-43.

[7] 张媛.大众参与众包的行为影响因素——基于威客模式的实证研究[D].大连：东北财经大学,2011.

[8] 赵茂磊.非交易类虚拟社区的成员参与动机研究[D].杭州：浙江大学,2005.

[9] 王彦杰.众包社区用户持续参与行为实证研究[D].大连：大连理工大学,2010.

[10] 孔令柱.基于社会网络理论的大众生产网络运行机制研究[D].大连：东北财经大学,2011.

[11] 朱雅杰.众包商业模式要素模型及运行机制研究[D].济南：山东大学,2011.

[12] 常静.百度百科及开放源社区参与者的动机与行为关系的实证研究[D].广州：华南理工大学,2009.

[13] 杨波.大规模定制产品开发中的领先用户识别与参与行为研究[D].重庆：重庆大学,2011.

[14] 梅德强,龙勇.高新技术企业创业能力、创新类型与融资方式关系研究[J].技术创新管理,2012(1)：67-74.

[15] Gwen Moran.众筹的力量[J].创业邦,2011(2)：79.

[16] 徐珊."众筹"救梦[J].二十一世纪商业评论,2012(8)：76-77.

[17] 赵晓飞,魏浩.基于网络效应的SNS网站用户参与动机和参与强度实证研究[C].第六届(2011)中国管理学年会——市场营销分会场论文集,2011.

[18] 苗淑娟,刘玉国.创业者特征、融资方式对新创企业绩效影响的研究框架[J].学术新知,2007,1：12-18.

[19] 孙建军,成颖,柯青.TAM模型研究进展——模型演化[J].情报科学,2007(8)：1121-1127.

第7章 供应链金融概述

7.1 供应链管理与供应链金融的含义

管理学的理论发展到20世纪80年代以后,供应链管理逐渐成为研究热门领域。早期供应链研究着重于关注供应链中的物流、信息流问题,对于资金流的关注较少。一般将供应链管理定义为,围绕核心企业,通过信息流、物流、资金流将供应商、制造商、分销商、零售商直到最后一公里路到客户手中,形成一个整体的功能网络,每一个供应链成员就是一个节点。

在贸易的实践中,由前人创造的具有现代供应链金融产品特质的服务方案却早于供应链管理的出现。例如在大航海时代的西方国家,保理业务已经在海上贸易中很常见。而现代意义上的供应链金融是随着全球化背景下的供应链管理的概念而产生的。过往的供应链管理着重关注物流、信息流这两个层面,忽视了资金流层面的需求。特别是随着全球化背景下的国际贸易,跨国的商业活动在20世纪80年代的大繁荣景象出现,不得不重新将人们的目光转移到对资金流的关注上来。目前供应链金融尚缺乏公认的一致性概念,一般认为供应链金融是在以核心企业为主导的企业生态圈中,对资金的可得性和成本进行系统优化的过程。

7.2 供应链金融的界定与特征

供应链金融是服务方案提供商提供的综合金融方案,包含融资方案以及理财、结算等方案。供应链融资作为供应链金融主要服务方案的组成部分,在本书中将供应链融资视为供应链金融,主要讨论供应链融资方案的营销策略,下文不再赘述。

从供应链层面看来,供应链融资是基于全球化分工的贸易背景,以及供应链管理思想在商业活动中的应用而产生的,融资对象不再是单个企业,而是整条产业链集群。以家具行业为例,包括从原材料生产商、家具设计制造商、销售商到最终用户。供应链金融服务提供商考虑的不再是这条产业链上任何一家单一的企业,而是要对整条产业链的市场环境、市场容量、市场结构进行全盘考虑。

以产业链中的核心优质企业为节点,从销售企业扩展至上游生产企业,再扩展到原材料供应商,从原材料供应商扩展至下游设计生产企业,再扩展到销售分销企业。

从另一个角度看来,商业银行传统信贷产品与供应链金融的差异性主要在于三点。首先,对产业链上各成员企业的信贷评级不再依赖过去对单个授信企业财务状况评估及抵押品评级,而在于对产业链企业之间的关联程度进行准入评级。主要是以产业链中的核心大型企业的财务状况和所处行业地位为判断依据。只要成员企业在供应链中开展的业务能够证明与核心企业密切相关,且有长期的业务往来关系。供应链金融服务提供商就会对其进行授信融资。其次,供应链金融融到的资金要严格限定用途,即只能用于产业链之间的业务往来,特别是与核心企业之间的贸易。禁止融资款项用于其他用途。最后,供应链金融关注的是融资企业还款的自偿性模式,即引导销售收入直接用于偿还贷款。服务提供商通过设置特定账户并对特定账户进行封闭式管理以保证还款来源的安全性,降低违约风险。

7.3 供应链金融主要模式

供应链金融是一种综合性的服务解决方案,应包含融资、中间业务、理财服务等产品,在本文中特指供应链融资业务。

本节主要介绍以下几种模式。

7.3.1 应收账款融资

应收账款属于企业资产,只要在贸易真实性背景下,交易对手财务状况良好,应收账款就是较为容易变现的资产。因此供应链金融中的应收账款融资重点在于对贷款申请企业的应收账款现金流回收可能性分析,而不是像过往信贷业务中的分析贷款申请企业的运营能力、财务情况。简而言之,应收账款融资就是贷款申请企业以自己的优质应收账款的价值作为融资的变相担保,从融资方案提供商那里取得现金流用于支持自身的经营活动。还款来源即是优质应收账款回收产生的现金流。

7.3.2 存货融资

存货融资模式与应收账款融资模式类似,都是以贷款申请企业自身优质的流动资产为变相担保,以此向融资服务方案提供商申请融资。该项模式的还款来源在于存货变现的现金流。故此模式对物流监管的要求较高。此类模式的设计理念在于贷款人的风险等于贷款的风险,只要其流动性资产符合相关要求,就可获得服务方案提供商的贷款资金。

7.3.3 预付款融资

预付款是企业的资产,但是在产业链中处于较为弱势地位的企业往往面临预付款被强势核心企业占用的财务压力。一般出现在货品市场销路较好、产品供不应求的市场当中,例如,作为分销商会被供应商要求缴纳一定的预付款才能取得货品。而分销商往往会因为此项财务压力而出现资金缺口。

预付款融资正是随着这一情况而产生的,是指贷款申请企业为了购买货物或者原材料需要资金周转而向融资服务方案提供商申请融资,可以理解为"将来存货的融资"。其隐含的担保基础即为融资申请企业对于货物的提货权。

7.4 供应链融资主要风险

金融机构本身就是在风险中经营,利用风险管理等措施使企业在风险最小的情况下获得尽可能多的利润,使股东价值最大化。供应链金融的风险管理流程也不例外。风险识别是风险管理的第一步,对于判断金融机构业务处于什么样的风险状况之下,无论是美国 GARP 协会还是巴塞尔协议都有相应的判断准则。风险管理的第二步是风险度量,通过定量和定性的度量方式,对于面临的风险有充分的认识,为主动风险管理做准备。在识别、度量风险以后就是对风险进行控制即采取什么样的方式把面临的风险控制在可控范围内。金融机构可以采用包含风险回避、风险转移、风险承担、风险自留在内的多种方式对风险进行控制。供应链融资业务作为授信业务的一种也不例外,面对的主要风险有以下几种。

7.4.1 信用风险

信用风险是指交易对手的违约风险即贷款无法偿还的可能性。从传统金融机构融资方式的角度看来,中小企业往往具有如下特点:一是金融机构对于中小企业的财务状况很难真正了解清楚,这是由信息不对称问题导致的。这样带来的问题就是对中小企业资信审查审核成本较高。二是中小企业的抗风险能力相比大企业来说普遍较弱,违约风险较高。三是中小企业对资金需求的特点是单次需求金额较低、周期性较为明显、频次较多、需求提前预测较难。

而供应链金融本身正是一种特殊的风险控制手段,通过对供应链之间现金流的分析代替对中小企业的资信审查。通过自偿性贸易引导将销售收入直接作为还款来源,在一定程度上降低了中小企业的违约风险。但是虽然通过上述方式为中小企业提供了融资解决方案,在过程中金融机构仍然面临来自中小企业的信用风险。

一是由道德风险引发的贸易不真实性,如中小企业在授信业务过程中与核心企业混杂虚假贸易往来资料,或者在货品中"以次充好"。而金融机构基于对供应链价值的判断对中小企业授信,那么金融机构暴露的风险敞口是极大的。二是作为还款来源的应收账款、存货等遭受意外风险或者市场环境出现变化导致还款来源的消失。三是贷款申请企业私自将固定用途的供应链融资转移,挪作他用,特别是从事投机性项目,那么金融机构面临的信用风险也是极大的。

7.4.2 操作风险

供应链金融目前在商业银行部分采用的是封闭式账户管理、物流企业监管、信息共享平台等大量涉及系统开发、人工操作的环节。网络环境的安全问题日益凸显给这些系统使用企业带来了操作风险的问题。

在供应链金融快速发展的情况下,部分金融服务方案提供商由于业务快速扩张、人才培训不足等现实问题存在导致操作失误带来的操作性风险。

在互联网金融方面,由于其更为依赖互联网技术及系统数据分析,面临的操作风险也不容小觑,需要加强警惕,提高风险防控意识,减少不必要的风险损失。

7.4.3 系统性风险

系统性风险指的是全局性的,通过风险分散、转移等方式也无法避免的风险。在系统性风险发生的时候,会产生像多米诺骨牌效应一般的连锁反应。在面临系统性风险时,供应链金融业务面临的是全局性风险,供应链之间的现金流短缺问题不只是在单家企业而是在整条供应链当中的企业发生,甚至会扩展到多条供应链以及金融机构。

系统性风险与经济周期相关,在经历了繁荣之后不可避免地会出现衰退、萧条等经济现象,历史上多次的经济周期已经证明了这一规律。只是这一规律的具体发生时间还有待人们继续探究。

7.5 传统供应链金融及互联网背景下的新趋势

7.5.1 传统供应链金融

商业银行是传统供应链金融的主要服务方案提供商,在一定程度上可以将传统供应链金融与商业银行供应链金融画上等号。传统供应链金融主要由两种模式构成。一是以商业银行为主导,以产业链中的核心企业为主要切入点,辐射核心企业上下游的供应链金融模式。二是以核心企业为主导,引入商业银行对自身的上下游厂商进行整体服务方案提供的模式。传统供应链金融在于对产业链成员企业之间的贸易真实性分析、调查,对上下游企业之间的业务往来关系进行梳理。供应链金融不同于以往的信贷模式,不需要强调对中小企业的真实财务信息的审核,不需要过分纠结中小企业过往信用记录,不需要企业提供相关的抵押物品,只着重分析供应链企业成员之间的上下游关系,关心中小企业集群与核心大企业的贸易往来真实性,关心产业链中核心企业的财务状况与资质。这两种模式都是通过封闭式账户管理等风控手段代替以往信贷业务中的信用保证、抵押、质押等风险控制措施。通过对产业链中各家企业的贸易真实性、现金流向的把控打破传统信贷业务对企业财务报表的依赖。

以外资商业银行为例,花旗银行特色贸易融资服务方案应收账款融资,其目标客户为应收账款在流动资产中占比较大的中小企业,特别是收账期较长(两个月以上)、需要优化应收账款管理的中小企业。花旗银行通过对产业链的分析,针对"1+N"模式中的"N"即大量的中小企业被上游强势买家企业占用资金较为普遍的情况开发。但花旗银行要求产业链中的上游买家必须为国际贸易中知名的大企业,要求该核心企业资质信用良好,中小企业与其之间有长期业务往来关系,从这里可以看出,花旗银行对于供应链金融的风险管理方案仍然着重于对核心企业财务状况分析及核心企业资质审核。

而国内商业银行自原深发展银行率先推出供应链金融业务、开发出贷款业务的"蓝海"后,纷纷推出自有的供应链金融方案。

2007年,上海浦东发展银行推出包含信用服务支持、采购支付支持、账款回收支持、存货周转支持的整体服务方案。先期推出6大业务方案。随着市场经济环境的变化,该行提供的融资解决方案也在不断更新变化。

2007年,民生银行进行了事业部制改革,将贸易融资集中于应收账款类、物流融资类和服务增值类三大主要服务方案。主要开发长三角经济圈、珠三角经济圈、环渤海经济圈的机电、石油化工、交通运输、冶金矿产等行业。以中型企业为目标客户群体,旨在培养自身的核心客户群。2015年1月,《欧洲货币》授予其"中国最佳贸易金融银行奖"。

7.5.2 互联网背景下供应链金融新趋势

互联网正以飞速发展的姿态改变着传统行业,供应链金融业务也不例外,这是一股不可逆的时代洪流。互联网的发展给供应链金融带来了交易成本下降、产业链分析成本下降、客户获取的便捷性等变化趋势(见表 7-1)。

表 7-1 线上与线下服务方案对比表

比较项目	商业银行线下	互联网线上
营销策略	通过线下中小企业集群突破	系统数据
监管标准	较为严格	亟待完善
资金来源	公众存款、股东投入	自有资金、P2P 模式结合
融资频率	较低	较高
融资额度	单次较高	单次较低
风控措施	贸易真实性、核心企业资质审核	基于大数据分析
工作效率	人工审核,较低	系统程序自动审核,较高
方案种类	开发历史较长,种类丰富	不断完善之中
授信流程	内部层层审批	系统基于数据审核
预警系统	信息不对称,较难	系统程序自动预警
融资费用	客户隐性成本较高	定价透明

互联网代表着无限的创意创新,代表着微小聚集的力量,代表着自由与变革。而当这一新生的事物与已经诞生了数百年之久的传统金融相结合,对金融体制的颠覆是空前的。从营销方式到风控措施,从人才需求到市场监管标准,从服务手段到客户体验,这一切的一切在互联网的作用下都将逐渐形成一套新金融体系。而以平安银行为代表的商业银行在传统供应链金融的基础上创新了风控、账户管理措施,进一步提升了融资发放效率,提升资金周转速度,解决中小微型企业的现金流难题。

平安银行作为国内供应链融资业务先行者原深圳发展银行的继承者,在原有业务基础上积极打造供应链金融国内商业银行第一的品牌形象,不仅在服务种类上的创新,而且在适应市场环境的变革当中也推出了相应的适应方案。其打造的"橙 E 网"是目前国内商业银行当中最具互联网思维的供应链金融平台(见表 7-2)。

表 7-2 "橙 E 网"服务项目统计表

物流企业	交易市场	出口代理	第三方交易平台
存货融资	电子仓单质押贷	货代运费贷款	赊销池融资
	会员预付贷		商超供应贷
	会员存货贷		采购自由贷
	会员应收贷款		税金贷

1. 风险管理措施的变化

在过往的供应链金融风险管理措施中,以商业银行为例,均是按照巴塞尔协议Ⅲ的全面风险管理原则进行全面风险管理建设。在供应链金融业务方面的风控措施主要是基于对供应链企业之间现金流的控制,对特定账户实行封闭式账户管理,利用直接对现金流账户的控制实现贷款的回收。贷款企业的财务报表审核在贷款审核中所占比重较低,主要是通过对产业链中核心优质企业品牌、财务管理、规模等方面进行分析,只要是核心企业的上下游厂商,且与核心企业有符合一定期限要求的业务往来关系,那么就属于商业银行供应链金融的目标客户群体。

(1) 核查产业链中上下游企业之间的贸易真实性,无论是何种供应链融资模式,万变不离其宗的是对贸易真实性的掌控,离开了真实的贸易背景,商业银行面临的信用风险将是极大的。

(2) 商业银行对产业链之间企业现金流的控制,主要是对作为企业还款来源的现金流的控制,例如应收账款融资模式中,商业银行对贷款企业的应收账款来源现金流会进行控制,利用封闭式专有账户进行管理,规避违约风险。

(3) 商业银行传统供应链金融认为对产业链中的核心企业分析与资质审查是十分重要的。中小微企业普遍有财务管理混乱、贸易不真实、缺少抵押物等问题存在,加之信息不对称、审核成本等问题,商业银行对中小微企业的违约敞口不能充分暴露。通过对其对手优质核心企业的分析、审查,能够在一定程度上了解中小微型企业的现金流来源。因为一般来说核心企业经营状况较为稳定,产品变现较易。通过掌握核心企业的情况,商业银行能够掌控中小微企业是否能够收回应收账款或者是否能将存货销售变现取得现金流,以便归还商业银行贷款。

而互联网背景下的供应链金融在上述风控措施的基础上,出现了新的发展趋势。基于互联网,供应链金融服务收集、储存海量的客户数据成为可能。通过设置系统程序对其拥有的海量客户信息、交易行为数据进行自动分析和审核。通过互联网信息技术能够快速地筛选目标客户和极大地提升对客户的审核效率,与传统风控措施相比更为智能化,能够降低人为审核的失误率,降低审核成本。

2. 与物流企业合作模式的变化

在过往互联网技术处于萌芽阶段的前提下,商业银行本身只是一个金融服务提供商,与物流企业的关系仅限于合作伙伴,在传统供应链金融服务的提供过程中,需要通过物流企业对货物、存货、原材料等进行运输、仓储监管。由于商业银行与物流企业大部分为合作关系,结合程度较低,不可避免地在上述环节会存在信息不对称的情况,不利于商业银行的资产回收。

结合互联网技术的创新应用,商业银行中涌现出不断创新、改善业务模式的先行者。以中信银行的主推服务方案"物流通"为例,在服务方案的设计中,与银行合作的第三方公司会对接物流企业的 ERP 系统,每一笔订单自动生成独有的识别号码。当客户在使用线上支付工具如网上银行,或者线下 POS 机终端消费时,物流账单支付系统将会把录入的信息实时传递给物流企业的 ERP 系统。不管货物的流向如何,通过这种方式,就能够对物流企业的货物进行实时追踪,确保产品责任的追查源头,从而解决在产品流通过程中、在运输的路途中出现的信息不对称问题以及由此引发的道德风险。

互联网与物流企业具有天生的共生关系,互联网的发展能够促进物流企业的繁荣,在互联网技术与物流的结合下产生的物联网正是这一共生关系的具体表现。结合互联网技术的供应链金融充分利用这一优势,在仓储监管、信息共享、物流跟踪、资金流向等方面充分掌握信息流向,与物流企业紧密结合,将各项数据紧握在手。

3. 供应链金融服务方案提供商的多样化

基于互联网发展的背景,供应链金融行业交易成本、运营成本逐渐降低,使得供应链金融不再是商业银行的专利。国内电商巨头利用自身在互联网方面的优势纷纷掘金供应链金融业务,小额贷款公司也通过加入供应链金融战局以应对日趋白热化的市场竞争。这些都改变了原来供应链金融主要由商业银行主导的市场格局,在互联网的发展背景下供应链金融服务方案提供商呈现多样化趋势。

2012年11月,北京京东集团与中国银行北京银行签订了战略合作协议,由作为第三方金融服务机构的中国银行为京东合作中小供应商提供供应链金融服务方案,该项目是京东引入第三方资金结合身平台优势的试点项目。

在以往供应商向京东提供货品后,为了缓解自身的资金压力加之平台自身的优势,京东会延缓应付账款。供应商被京东占压的资金账期平均为40天。在应付账款账期内,供应商可能会面临资金周转问题,对供应商的良性循环带来较大压力。而京东引入银行后,会由银行对供应商向京东的应收账款提供融资贷款。供应商往往在3~5天就能收回应收账款,大大提升了应收账款周转率,缓解了资金压力。

在这一过程中,京东作为供应链当中的核心企业,相当于为其供应商提供一种变相"信用担保"。银行因为看中京东的品牌、规模以及财务管理水平,预计京东拥有良好的现金流,其供应商的应收账款坏账损失率较低,所以提供融资给其供应商。银行通过封闭式账户管理直接从京东回收提供给供应商的融资贷款。到此为止,这一应收账款供应链模式还仅仅止于传统商业银行的固有模式,无论是风控手段还是融资模式,都与传统供应链金融模式类似。

2013年12月"京保贝"产品正式上线,标志着京东的供应链融资平台升级。不再局限于由银行向供应商提供资金,而是京东运用其自有资金,利用大数据分析供应商的违约风险向供应商提供融资服务。"京保贝"产品通过对商户线上线下经营全流程数据,如采购、销售、财务的数据进行系统自动采集和分析挖掘。通过自动化的方式相应的对供应商融资需求的审批和风险控制即可自动完成。京东2014年财报显示,截至2014年第四季度,京东拥有活跃用户数9 660万人。京东可以对其拥有的海量数据进行深度挖掘。"京保贝"基于系统海量数据实现的自动审批功能大大提升了风险管理、审查审批的效率,并在一定程度上降低了操作风险。

4. 供应链金融营销策略的变化

商业银行传统供应链金融的营销模式,一种是通过梳理产业链,寻找产业链中的核心大型企业,向核心企业的上下游供应商与分销商进行营销;另一种是通过对产业链中小企业的逐个营销,形成集群后再向核心企业进行营销的模式。在营销品牌宣传策略上注重线下营销,在品牌形象打造上没有充分利用新兴传播方式和传播媒介,而是侧重于对产业链的实体分析,目标客户一般为融资需求频率较低但单次资金需求量较大的客户。即便利用了互联网技术也仅限于将过往业务互联网化和线下业务电子商务化。客户来源大部分为既有客户,对储存的客户数据利用效率较低,实际上没有真正应用互联网思维。

在互联网技术不断创新,互联网思维不断撞击传统行业的前提条件下,供应链融资营销模式出现新的趋势:营销对象主要向需求频率高、单次资金需求量小的客户群体转变。因为互联网技术的应用使得客户分析成本下降,加之对海量客户数据的掌握,系统能够自动筛选符合条件的目标客户,通过相应平台能够精准地向目标客户推送服务方案。结合互联网思维的应用,在服务方案的宣传推送上充分利用事件营销、互联网媒介、视频感官营销等方式。

5. 监管方式变化趋势

商业银行当前监管方式主要是按照巴塞尔协议的标准进行的,对商业银行的资本充足率、市场准入、高管任职资格、业务流程、风险管理等方面都有严格的监管准则。商业银行基于以上监管要求,在体制灵活性、适应市场环境变化速度上与互联网企业确实存在一定差距,而基于互联网的金融监管要求迄今为止没有形成一套完整体系。在中国经济结构转型的背景下,加之2015年两会期间政府工作报告中提出的发展"互联网+"概念,可以想见"互联网+金融"是国家未来经济发展的重要引擎产业。对互联网金融的监管要求一定会符合互联网产业特点,提倡监管高效率、监管有效性、监管简约化,相对传统商业银行的监管方式应有所不同。

7.6 平安银行案例分析

7.6.1 平安银行现状分析

现如今的平安银行来源于2012年6月的一次并购案,原深发展银行通过吸收合并原平安银行的方式形成今天的平安。

作为国内金融巨头平安集团旗下最为重要的战略业务单位之一,平安银行为集团业务发展做出了卓越贡献。2014年平安集团年报显示,平安银行对平安集团的利润贡献高达40%。平安银行也是目前国内发展新型供应链金融业务较为活跃的商业银行之一。其前身原深圳发展银行作为我国最早实践供应链金融业务的商业银行,早在2003年就开展了自偿性贸易融资业务、"1+N"供应链融资业务。2006年,率先打造供应链金融业务品牌,可谓中国国内供应链金融业务的先行者,而作为后继者的平安银行除了在前人基础上继续发展传统供应链金融业务,在互联网高速发展的时代背景下,平安银行结合自身的经验优势以及互联网平台,正在着力打造全新的供应链金融利润增长点。

2010—2014年平安银行资产负债表如表7-3所示。

表7-3 2010—2014年平安银行资产负债表　　　　　　　　单位:万元

年份 科目	2014	2013	2012	2011	2010
现金及存放中央银行款项	30 629 800	22 992 400	21 934 700	16 063 523.6	7 658 685.8
存放同业款项	6 696 900	7 191 400	9 429 500	3 988 434.2	852 372.9
交易性金融资产	2 581 100	1 042 100	423 800	260 790.2	
发放贷款及垫款	100 363 700	83 212 700	70 826 200	61 007 533.6	40 096 607.5
应收利息	1 193 700	1 004 300	875 700	727 418.9	212 148.7

续表

年份\科目	2014	2013	2012	2011	2010
长期股权投资	48 600	48 500	52 200	53 929.4	40 439
可供出售金融资产	149 300	57 800	8 989 600	7 838 352.6	3 153 418.3
投资性房地产	11 000	11 600	19 600	26 279.1	21 457.1
固定资产	381 200	369 400	353 600	352 426.5	239 229.3
无形资产	529 300	546 300	587 800	598 973.1	19 158
资产总计	218 645 900	189 174 100	160 653 700	125 817 694	72 720 707.6
向中央银行借款	275 400	226 400	1 616 800	113 087.6	223 767.5
同业及其他金融机构存放	38 545 100	45 078 900	35 422 300	15 540 977.7	8 237 006
交易性金融负债	425 900	369 200	172 200		
吸收存款	153 318 300	121 700 200	102 110 800	85 084 514.7	56 291 234.2
应付职工薪酬	796 100	601 300	486 300	360 034.5	187 860.3
应交税费	579 400	420 500	229 900	253 581.4	112 512.1
应付利息	2 522 900	1 660 500	1 152 600	991 366.1	392 007.3
负债合计	205 551 000	177 966 000	152 173 800	118 279 636	69 400 954.1
股本	1 142 500	952 100	512 300	512 335	348 501.4
盈余公积	633 400	435 400	283 100	283 045.9	191 233.9
未分配利润	4 365 600	2 996 300	2 307 700	1 586 437.9	848 098.9
少数股东权益				206 974.7	
股东权益合计	13 094 900	11 208 100	8 479 900	7 538 058.4	3 319 753.5

根据平安银行年报数据,在 2010 年至 2014 年期间,平安银行的资产规模已从 72 720 707.6 万元增长为 218 645 900 万元,增幅高达 200.67%。毋庸置疑,供应链金融对其资产规模增长的贡献是极大的(表 7-4)。

表 7-4　2012 年平安银行贸易融资分布表

项目	2012年12月31日贸易融资额(百万元)	占比(%)	2011年12月31日贸易融资额(百万元)	占比(%)	本年末比上年末增减(%)
贸易融资总余额	287 282	100.00	233 356	100.00	23.11
地区:东区	68 543	23.90	56 438	24.20	21.45
南区	111 240	38.70	89 561	38.40	24.21
西区	29 197	10.20	20 914	9.00	39.61
北区	78 302	27.20	66 443	28.40	17.85
国内/国际:国内	247 141	86.00	202 463	86.80	22.07
国际(含离岸)	40 141	14.00	30 893	13.20	29.94
出口	6 145	2.20	2 013	0.80	205.27
进口	33 996	11.80	28 880	12.40	17.71

以 2012 年至 2014 年为例,平安银行把发展供应链金融作为重要的战略业务,贸易融资授信余额从 2012 年年底的 287 282 000 000 元增长到 2014 年年底的 443 215 000 000 元,这

与平安银行的业务发展战略以及金融创新是分不开的。从2012年起,平安银行就极力打造供应链金融业务与互联网平台的融合,把对产业链的分析和互联网平台的打造都作为供应链金融业务里面的重点工作进行开展。

在供应链金融业务的营销方面,根据国家产业结构调整走向以及市场环境的变化,针对行业发展的周期性做出不同的营销策略。对于产能过剩的行业,采取降低该行业融资比例的措施以进一步优化贸易融资行业的结构比例,紧跟国家发展战略,例如钢铁、汽车等行业。对于新兴行业,采取谨慎分析、严密调研的方式,根据行业发展走势以及行业发展所处阶段进行融资服务方案的设计。把对过剩行业的融资转移到新兴行业,一方面促进了新兴行业的发展;另一方面通过市场的作用将资金从过剩产能行业抽离,有利于我国产业结构升级的发展目标。平安银行虽然仅是一家商业银行,但在某种程度上起到了金融的"活水"作用,在自己业务发展的同时也帮助部分企业顺利转型,实现从微笑曲线的低端向两端延伸。

7.6.2 供应链金融现有主要营销策略

供应链金融在商业银行的业务中,地位日益提升。对于商业银行的发展有至关重要的作用,除了梳理国内产业链发展国内供应链融资业务以外,平安银行还特别关注国际贸易、国际分工背景下的国际业务、离岸业务。作为国内4家获得离岸网银业务资格的商业银行之一,平安银行的营销策略旨在让国际贸易中的融资活动变得更为便捷、高效,能在一定程度上促进企业集群的国际业务发展。

1. 优化融资行业结构

随着中国经济转型进入2.0阶段,改革进入深水区,我国以低端制造业为主的产业机构已不符合当前社会经济发展要求。人口红利的消失、人工成本的增加让过去以代工为主的制造业模式难以为继,行业的兴替也随之出现,传统依靠高能耗粗放式投入拉动增长的行业纷纷出现产能过剩,例如钢铁行业。金融机构在这些行业的资金违约风险也随之出现,由于产能过剩,产品市场销量萎缩,产品价格下降,现金流动性出现问题,进而传导成全行业的风险问题。

平安银行意识到这一市场大环境的变化问题,前瞻性地调整自己的供应链金融业务布局,开发新兴行业,在发展潜力巨大的行业进行深度挖掘与营销工作。降低产能过剩行业的融资比例,优化行业间的融资结构。对过往行业布局进行梳理,在融资过度集中的行业下调比例。另外要紧跟市场脉搏,抓住市场机遇及经济结构改革契机,切入新兴行业。特别是结合中国经济产业机构调整,中国企业"走出去"的浪潮发展国际贸易融资业务,并通过会员俱乐部制的具体操作方式营销供应链金融业务。

2. 传统业务与互联网的融合

原深圳发展银行即平安银行的前身可谓国内商业银行中开展供应链金融的先驱,在供应链金融业务的实践中积累了经验优势以及客户资源优势,在众多商业银行均已开展供应链金融业务的市场竞争环境中,在互联网金融的分羹趋势下,平安银行要想保持自身的竞争优势,将自身的线上线下资源进行整合可能是唯一能选择的道路。

平安银行布局线上业务的时间较早,早在2012年平安银行就已经开始转型线上业务,为产业链核心企业、上下游企业、物流仓储企业打造互联网信息共享平台。根据平安银行2014年财报资料,到2014年年末,平安银行互联网供应链金融平台"橙E网"注册客户近22万户。在2014年,平安银行成功推出名为"橙E网"的互联网金融品牌。为适应实体经济结构调整和金融企业互联网化转型的趋势,将产品研发、平台建设与新业务拓展融为一体,将互联网的创新思维与商业银行的风控经验优势结合,"橙E网"这一平安银行的互联网金融子品牌,在2014年的各项活动评选当中获得8项大奖(表7-5)。

表7-5 2014年平安银行获得奖项统计表

奖项名称	颁发机构
2014年度中国互联网金融创新奖	中国电子产业联盟
年度中国互联网金融十大影响力品牌	中国互联网协会
2014年电子商务集成创新奖	中国电子商务创新推进联盟
年度最受欢迎网络金融品牌	第五届《每日经济新闻》金鼎奖
2014年金砖奖"互联网金融大奖"	《南方都市报》
2014中国十大金融创新案例	深圳金博会创新金融论坛
最佳互联网金融产品奖	2014年《金融界》领航中国金融行业年度评选
最佳数码体验奖	《21世纪商业评论》睿思金融设计尚典

3. 品牌整体营销策略

供应链金融业务以对某条产业链成员企业的整体授信为主要服务项目,但是把供应链金融作为一个整体服务方案来看,还包括理财、投资、存款等综合金融服务。平安银行不仅是推广供应链金融业务,而是将其所有的服务方案作为一个整体进行品牌推广、营销。

供应链金融作为平安银行旗下的一个子品牌,是和平安银行整体品牌营销密切相关的。平安银行采取的是为客户提供多种综合服务方案,体现其品牌的核心内涵即创新、活力、价值等关键因素。平安银行的品牌形象试图向客户传递这样一种信息,通过平安银行的服务方案,能够给客户创造价值,而平安银行也在不断创新,不断在变化的市场环境中寻求价值突破,以期能够切合市场脉搏与客户共同成长。

为了实现上述的营销目标,平安银行付出诸多心血,除传统商业银行均开展的存贷款业务、理财产品、收单业务、代理基金保险、黄金业务以外,平安银行着力打造投行业务、网络金融业务、绿色信贷业务。在投行业务这一板块,打造平安万德债券销售旗舰店,在国内商业银行里面创新使用信用债券线上簿记、销售公开平台等功能,剑指全牌照托管银行。绿色信贷业务方面,作为国内第四家与联合国环境规划署金融行动机构(UNEPFI)签署协议的商业银行,平安银行在行内的风险指引中指出加大对低碳经济、循环经济、节能减排等节能环保产业的支持力度,充分发挥信贷资源对国家产业结构调整的促进作用。既彰显了平安银行的社会正面品牌形象,体现了平安银行对于社会和环境保护的责任,又树立了平安银行专业金融服务机构的形象,最后一点就是通过互联网等新兴媒体传播平安的活力创新形象。

通过对营销资源的整合,平安的供应链金融业务营销能够取得较好的成绩。

7.6.3 营销效果评析

1. 营销策略的正面效应

（1）供应链融资业务总体风险可控。平安银行通过应用大数据、信用记录分析这样的一些新型风控手段加之作为商业银行的全面风险管理体系，在供应链金融业务发展的同时，将风险控制在合理的水平之内，充分发挥风险管理在创造效益方面的作用，为全行业起到示范带头作用（表7-6）。

表7-6　2010—2014年平安银行不良贷款率统计表

年　份	不良贷款率(%)	贸易融资余额(亿元)
2010	0.29	1 755
2011	0.26	2 246
2012	0.34	2 872.82
2013	0.28	3 705.56
2014	0.32	4 432

从表7-6可以看出，从2010年到2014年，不良贷款率增长幅度只在2012年超过贸易融资余额增长幅度，在2010年、2011年、2013年不良贷款率为下降趋势。这从一个侧面印证了平安银行在贸易融资规模大力发展的同时，风险管理也在进行，将供应链金融业务的风险保持在可控范围之内。通过全面风险管理的系统管控与互联网金融风险管理技术的结合，为公司创造了绩效，体现了风险管理的价值。

（2）供应链融资业务品牌形象在客户群体中树立。平安银行通过不断打造供应链金融服务平台，从最初的线下供应链金融服务，结合互联网技术的发展，升级到今天的"橙E网"供应链金融服务平台。平安银行通过前人的经验积累以及不间断地吸收、融合新思维，以适应不断变化的市场竞争环境。其供应链金融业务的品牌形象在客户心中一点一点累积，并成功占领客户心智。

值得一提的是，目前平安银行通过其强大的品牌效应还在不断地吸纳新客户群体使用平安银行的服务方案。截至2014年年底，供应链金融余额为4 432亿元，同比增幅达20%。授信全年额度为9 498亿元，比2013年增长16%。随着供应链金融业务品牌效应的发酵，加上互联网技术的应用，网络金融公司业务成绩亮眼，新增日均存款1 323亿元，总收入超过65亿元。

品牌效应可能从定量的角度难以估量，更多的是从定性的维度进行考虑，但好的品牌效应确实能够在业务增长上给公司带来实实在在的效益，而品牌在客户心目中的正面印象也能切实给公司带来良好的效益。

（3）为商业银行转型探索经验。平安银行作为一家不折不扣的全功能型商业银行，其在供应链金融业务营销策略研究路上为后来者提供了可借鉴的经验和思路。由于我国金融体制的特殊原因，在改革开放的30余年间，商业银行往往都成长为金融行业的"巨无霸"，特别是一些全国性的商业银行，或者是一些机构众多的商业银行。根据诺贝尔经济学奖得主科斯的理论，企业是有一定的边界的，超出一定的企业规模边界，企业的管理成本就会上升,其管理效益就会下降。所以部分商业银行显得体制臃肿,转型之路困难重重。

平安银行作为一家商业银行,在规模上与中农工建四大行无法匹敌。但其在市场竞争中采取的营销策略却是值得借鉴与分析的。互联网打破了金融界的垄断利益,给金融界带来思维的变革,部分金融机构抱残守缺,无意对自己进行革命,部分金融机构预见到这是一股不可逆转的时代洪流,只有学习、吸纳、重构,才能不被洪流所淹没,而平安银行正是这样的一家企业。

2. 营销策略建议

(1) 传播社会正能量,体现人文关怀。平安银行在内部的风险控制指引中指出,强调"绿色信贷"原则,体现了一家企业的社会责任承担。在普惠金融的视角下,金融服务应该惠及在过往不能得到金融服务的群体,而人文关怀营销可能也是未来营销发展的一个趋势。传播社会正能量,在营销中体现人文关怀正好能将普惠金融的初衷与人文营销两者相结合。

互联网技术降低了银行的运营成本,使得更多的人能够通过较低成本的方式享受金融服务。但是要完全实现普惠金融的初衷,仍然离不开企业服务理念的转变。将人文关怀的理念植于企业服务的各个流程与服务环节,可能是目前实现普惠金融宏愿的最佳实现路径。一方面强化品牌形象,传递出品牌形象中正面积极的信息;另一方面通过普惠金融的模式,吸纳更多的客户,与更多的客户实现价值共同成长。

传播正能量,体现人文关怀可能不只是在传统媒介、新兴媒介做几个广告宣传片那么简单。要将这一理念贯穿到每一项服务方案,每一个服务环节,每一位产品开发人员,每一位企业员工。相应的配套制度也必不可少,是保障理念贯彻执行的重要机制。例如建立员工关怀体系,提供完善的职业发展路径及相应的员工福利保障,通过员工的管理体系体现企业的人文关怀。

公众目前对商业银行的印象仍然有负面成分,要改变这一既定印象,传播自身的人文理念,可以通过建立平安银行的公益管理体系,通过广告、微电影、活动、客户口碑等方式。在服务方案的设计方面,确立与客户共同价值成长的原则。

(2) 通过大数据分析技术的应用优化客户体验。平安银行已经在互联网思维与商业银行的结合这一领域做了一部分工作。在"智慧营销"口号震天的当下,大数据分析技术不仅能够用于风险管理领域,也不仅是一种风控手段,还可以用于改善客户体验。而客户体验是目前服务行业需要改善的重要部分。

目前平安银行除了开发移动客户端、线上综合金融服务平台以外,在线下的客户体验方面,仍然与以往无异,线下网点的客户仍然人满为患,再多的窗口办理业务仿佛还是不能够满足源源不断的客流,工作人员也只能尽量引导客户使用自助设备或者线上设备。商业银行可以利用大数据技术对客户体验进行改善,以往是因为商业银行拥有既得利益没有改革的动力,而现在是市场竞争环境的变化及互联网金融的蓬勃发展倒逼商业银行进行改革。

大数据分析技术可以帮助商业银行了解客户的消费者行为与消费习惯,平安银行开业至今积累了大量的客户数据,应该活用这些客户数据,不仅仅限于风险管理领域,而是以更为开阔的视野挖掘数据背后的信息。例如可以与高校联合,利用高校的科研资源与科研人才,保持开放式的心态。在客户信息安全隐忧这方面的道德风险、法律风险问题可以通过完善保障机制来解决,一旦成为大数据分析改善客户体验方面的先行者,平安银行就又拥有了一项先发制人的优势,利于在市场中的竞争。

7.7 传统银行供应链金融营销策略优化建议

7.7.1 商业银行供应链金融营销策略优化目标

目前商业银行供应链金融营销策略有一定的正面效应,但是存在提升空间。本书针对供应链金融营销策略存在的问题结合互联网发展的背景,提出笔者的优化建议。

本优化建议的目标,首先是引起商业银行对融合互联网、借鉴互联网思维的重视。从组织结构、企业文化、战略规划、营销策略等多层面入手促进互联网与传统业务的深入融合,抓住互联网浪潮的机遇,促进商业银行转型与金融体系改革。其次,是扩大基于互联网背景的信息技术在商业银行供应链金融各业务环节的应用范围。通过互联网信息技术在商业银行供应链金融的价值链各环节如物流环节、风险控制环节、营销传播环节的应用与融合,旨在提升上述各环节的价值效益。最后,优化建议想要达到的效果是提升商业银行供应链金融品牌价值,改善商业银行客户体验。互联网给商业银行供应链金融带来的是新的传播媒介、新的客户服务方式,基于互联网背景品牌价值得以有效传播,顾客心智占领竞争也越发激烈,通过优化策略建议能够利用互联网的正面效应达到提升的目标。

7.7.2 商业银行供应链金融营销策略优化建议

1. 将融合互联网发展供应链金融提升到战略层面

供应链金融作为一种综合性金融服务方案,体现的是一家商业银行的综合实力。在为客户提供服务方案的过程中,商业银行获得的价值也是超出业务价值本身的。部分商业银行仍然停留在以往的贷款业务思维中,认为只要其他种类贷款业务规模能够增大,供应链金融就是可有可无的。或者只将供应链金融看作贷款业务中的一个产品种类,忽视了供应链金融给企业带来的附加价值。

通过供应链金融,商业银行能够获取到隐秘的各产业链内部数据。产业链之间大量的交易数据对于商业银行来说无疑是一笔巨大的财富,尤其是在当前"大数据"蓬勃发展的趋势下,拥有海量数据的企业本身就已经占据市场主导地位。商业银行应加深对供应链金融业务的认识,将其提升到战略业务层面。并在企业当中将这种战略目标与各级员工进行沟通,从而实现企业全局的认识统一,利于商业银行发展供应链金融业务。

2. 借鉴互联网思维进行变革

互联网历史比起人类历史要短得多,但它的发展速度却是无比迅猛的,现在任何一家企业任何一家机构都不会无视它的存在。面对互联网的蓬勃发展,商业银行也在积极寻求与互联网的融合,但是部分商业银行对互联网的利用过于简单化,面对互联网浪潮来袭,危机意识不足。需要引起重视的一个问题是,商业银行与互联网的融合却不仅仅限于将现有业务进行互联网化,也不仅仅限于在互联网上开发新产品,重要的是借鉴互联网的思维进行变革。

互联网思维是什么,至今尚无定论,互联网思维可以代表微小力量,可以代表自由与平等,可以代表灵活与创新。每一个人、每一家企业会有各自不同的解读,但互联网思维能够给企业带来的活力与创新是毋庸置疑的。商业银行对于互联网思维的借鉴,可以运用到体制改革上,可以运用到人才创新激励上,也可以运用到处理客户关系等方方面面上。

互联网思维承载了普惠金融的梦想与荣光,只有消除金融歧视,运用长尾理论,使众多微小的金融需求得到满足,商业银行的转型之路才能走得更远更长。

3. 与物流企业的合作进入 2.0 时代

目前商业银行与物流企业的合作一般采用代理监管中间环节的模式,商业银行和物流企业的合作较为松散,正是因为物流企业与商业银行只是采用一种代理模式,中间信息不对称及代理成本的问题就难以避免。为了避免中间存在的诸多问题,商业银行与物流企业的合作是时候进入 2.0 时代。

物流企业的优势在于货物的仓储运输,以及物流企业基于仓储运输累积的大数据和对供应链的理解,商业银行的优势在于资金以及风控技术。目前物流企业主要是采用收取监管服务费的模式,商业银行可以供应链金融产品为基础开发出相应的理财产品。

通过吸纳物流企业资金,一方面让物流企业通过服务赚取相关费用;另一方面盘活物流企业流动资金,通过这种方式将物流企业和商业银行捆绑得更为紧密。再者就是物流企业在提供服务的过程中也累积了大量的客户行为数据,商业银行可以采用战略同盟的方式与物流企业共同开展消费者行为数据研究。借助大数据的分析思维及手段研究消费者行为,以了解顾客心理、洞悉客户需求为起点,通过布局市场取得竞争优势,从而占领顾客心智,获取最大的公司利益,实现股东价值最大化的最终目的。

这样一个循环往复的过程,想要满足目标企业的差异化需求,那么首先就应该像关注个人消费者行为那样,分析你企业的客户。了解企业市场,分析目标客户,是每家企业在试图出售、提供自己的服务时必须采取的步骤。"想要提供服务给你的企业客户,那么请像了解你的女朋友一样去了解对方",这句话正好体现了关注企业客户购买行为的重要性。通过商业银行和物流企业共同分析的过程,双方的价值都能得到提升,合作也会更加紧密。

4. 利用互联网技术完善风控措施

目前,商业银行供应链金融的风控措施主要是通过对产业链之间资金流的控制和结构性的授信制度安排,来降低资产损失率。

而基于互联网的海量数据记录、大数据分析技术、程序自动化审核等风控技术尚未在商业银行供应链金融中广泛使用。与基于互联网背景的风控措施相比,传统供应链金融采用的风控手段必然导致风控成本高昂且效率低下,建议商业银行采用基于互联网的风险控制手段并与过往风控手段相结合,发挥二者最大的功效。

但是在商业银行供应链金融与互联网技术的融合过程中,双方的风控技术、风控思维如何融合,这一问题值得我们思考。基于互联网背景的大数据分析,对消费者行为记录的数据质量要求很高,在纷繁复杂的数据记录中,如何选取真正有效、高质量的数据来进行分析,或者编写自动化审核程序时,程序的缺陷如何防控,商业银行在这方面必须进行深入研究,找出一条适合自己的风控之路,不能只依赖既有的风控方式,也不能完全迷信基于互联网的风控手段。

5. 强调人文关怀,改善客户体验

针对公众对商业银行形成的既定负面印象如何消除,商业银行承担起相应的责任,可能是当下较为明智的选择。实际上,商业银行参与的各类公益活动不比一般的行业少,但是为什么偏偏给公众留下负面印象?究其原因还是商业银行在对外宣传的手法和方式上过于陈旧,仅限于媒体公开报道、网站简介、活动赞助等。在强调人文关怀上,国内商业银行做的尝试和努力还太少,缺乏这方面的运营经验,更缺乏危机公关的能力。商业银行的品牌形象关系着全行的业务发展与营销,在品牌形象问题中,商业银行员工、客户、监管机构都是利益相关者,三者共生共存,优秀品牌形象的树立离不开这三者的共同参与努力。为什么客户也属于利益相关者?因为如果商业银行的品牌形象良好,就会给客户带来较好的服务体验,通过品牌认知可以降低顾客的认知成本。

供应链金融的营销离不开各家商业银行的整体品牌形象打造,因此通过强调商业银行人文关怀的社会形象,特别是通过有创意的、巧妙的活动将人文关怀的形象宣传出去,让商业银行不再是悄悄地做慈善、做公益,也要改变在公众心目中的负面印象,为自己赢得应有的社会尊重。需要强调的是,人文关怀的体现不仅仅是通过几句宣传语、几个公益公告,而是要将人文关怀体现在自身机构的每个细节之处,包括对顾客的人文关怀、对员工的人文关怀、对社会弱势群体的人文关怀。核心就是要处处体现"客户为尊""以员工发展为先""以打造专业能力为己任""以企业之力为社会做贡献"的思想。利用互联网背景下的传播媒介与传播速度,传播人文关怀的品牌价值信息。

在客户体验方面,利用基于互联网的数据收集技术、数据储存技术、数据分析技术等提升客户体验。如通过对客户流量时段分析,在某些特定时段增加服务人数,或者通过预约等方式缩短客户的等待时间。更为重要的是利用大数据分析技术对客户的需求进行精准掌握,在客户尚未知道自己需要供应链金融业务的时候,商业银行要通过大数据模型的预测比客户更先知道。

6. 增强体制灵活性整合品牌资源

首先,商业银行由于先天的体制局限,造成在面临挑战时"船大难掉头"的困境。其高层管理者们应该意识到这一点,且通过管理方式及组织形式的变革来增强商业银行体制灵活性。体制具有了灵活性,员工的创造性才能更好地发挥,自身管理、业务发展的效率才能得到提升。

其次,就商业银行的品牌定位方面来看,目前商业银行都有各自的定位,但定位是否精准值得商榷。定位是不断优化公司的产品和形象以在目标客户心目中拥有一个特殊的地位,目的是在消费者心目中留下深刻印象,占据顾客心智,以此促进公司产品或服务的销售,使得公司利益最大化。品牌定位并不仅是高层决策者的事情,在决策做出以后,组织中的每一位员工都应该理解企业的品牌定位,以便在开展业务的过程中,将定位贯彻始终。

作为商业银行发展供应链业务来说,进行业务品牌定位的第一步就是识别自身的竞争者,商业银行之间是竞争者,商业银行与互联网金融企业之间也是竞争者,商业银行与小额贷款公司更是竞争者。通过对现有竞争者的识别,对竞争者的特征进行分析,找寻自身与竞争者之间的共同之处和差异之处,而定位往往就是在差异点之中产生的。找准定位以后,商业银行对于自身的营销资源应该进行一个整合,在互联网高速发展的今天,商业银行不能只有线下营销资源,也不能只有线上营销资源,必须将两者整合,发挥出大于各自单独运作的效益。为了更好地推广商业银行的供应链金融业务,商业银行的品牌价值传播不可或缺。

(1) 识别目标受众群体。商业银行在进行供应链金融业务营销时,第一步要做的就是清晰地认识自己想要传播价值的目标受众是谁,谁符合我们的业务定位,我们想要满足谁的金融服务需求。这一过程涉及将来的服务方案基础产品设计,所以是十分重要的。

目前商业银行定位分为三类,第一,定位于为中小企业及城市居民服务的社区型银行,即城市商业银行。第二,大型全国商业银行,定位于为大型企业、项目及个人客户服务,并逐渐向中小企业服务转型。第三,定位于为农村客户及乡镇企业服务。由此可见商业银行之间的目标客户定位多有重叠之处,在目标客户的细分上,并没有自己独有的市场细分方案设计。

商业银行应根据各自的业务战略发展方向,建立自己独有的目标客户识别标准,例如分析一条供应链中与其他供应链交叉的企业是否能够作为营销的目标企业,通过这些交叉企业能否切入多条供应链开展业务。

(2) 确定传播目标。商业银行在供应链金融业务的营销过程中,确定的传播目标可以从产品品类需求、品牌知晓度、品牌态度、品牌购买意愿这几个方面来进行选择。供应链金融作为一种不同于传统信贷业务模式的服务产品,从产品品类需求的传播目标入手,可能更容易使自己的传播目标传递到目标受众当中。

(3) 设计传播。在目标受众、传播目标确定以后,商业银行应该对如何开展传播做出设计。设计的方案必须回答说什么、怎样说以及由谁来说三大问题。供应链金融要传递的是整体服务的概念,是对供应链整体企业以及单个企业的整体服务,这一点是设计方案必须体现的。如何来体现?供应链金融在基础产品的设计上必须能够体现这一点,通过基础产品的快速组合来向目标受众传递这一信息。由谁来说这一点,至关重要,选择由谁来作为信息源,传递想要传递的信息,不一定要选用名人代言,但一定要选取与企业品牌形象契合的个体。

(4) 选择传播渠道与确定预算。在当今互联网时代背景下,传播渠道变得越来越多样化,传播环境变得越来越复杂,传播渠道的选择变得至关重要。人员传播是目前商业银行采用较多的模式,包含银行员工的线下网点直销渠道、客户之间的口碑营销及客户经理的销售制度,商业银行在大众传播范围内的事件和体验营销使用较少。事件和体验式营销能够引起目标受众的注意,吸引新客户对品牌和服务产品的关注,能够保持老客户对品牌和服务产品的认可度,维持其对服务产品的持续购买和使用。

在经过上述步骤之后,确定营销的预算尤为重要,传播预算占业务运营成本的比例,多少的传播预算投入才是合适的,这些都是每一家商业银行需要精确计算、决策的问题。商业银行可以采用的方法有销售比例法、竞争等价法、目标任务法等。最重要的一点是根据自身发展的实际匹配预算,不一定是预算越多取得的传播效果就越好,不要一味地追求预算规模,有时较小的预算规模通过不同的使用方式也能取得良好的传播效果。

7.7.3 商业银行供应链金融营销策略优化效果预评估

1. 战略资源向供应链金融倾斜

商业银行决策层意识到互联网对供应链金融行业的颠覆之后,采用互联网思维对商业银行供应链金融的营销体制、营销策略进行变革,并将结合互联网的供应链金融提升到战略业务层面的高度,相应的商业银行战略资源就会向供应链金融业务倾斜。

从人员匹配、组织灵活性、资金费用、运营支撑等各个环节来说,供应链金融都将得到极大的支持。通过战略资源的倾斜,商业银行供应链金融能在激烈的行业竞争中占据一定优势,这是符合预期目标的。

2. 与互联网融合带来的效率提升与品牌价值

营销策略优化建议预期能够达到管理成本下降、业务效率提升、风险管理水平提高、客户体验提升的效果。利用基于互联网的海量客户数据与大数据分析方法,在风险控制、品牌管理、价值传播、客户体验等方面能够创造新的价值。

互联网是开放个性化的平台,供应链金融与之结合后,按照"长尾理论"的相关概念,届时关注"尾部"需求的收益将会大大超过关注"头部"的收益,商业银行供应链金融从以往的重点关注高净值客户的模式转向关注更为广泛的微型企业客户,这既提升了商业银行供应链金融业务的效益、塑造了品牌价值,又切实解决了微型企业融资难的困境。

参考文献

[1] 谢世清,何彬.国际供应链金融三种典型模式分析[J].经济理论与经济管理,2013(4):80-86.
[2] 陈斌.浙商银行嘉兴地区中小企业供应链融资风险管理研究[D].长春:吉林大学,2014.
[3] 陈宪宇.大数据时代金融行业受到的冲击和变革[J].河北企业,2014(1):50-52.
[4] 陈秀梅.论我国互联网金融市场信用风险管理体系的构建[J].宏观经济研究,2014(10):122-126.
[5] 申世军,朱满洲,刘若愚.挑战还是机遇?——互联网金融对传统银行业和金融市场的影响.金融市场研究,2013,18(11):48-53.
[6] 胡跃飞,黄少卿.供应链金融:背景、创新与概念界定[J].金融研究,2009,350(8):194-206.
[7] 蒋青龙.商业银行供应链融资业务流程再造案例研究[D].成都:西南交通大学,2014.
[8] 康欣华.互联网金融对商业银行的影响与启示研究[D].广州:华南理工大学,2014.
[9] 李滨.普惠金融的制度分析与测度研究[D].厦门:厦门大学,2014.
[10] 李更.互联网金融时代下的B2C供应链金融模式探析[J].时代金融,2014(1):67-69.
[11] 吕芹.互联网上的供应链金融[J].互联网周刊,2014:22-25.
[12] 刘勇.基于普惠金融视角的我国小额贷款公司发展研究[D].成都:西南财经大学,2014.

[13] 徐洁,傀斌贤,揭筱纹.互联网金融与小微企业融资模式创新研究[J].商业经济与管理,2014,270(4):93-95.
[14] 向飞.关于互联网供应链的金融法律问题[J].中国律师,2014(9):47-48.
[15] 徐洁,傀斌贤,揭筱纹.互联网金融与小微企业融资模式创新研究[J].商业经济与管理,2014,4:92-96.
[16] 叶芬芬.互联网金融的发展对我国商业银行的影响[D].开封:河南大学,2014.
[17] 张晓朴.互联网金融监管的原则:探索新金融监管范式[J].金融监管研究,2014(2):6-17.
[18] 赵秀川.略论我国金融市场营销策略[J].山西财经大学学报(高等教育版),2010,13(2):21-23.
[19] 赵燕.互联网金融冲击下我国商业银行供应链金融业务发展现状分析[J].经济研究导刊,2014,11:127-229.

第8章 虚拟货币

8.1 虚拟货币的内涵

8.1.1 虚拟货币的产生

虚拟货币是在网络经济不断发展的背景下产生的。虚拟货币的产生是为了实现一定的经济功能,因此,要考察虚拟货币产生的原因,关键要考察虚拟货币主要实现的经济功能。

(1) 作为支付工具,方便网络虚拟商品购买的微型支付,降低网络厂商和消费者之间的交易成本。网络游戏及各种在线增值服务平台的持续运营需要通过收费来收回投资成本和进行更好的系统开发,但是网络厂商提供的虚拟商品和服务定价较低,传统的现金支付和转账支付在支付额度较小时需要付出的交易成本相对较高,满足不了用户微型支付的需要。网络厂商通过互联网这个载体向消费者提供虚拟商品或服务,并不直接和消费者面对面进行交易,不适用现金交易这种支付方式。同时银行的网上支付系统尚不完善,高频率的转账支付会对网络厂商的服务器造成巨大的交易负荷。消费者的多次支付导致手续费上升,购买成本增加,加上对网上支付安全性有所顾虑,这种传统的网上支付方式难以适应网络支付的需要。法定货币在网络虚拟商品和服务领域很难及时流通,于是虚拟货币作为一种方便快捷的微型支付工具被引入网络虚拟交易中。

(2) 作为交换媒介,促进不同网民之间的虚拟物品交易,降低不同网民之间的交易成本,提高网民的效用水平。网络厂商提供的虚拟商品或服务通常价格较低,单位商品和服务的利润薄或是没有利润,所以要保持盈利就要靠网络厂商不断地发掘和培养用户,想方设法提高用户的效用水平,留住已有用户并不断吸引新用户,形成广大用户群。通过虚拟货币进行的支付过程无须付费,能够吸引并留住用户。如果没有虚拟货币这种交换媒介,用户之间通过网上银行的电子货币作为交换媒介,那么交易费用就可能高于交易价值本身,这明显会阻碍交易的进行。

(3) 作为激励工具,激励网络用户之间的相互合作,促进网络资源共享。一般的社交、科研、信息服务等以交换电子资料、交流各类信息为主要目的的虚拟服务网站会设立虚拟货币来激励用户之间的相互合作和各类资源共享。特别是一些虚拟论坛常常通过设立虚拟货币系统来鼓励注册用户上传电子资料,用户可以将上传的电子资料设定为免费下载和收费下载两种状态,用户要下载收费状态的电子资料,必须向电子资料的提供者支付标注价格的虚拟货币。所以,在虚拟论坛上,虚拟货币是交流信息资料的媒介,也激励了用户向网络提供资源,进而促进网络资源在不同用户之间的共享。

(4) 作为核算与促销工具,对网民的活跃程度进行计量,有助于网络厂商实现对客户关系的区别管理。在营销实践过程中,厂商通常会采取奖励措施来提高客户的忠诚度,从而保持和扩大市场占有率。因此,厂商有必要对客户的交易数据进行记录和计量,对优质客户进行回馈奖励,这是客户关系管理的一个重要手段。虚拟货币就是进行客户关系管理的一种重要工具。许多网站发行虚拟货币作为核算工具,通过对用户访问相关网站的频率和在相关网站购物金额的计量,来确定是否对用户进行回馈奖励以及回馈奖励的程度。一般情况下,用户通过访问网站或在网站购买虚拟商品或服务获得虚拟货币,其访问量和购买量越大,获得的虚拟货币就越多。当虚拟货币积累到一定程度时,用户就可以向网络厂商换取虚拟商品或者实体商品。因此,虚拟货币成为网络厂商鼓励用户成为忠诚客户的一种促销手段。

8.1.2 虚拟货币的界定

关于虚拟货币的概念,国内外研究文献上的描述都容易让人模糊混淆,许多文献中都将虚拟货币与电子货币、网络货币、数字货币等概念混为一谈。对虚拟货币概念的界定直接影响到接下来的虚拟货币分类以及对经济社会等相关方面的影响,因此要对虚拟货币进行一个准确的概念界定。

货币是商品经济发展到一定阶段的产物,从实物货币到金属货币,从金属货币到纸质货币,货币的形态也经历了从低级形态到高级形态的发展历程。随着网络技术的发展,为了在互联网上实现货币的转移与支付,20世纪90年代人们创造了电子货币这一新的货币形态,于是货币与网络紧密联系起来,随后网络虚拟货币开始出现并迅速发展为互联网广泛使用的支付工具。电子货币和虚拟货币都是基于互联网技术的以电子信息为载体的数字货币,通过信息网络进行传播和使用,在功能和特性上有很大的相似性,但是在货币性质、法律地位等方面有着很大不同,必须加以区分。

虚拟货币不同于电子货币。电子货币是指银行等金融机构发行的代替纸币流通且具有法币功能的电子数据,而虚拟货币是指在网络虚拟环境中产生,由非金融私人公司发行或没有发行主体的,能购买虚拟商品或服务的充当一般等价物的近似货币。电子货币与虚拟货币的主要联系和区别如表8-1所示。

表8-1 电子货币与虚拟货币的主要联系和区别

项目 内容	电子货币	虚拟货币
货币形式	数字货币	数字货币
货币性质	法定货币	无法偿地位的非真实货币
可接受性	普遍接受	一般限定于特定的虚拟社区
法律地位	严格监管	不接受监管或有限监管
发行人	银行等金融机构	非金融私人企业或无
赎回可能性	提供以面值赎回保证	不提供保证

8.2 虚拟货币的分类

虚拟货币按照其实现功能及自身特点可以大致划分为以下四类。

(1) 泛虚拟货币。泛虚拟货币主要是一种积分形式,可抵扣相应现金。例如集分宝,是由支付宝提供的积分服务,它可以作为现金使用,用途范围也非常广,可以在支付宝合作网站使用,例如在淘宝网、天猫商城等网站抵扣相应现金进行购物,同时还支持还信用卡、缴水电煤费用、兑换彩票或礼品甚至是捐款献爱心。

(2) 服务币。服务币主要是指虚拟社区运营商为了鼓励用户之间进行资源共享而设立的一种虚拟货币,用户要想获得这种虚拟货币,必须按照虚拟社区的规则参与特定的虚拟社区活动。如豆瓣小豆,是豆瓣社区为了促进用户互动而设立的虚拟货币,除了系统的不定期奖励发放,用户还可以通过在豆瓣社区创作优秀的作品来获得小豆,然后通过小豆换取折价券或代金券,去豆瓣合作的网站购买实体商品。

(3) 游戏币。游戏币是虚拟社区发行的可以通过现实货币来购买的一种虚拟货币,购买后一般不能或者很难兑换回现实货币。通过游戏币可以在虚拟社区购买虚拟商品或服务,一般不能购买实体商品或服务。如腾讯公司发行的 Q 币,可以用来购买腾讯公司自己提供的虚拟商品或服务。再如 Amazon 为了刺激用户在其市场购买应用程序,进而激励 Android 开发者为其编写应用而推出的亚马逊币(Amazon Coins),用户可以通过亚马逊币来购买 Kindle Fire 里的应用程序和道具。同时也包括像"第二人生"这种大型角色扮演游戏系统中的可以与美元自由兑换并拥有浮动汇率的林登币,不但可以购买虚拟商品和服务,也可以购买实体商品和服务。

(4) 类货币。类货币是指没有发行主体,与现实货币有兑换汇率,用户既可以用现实货币来购买,也可将其出售换回现实货币的一种虚拟货币,既可以购买虚拟商品和服务,也可以购买实体商品和服务。如比特币(Bitcoin)和莱特币(Litecoin),没有特定的发行机构,都是 P2P (Peer-to-Peer)形式的虚拟货币,以一种点对点的计算机传输技术为基础通过大量计算产生,是一种去中心化的支付系统。

8.3 国内外典型虚拟货币系统

8.3.1 国外典型的虚拟货币系统

1. "第二人生"与林登币

"第二人生"(Second Life)是由美国林登实验室(Linden Laboratory Inc.)于 2003 年 6 月推出的一款大型 3D 模拟现实的完全开放的网络游戏。据估计"第二人生"在全球已拥有数千万的注册用户,带来了巨大的实际经济产值。"第二人生"经济系统的设置在刚开始的时候也与其他大型多人在线的角色扮演游戏一样,其注册用户在游戏虚拟世界中有一个化身形象,该化身成为这个虚拟世界的居民,居民可以拥有土地、经营业务并建造房屋。用户用现实货币购买点卡进入游戏,赚取系统中的林登币,然后再用林登币与非玩家角色(Non-Player Character, NPC)或者其他用户交易。随着虚拟经济的快速发展和游戏设置的不断完善,林登实验室于 2005 年推出林登币的官方兑换平台 LindeX 系统,允许用户在系统中进行林登币的买卖。开发商引入新规则,游戏用户可以与林登公司、林登币经营商或其他用户之间进行美元与林登币的双向自由兑换,兑换的比率按照市场供求浮动,于是"第二人生"中的虚拟财产也被赋予了现实的经济价值。随后,"第二人生"推出越来越多的开放政策,用户只要遵守游戏规则,就可以在游戏中自己创造情节,使得这个虚拟游戏越来越接近现实。

"第二人生"的快速发展使得许多现实公司看到了商机,许多公司开始入驻"第二人生"开设店铺,包括IBM、阿迪达斯、丰田、可口可乐、联合利华、路透等大批知名企业。这些公司将虚拟空间看作市场营销和广告宣传的理想平台,在"第二人生"中建立销售中心,在游戏中接受玩家的订货。"第二人生"的巨大入口除了吸引制造商、广告商、零售商和新闻机构等在其中建立自己的社区外,也吸引了金融机构的关注。荷兰银行是一家全球知名的国际金融集团,它最先在"第二人生"建立了分支机构,为其居民提供金融服务。一些游戏玩家也在"第二人生"中开设虚拟银行,建立虚拟ATM,其他玩家既可以将林登币通过虚拟ATM存入虚拟银行中,也可以通过ATM取出林登币,这些虚拟银行通过承诺提供高额利息来吸引存款。而林登币就在"第二人生"中扮演交易媒介的角色,在不同玩家间发生交易时,买方付出林登币,卖方得到林登币,卖方可以将积累的林登币通过林登实验室或代理商兑换成美元。电子商务与网络游戏相融合、现实世界与虚拟世界相融合,成为"第二人生"最为突出的特征。

如同现实世界的银行可能出现金融风险一样,2007年以来,"第二人生"中的虚拟银行由于经营不善或非法操作,导致不能按照承诺支付利息和归还本金,使得存款客户到虚拟银行挤兑,引发多个虚拟银行倒闭。连续的金融风波,使得林登公司于2008年1月开始对"第二人生"中的虚拟银行和其他金融机构实施管制,凡是进入"第二人生"经营相关金融业务的金融机构,必须有现实政府的批准。"第二人生"成功地把虚拟世界与现实世界联系起来,但它毕竟是一种新生事物,缺乏及时适当的监管和法律规范,加上网络环境的隐秘性和用户的匿名性,使得一些犯罪行为更容易出现在网络虚拟世界中。由于林登币与现实货币的紧密联系,而且其在发放后需要相关部门的调控和管制,林登币成为虚拟世界中发展最为成熟的虚拟货币。

2. 比特币

比特币(Bitcoin)的概念最初由一个自称中本聪(Satoshi Nakamoto)的日本人在2008年提出,他在一个密码学网站的邮件组列表中发表了一篇题为《Bitcoin: A Peer-to-Peer Electronic Cash System》的开创性论文,时值次贷危机蔓延,政府的不良政策也令金融体系更加混乱,招致民众不满,中本聪认为现行的货币体系中存在内生性的受制于"基于信用的模式"(trust based model)的弱点,于是"去中心化"的思想应运而生,比特币系统就是这一理念的实践。随后,他把密码学原理、对等网络技术(Peer-to-Peer, P2P)和开源软件相结合,开发出比特币应用体系。2009年1月3日,他发行了50个比特币,比特币就此问世,随后比特币应用系统在开发人员的共同努力下逐渐完善。

比特币作为一种新型网络虚拟货币,与传统货币和大多数虚拟货币不同,它的运行机制不依赖于中央银行、政府、企业的支持或者信用担保,而是依赖P2P网络中的种子文件达成的网络协议,通过特定算法的大量计算产生的。它的货币总量到2140年将会达到2 100万个的上限,是根据开发者设计的预定速率逐步增加的。获取比特币主要有"挖矿"、在交易网站购买和接受比特币支付三种方式。挖矿是指在P2P网络中通过特定的数学运算来产生新的比特币的过程。通过挖矿来获得比特币的方式,对挖矿人员有一定的技术要求,而且投入的资本回收周期较长,加上比特币作为一种新兴电子支付工具,它的接受范围还比较有限,所以就目前来看,直接购买是获得比特币最直接、最简便的方式。比特币的原理也并不复杂,双方通过自己的"比特币钱包"和"比特币地址"进行交易。每个钱包都有如同电子邮箱的一串地址,账户间的转账就像收发邮件一样,汇款方按照收款方的地址将比特币进行转账。由于无须通过银行或者任何第三方结算,整个交易几乎不产生手续费。

比特币没有实体属性,而是存储在比特币用户电子钱包里的一串加密代码,通过互联网实现快速的转移支付。用户需要采取一定措施来保护自己的比特币,例如对比特币进行备份、加密、云存储等。比特币的优势在于其无法冻结,无法被跟踪,难以伪造,可以分割成无限小。比特币没有发行主体,也就不存在发行权被中央银行垄断的问题,中央银行的不良政策也不会影响到比特币,从而避免了政策不稳定带来的安全隐患。但是比特币也存在自身的缺陷,就目前来看,比特币与现金兑换的价格起伏较大,更多的人通过比特币进行投机来赚取差价,而不是通过比特币进行交易支付。由于各国国情不同,对比特币认可程度也不尽相同,比特币交易平台也会面临政府强制关闭的风险。同时,比特币交易平台容易遭到黑客的攻击,给比特币用户带来损失。据最新报道,2014 年 2 月 28 日,全球最大的比特币交易平台 Mt. Gox 遭到黑客攻击,85 万个比特币被盗,在日本东京申请破产保护,这表明了比特币交易系统存在技术漏洞,同时也暴露了法律监管方面的缺失。

8.3.2 国内典型的虚拟货币系统

1. 腾讯公司的虚拟货币系统

以 QQ 通信软件为核心,腾讯公司开发了几十种产品,其中约有一半为收费业务,另一半为免费业务。收费业务主要通过用人民币购买 Q 币和 Q 点两种虚拟货币进行支付。无论是 Q 币还是 Q 点,都是与 QQ 号码绑定的,即 QQ 号码同时也是 Q 币、Q 点的账户。

Q 币是由腾讯公司推出的可以用于购买腾讯公司提供的各种网络虚拟商品或者增值服务的一种虚拟货币。Q 币能购买腾讯公司的一系列虚拟商品和服务,主要包括 QQ 号码服务、QQ 秀、QQ 游戏、QQ 宠物、QQ 表情、QQ 交友等。Q 点是用于购买腾讯公司的 QQ 音速和 QQ 幻想中的虚拟财产的一种虚拟货币。Q 币和 Q 点有两种取得途径,一种是原始取得;另一种是继受取得。用户直接从腾讯公司购得 Q 币或 Q 点的方式称为原始取得。除此之外,用户还可以通过私下交易从其他用户处购得,这称为用户对 Q 币和 Q 点的继受取得。原始取得涉及 Q 币或 Q 点的发行过程,会增加它们的数量,而继受取得只涉及 Q 币或 Q 点的再交易过程,不会增加其数量。

腾讯公司为了增加 Q 币和 Q 点的销售,为用户提供了多种 Q 币和 Q 点的充值手段。腾讯公司销售 Q 币和 Q 点的收费渠道可以分为两种,一种是普通收费渠道;另一种是借用其他商品销售商的收费渠道。普通收费渠道主要有银行卡直接转账、运用充值工具和运用有形的 QQ 充值卡通过中间商进行销售。银行卡直接转账是指腾讯公司直接把 Q 币或 Q 点卖给用户,用户通过网上银行卡转账、电话银行转账、财付通转账等方式把人民币支付给腾讯公司。目前,腾讯公司已实现与国内多家银行合作进行网上银行转账,给 Q 币和 Q 点充值。运用充值工具是指用户通过虚拟 QQ 卡、一点通这两种充值工具为

Q币和Q点充值。虚拟QQ卡是只具有账号和密码的无形卡。用户可以通过银行卡转账或者财付通支付购买虚拟QQ卡,通过输入账号和密码与QQ号码绑定,在有效期内,可以随时将卡上金额分批转到Q币或Q点账户中。一点通是将用户的QQ号码与其银行账号绑定在一起,随时为账户充值。借用其他商品销售商的渠道是指腾讯公司借用电话公司、宽带公司等企业的收费渠道来销售Q币和Q点。这种模式本质上是代腾讯收费,因此代理商要从腾讯销售收入中分得一定报酬,增加了交易费用。

Q币的发行目的是用于购买腾讯公司自己提供的虚拟商品或服务,但是随着QQ用户数量的增加,Q币成为网络上较为成熟的虚拟货币,越来越多的网络厂商与腾讯公司合作,使得Q币也能够购买其他网络厂商的虚拟产品。腾讯公司规定人民币与Q币的兑换比率为1∶1,不存在折扣优惠。一方面,Q币的原始取得现在只能通过人民币购得,并且可以随时自由购买;另一方面,虽然腾讯公司禁止Q币兑换为人民币,但是现在已经出现了可以提供Q币交易的第三方平台,Q币持有者可以通过第三方平台实现Q币与人民币的自由兑换。

2. 人大经济论坛的虚拟货币系统

人大经济论坛成立于2003年,以中国人民大学经济学院为依托,目前已经发展成为国内最活跃和最具影响力的经济类在线教育与咨询网站。成立论坛主要是为了供国内经济学学者与研究人员交流经济学学习资料和学习心得。论坛的注册用户可以在这个虚拟论坛平台上进行问题咨询和交流讨论,也可以通过人大经济论坛币进行电子数据资料的交易和分享。人大经济论坛基本上是一种公益性虚拟社区,运营商很难从这种虚拟社区的经营中获得现实利润。

人大经济论坛币不需要用人民币购买,而是需要用户加入到人大经济论坛的活动中,通过上传电子资料、销售电子资料、发出售帖等方式来获得论坛币。论坛币的主要用途是购买其他用户提供的电子资料。销售电子资料用户使用出售帖上传资料,购买电子资料的用户的论坛币在下载出售帖上的电子资料时就会转移到卖方用户的论坛币账户上。通过参与相关虚拟货币发行网站的活动获得,而不是通过法币购买,是人大经济论坛币的突出特征,这种虚拟货币发行的目的是在虚拟社区充当交易媒介。

8.4 虚拟货币的发展意义

国内外虚拟货币市场呈井喷式发展,已经引起了人们越来越多的关注。虚拟货币是网络虚拟经济不断发展的产物,必然对网络虚拟经济产生各种影响,同时网络虚拟经济又会对现实经济带来一定的影响。因此,虚拟货币在网络虚拟经济的中介作用下,会与现实经济产生必然的联系。

1. 提高经济运行效率

具备转移商品劳务和清偿债务功能的支付工具,在社会生产力的高速发展和科学技术不断进步的过程中,也经历了由简单到复杂、由单一到系统、由低速到高速的发展过程,逐渐发展成为多功能、多层次的支付工具体系。但在日常的支付活动中,还缺乏一种速度快、时间短、效率高、费用低的微型支付工具,于是虚拟货币应运而生,弥补了支付工具体系的空白,也满足了众多消费者实时微型支付的需求,健全和完善了支付工具体系。作为微型支付手段的虚拟货币的出现,缩短了经济实体之间支付清算的时间,提高了经济运行效率,推动经济更好更快地发展。

2. 提高市场一体化程度

虚拟货币本身是信息产业发展的产物,随着虚拟货币的进一步发展,其必将促进信息产业不断向前发展。国际电信联盟发布的报告显示,2013年年底全球网民总数将达到27亿人。随着网络用户群体的不断增加及发行者和提供者创新意识的加强,他们会不断扩大开发、销售和生产规模,提高生产效率,以满足消费者需要。网络虚拟商品和服务的产品种类、市场种类、贸易种类数会随之不断地增加,从而导致更多的社会投资转入虚拟货币、虚拟财产和网络游戏行业。

发行者和提供者生产效率的提高及社会投资的转入,将促进信息产业相关部门生产效率的提高,进而推动产业规模的扩大,逐渐形成以提供多样化信息服务为主的规模产业。与此同时,网络虚拟经济的发展扩大了对从事虚拟货币、虚拟财产和网络游戏的开发人员、设计人员与销售人员的需求,会增加信息产业的就业人数,增加就业机会,从而有助于实体经济的增长和发展。

虚拟货币的出现创造了巨大的经济效益。以腾讯公司为代表的Q币每年创造100亿元以上的交易额,各种网络游戏创造了巨大的经济交易量。虚拟商品出现以后,更多的人选择依赖虚拟货币购买虚拟商品,虚拟商品占消费总额的比例越来越大。当人们能够在互联网上通过虚拟货币购买到所需的电子资料和各类虚拟商品时,就可以避免自行复印、扫描或编程,自给自足率下降,整个社会的商品化程度上升。以虚拟货币为交易媒介的虚拟社区电子商务平台越来越与传统电子商务和传统经济融为一体,市场一体化程度随之提升。

3. 产生新兴经济增长点,提高生产力水平

虚拟货币的产生与发展本身既是专业化分工演进的结果,同时又能够降低交易费用,从而进一步促进专业化分工演进和经济发展。虚拟货币作为网络虚拟经济中的交易媒介,促进了网络虚拟商品和服务的产品种类、市场种类、贸易种类数的增加,使得市场需求与供给增加,市场容量也随之扩大。与此同时,催生了新专业和新行业,成为新兴经济增长点,带动了生产力的提高和专业化水平的上升。

网络游戏产业是虚拟货币产生和发展的一个重要依托。以我国为例,艾瑞咨询公司公布的《2013年中国网络游戏的数据报告》显示,2013年中国网络游戏市场规模将近900亿元,同比增长33%,到2014年有望突破千亿元大关。网络游戏市场规模已经开始占据整个经济相当大的比例,网络游戏产业已然成为一个新兴的经济增长点。

随着虚拟货币的引入,网络厂商们开发了大量的虚拟商品和服务,增加了全社会的产品种类数。以人大经济论坛为例,如果不存在论坛币,论坛上的电子资料也就不会如此丰富。人大经济论坛币的作用就是避免电子资料使用的外部性,从而激励用户之间为了自身利益而互相合作。而这些电子资料是学者们生产学术作品的中间产品,也就是说,虚拟货币的引入使得中间产品的种类数不断增加。同时,由于论坛币的使用,方便了用户之间交流电子资料,从长期来看会提高我国整体的经济学水平和生产力水平。

8.5 虚拟货币面临的风险与防范

8.5.1 虚拟货币面临的风险类型

虚拟货币随着信息技术的高速发展已经成为一种新型微型支付工具,作为一种货币新形态在网络虚拟世界承担着价值尺度、流通手段和支付手段的货币职能,对互联网金融和实体经济有着良性促进作用。与此同时,我们也应该认识到,虚拟货币作为一种近十几年才出现的新兴网络经济现象,其相关网络技术和商业环境并不是十分成熟,国内外法律对于虚拟货币的规范都有待于进一步完善,这使得虚拟货币在运行过程中存在很多风险。以下从风险原因和风险主体角度来考察一般虚拟货币所面临的主要风险。

1. 技术风险

对于社会经济系统来说,拥有先进技术的人员可能利用技术手段进行诈骗、盗窃、"外挂"、建"私服"等,破坏经济系统环境。对于虚拟货币发行人来说,由于相关网络技术存在漏洞并不完善,会导致黑客和犯罪分子攻击发行人的服务器,修改虚拟货币发行数据,盗取虚拟货币。如果发行人或第三方交易平台支持虚拟货币的回兑服务,黑客和犯罪分子就会将其回兑成现实货币,以获取现实利益,摆脱发行人的控制范围。若盗取的虚拟货币达到一定数量,使得发行人在短期内难以兑现,则有可能出现挤兑风险。

第三方交易平台可能会因为计算机病毒的入侵而无法正常运行,交易系统遭到破坏,交易数据丢失,甚至使整个交易系统完全瘫痪,给第三方交易平台和交易双方带来纠纷与经济损失。对于虚拟货币持有人来说,黑客或犯罪分子采用技术手段盗窃、诈骗用户的虚拟货币或虚拟财产,会给虚拟货币持有人带来经济损失。

2. 商业风险

对于社会经济系统来说,由于虚拟货币交易具有无形性,通过网络在线进行,很难取证,如果单方面不履行合同义务,会导致合同很难实施,从而破坏网络经济环境。对于虚拟货币发行人来说,虚拟货币持有人要求发行商披露更多商业信息,虚拟货币发行人承担更多信息披露义务,导致信息披露成本增加,甚至存在危及虚拟货币发行人商业秘密的风险,同时用户的线下交易会导致网络游戏失去平衡性,发行商无法满足用户使用虚拟货币兑换商品的要求会导致债务危机,出现虚拟货币用户不信任发行商而要求赔偿的情况。对于虚拟货币持有人来说,如果发行商不能履行承诺,会导致虚拟货币不能兑换商品或赎回法币;如果发行商倒闭,导致虚拟货币持有人损失;如果发行商内部管理不善,会导致发行商内部员工损害虚拟货币持有人利益;如果发行商滥发虚拟货币,会导致虚拟货币贬值;如果发行商实施诈骗,用户购买虚拟货币后,虚拟社区停止运营,就会造成用户的经济损失;虚拟货币发行人在利益的诱惑下可能将其收集到的用户个人信息资料除了用于合理用途之外,甚至出售给第三方,侵害虚拟货币持有人的隐私权。

3. 法律风险

对于社会经济系统来说,由于相关法律法规不完善或是缺乏法律规范,导致虚拟货币交易违法行为无法得到有效治理,一些虚拟货币交易征税无法实施,导致税制漏洞。在虚拟社区运营商合法履约开放服务器期间,不管是因为经营不善还是恶意终止运营,只要虚拟货币持有人未明确表示抛弃其虚拟财产,并请求虚拟货币发行人或虚拟社区运营商赔偿他们所失去的虚拟货币或虚拟财产,法庭都会给予支持,这对虚拟货币发行人来说是一种法律风险。对于虚拟货币持有人来说,发行人擅自删除用户的虚拟货币或者用户的虚拟货币被黑客和犯罪分子盗窃,存在法庭由于取证困难而无法提供救助的情况,这会给虚拟货币持有人带来一定的经济损失。

8.5.2 虚拟货币与洗钱行为

洗钱是指将非法收入合法化的过程,即以合法的形式将违法犯罪所得的收益,通过各种手段来掩饰、隐瞒其来源与性质,使其在形式上合法的行为。洗钱往往伴随着贩毒、走私、恐怖活动、贪污腐败和偷税漏税等违法犯罪活动,破坏市场经济有序竞争,并威胁到金融体系的安全与稳定,对社会有很大的危害。洗钱的关键是将非法途径获得的资金(简称"黑钱")通过多次合法的经济交易使黑钱看起来是合法渠道取得的资金(简称"白钱"),一般流动性大的商品可能成为洗钱的中介。

虚拟货币电子交易等全新支付手段的出现,在推动金融服务模式创新的同时,其高流动性、虚拟性、隐蔽性、低成本性和可以远程转移的特性容易被洗钱活动所利用。虚拟货币本身并不必然导致洗钱,虚拟货币之所以可能成为洗钱的工具和中介,是因为虚拟货币具有一定的流动性,容易出售,或者具有一定的实物购买力,能够换成其他流动性较强的物品。虽然相关法律法规规定虚拟货币发行商和运营商不准提供虚拟货币与现实货币的双向自由兑换服务,但由于存在第三方交易平台,虚拟货币与现实货币的自由兑换成为可能,为犯罪分子利用虚拟货币进行洗钱提供了便利。与传统洗钱方式相比,虚拟货币洗钱更为隐蔽,而且有关网络领域洗钱犯罪的相关法律法规并不完善,为防范、控制和侦查洗钱犯罪活动带来了很大难度。

虽然传统货币和一般电子货币的匿名性较强,但虚拟货币相对来说具有更强的匿名性。在整个交易过程中,虚拟货币的交易双方无须透露有关个人信息就可以完成交易。虚拟货币的用户只需很小的成本,甚至不需要成本,就可以在不预留任何个人真实信息的情况下,开通虚拟货币账户,使得交易者身份模糊,方便了洗钱活动的进行。同时,虚拟货币发行人的"金融脱媒"性避开了金融监管当局对交易信息的监测。通过金融机构进行资金转移是传统洗钱的重要渠道,监管当局可以调查金融机构的交易记录来预防和发现洗钱活动。当前虚拟货币的发行人一般为非金融私人公司,从现有的法律法规来看还没有对非金融私人公司承担反洗钱任务做出明确的规定,因此,监管当局的调查和监控难以找到追踪的切入点,降低了反洗钱的监管力度。

8.5.3 网络游戏"外挂"与"私服"

"外挂"程序是不法者故意编制的、对网络游戏或者包含网络游戏在内的一系列程序产生直接或间接影响的、并非网络游戏本身客户端程序的程序。随着网络技术发展的不断进步,提供网络服务的计算机程序需要在多台计算机上运行,不同于以前的单机游戏。

其中服务器完成程序运行的主要运算任务和数据存储任务,客户端是指其余更多的计算机,这些计算机主要提供输入输出和少部分运算功能,这种运行模式称为"服务器—客户端模式"。

网络游戏大多采用这种运行模式,网络游戏主程序在运营商的服务器上运行,玩家则需下载网络游戏客户端程序安装在自己的计算机上,客户端程序提供玩家本地计算机输入输出功能和与服务器游戏主程序及数据库之间的协调。所以只要服务器与玩家客户端计算机之间交换数据,玩家就可以通过修改服务器与客户端之间传送的数据来达到自己理想的游戏状态,于是专门用于修改网络游戏数据的计算机程序就应运而生。这种修改服务器与客户端传送的数据的行为称为网络游戏"外挂"。"外挂"是一种网络游戏的作弊欺骗行为,玩家利用外挂程序可以加快其挣取网络游戏币的速度,可以获得更多的网络游戏币。

运用网络游戏"外挂"导致增加的虚拟货币属于伪造的虚拟财产,这些虚拟货币在技术特征上与正常游戏所产生的虚拟货币一样,很难区别,于是会促使更多非法伪造的虚拟货币流通于市,会导致正常游戏玩家对游戏失去兴趣,对运营商和合法玩家的利益造成损害。也正因为如此,大部分网络游戏运营商会采取一定的措施来防止玩家使用"外挂",例如删除使用"外挂"玩家的游戏账号,或者封锁玩家的IP地址禁止其进入游戏,同时对举报"外挂"用户的玩家实施奖励。但是"外挂"程序也在运营商的防范过程中逐渐升级,所以始终无法杜绝。因此,如何从技术上防范"外挂",区分"外挂"与正常途径产生的虚拟货币,各国目前仍在探索中。

网络游戏"私服"就是指未经网络游戏官方允许或授权,私自安装网络游戏服务器端游戏主程序的网络游戏私人服务器。架设"私服"是对于网络游戏垄断经营权的盗窃。由于网络游戏官方服务器系统存在升级缓慢、装备难得的问题和防沉迷系统的限制,不能满足玩家的需求,导致了"私服"的产生。一些具有较高编程能力的人利用与真正服务器端相同或功能相似的程序码,来架设"私服",通过提供更低的价格、修改游戏规则和游戏数据等手段,丰富玩家游戏体验,与官方服务器抢夺市场。"私服"系统中的游戏角色通常比官方服务器系统中的游戏角色更容易升级,吸引了很多玩家由官方服务器转入"私服",使得网络游戏运营商流失了大量客户。

"私服"系统与官方服务器系统之间没有交叉领域,属于伪造的虚拟社区环境,因此这些存在于"私服"中的虚拟货币从法律上来讲都不具有合法性。而且"私服"自身具有一定的缺陷,例如"私服"不严密的程序设定或程序漏洞,会导致服务器出现缓慢或者崩溃的现象,容易被官方发现并攻击;"私服"一旦关闭,玩家的游戏记录将全部清零;游戏的官方版本不断更新升级,"私服"游戏升级版本和补丁很难及时更新。于是"私服"运营者开始与游戏开发者之间寻求合作,游戏厂商也开始慢慢将"私服"合法化,所以在这种合法"私服"中产生的虚拟货币是法律认可的。

8.5.4 虚拟货币的风险防范

1. 虚拟货币的国家监管

从虚拟货币面临的众多风险来看,许多风险仅仅依靠运营商和用户的谨慎与自律是不能避免或降低的,因此需要政府代表国家和社会公众对虚拟货币进行监管。

(1) 创造良好的虚拟货币交易环境,维护经济金融安全。避免虚拟货币的运行冲击法币金融秩序,破坏货币政策,冲击法币地位。并不是所有的虚拟货币都会对货币政策和法币地位产生冲击,只有可以与法币双向自由兑换的虚拟货币才会对货币政策和法币地位造成一定的影响。因此,在这类虚拟货币的运营商为了扩大市场范围在全球开展业务的时候,各国政府应该根据本国情况采取必要的手段和措施对其实施金融监管。政府可以出台相关规定,要求虚拟货币发行商有充足的法币准备金,规定资本充足率以满足支付相关流动性资金的需要,防范用户在要求用虚拟货币赎回法币时没有足够的法币兑现而造成的信用风险;政府对发行商和运营商的业务范围也要做出相应的规定,如果发行商和运营商没有金融经营的资格,就要对其虚拟货币赎回过程进行检查,如果存在溢价赎回,则已涉及存款业务,而虚拟货币发行商作为普通企业不能从事存款业务,就要进行相应的规范和处罚;要严格管制虚拟货币发行人的投资经营活动,规定虚拟货币发行主体只能投资于高流动性和低风险的领域,以防止出现风险。

(2) 打击虚拟货币犯罪行为,防范经济金融风险。通过政府监管要做到有效打击与虚拟货币相关的盗窃、诈骗、洗钱等违法犯罪行为。监管部门可以采取行政审批制,对运营商进行市场准入监管,防止运营商通过虚拟货币交易进行金融诈骗或非法融资,以确保虚拟货币持有人的利益。同时要对可以进行虚拟货币倒卖的第三方交易平台进行审核,要求虚拟货币交易平台记录虚拟货币的交易情况,定期将交易记录数据报送给政府监管部门,重点监控大额交易并及时调查和向监管当局报告,因为大额虚拟货币交易极有可能涉及虚拟货币盗窃和洗钱犯罪行为。如果监控到单笔交易数额较小但交易频繁,往来账户之间有相互关系,虚拟货币发行商和交易平台就应通过数据分析系统来判别洗钱的可能性。

(3) 维护虚拟货币交易主体的合法权利,保证交易公平公正。通过监管来合理划分虚拟货币发行商和用户的权利与义务,使发行商与用户之间、用户与用户之间有关虚拟货币的交易公正合理,处理好交易纠纷。政府监管部门需要通讨立法,明确界定虚拟货币持有人与监管机构知情权的合理边界,对于隐私权的保护尽量做到既能保障虚拟货币持有人隐私不受侵犯,又能保证监管机构获得足够的信息进行监管。同时要合理界定虚拟货币发行人的信息披露范围,使信息披露具有可操作性、用户享有一定知情权的同时,商业秘密也得到有效保护。虚拟货币运营商如果破产倒闭或是决定终止虚拟社区的运营,监管机构应该要求虚拟货币运营商提前告知用户,在不能通过资产重组挽救时妥善处理好各种债权债务纠纷,按照约定将虚拟货币兑换为实物商品或是进行法币补偿,防止运营商不履行义务而损害用户利益。

2. 微观主体降低风险的措施

国家监管主要是降低虚拟货币对于社会经济系统的风险,防范虚拟货币的风险并不能完全依赖各国政府的监管,作为虚拟货币参与者的微观主体也需要采取一定的措施来防范或降低虚拟货币带来的各种风险。微观主体主要是指虚拟货币的发行人和虚拟货币的持有人,即虚拟货币的发行运营商和虚拟货币用户。微观主体防范虚拟货币风险的主要措施如表8-2所示。

表 8-2　微观主体防范虚拟货币风险的主要措施

风险类别	虚拟货币发行人	虚拟货币持有人
技术风险	1. 选用安全性能高的硬件和软件系统 2. 提高技术水平,开发安全级别高的防火墙系统并定期升级 3. 实时排除技术故障,保障流通安全 4. 强化内部管理,分级设置内部员工权限 5. 提供用户账号和密码保护系统,被盗后提供密码取回服务 6. 做好数据备份,防止意外情况发生	1. 在本地计算机上安装杀毒软件和防火墙,防止黑客入侵盗窃账号密码、虚拟货币和虚拟财产 2. 关注运营商安全提醒,及时升级客户端软件 3. 在公共计算机操作时,避免留下私人账号密码等信息 4. 妥善管理账号密码,不轻易向他人泄露
业务风险	1. 加强市场调查,了解用户需求和行业变化,了解虚拟社区的产品生命周期 2. 及时处理公关事件,做好营销沟通 3. 规定信息披露程度并向公众公布 4. 根据用户意见决定是否禁止线下交易	1. 了解虚拟货币发行商和运营商的运营实力,选择进入信誉高的虚拟社区 2. 关注发行商和运营商公告,注意虚拟货币的时效期限 3. 发行商决定终止虚拟社区的运营时要及时处理账号密码、虚拟货币和虚拟财产等,同时对数据进行备份 4. 避免进入非法"私服"系统
法律风险	1. 加强与用户的沟通,对用户做出处理要提前通知并提供用户申辩机会 2. 推动立法机构对终止运营虚拟社区相关事项进行立法规范	1. 保留购买虚拟货币充值卡的发票和收据 2. 不要进行"外挂"或进入非法"私服" 3. 设置密码保护,记录 IP 地址,证明自己对账户的所有权

8.6　虚拟货币的发展趋势及未来展望

8.6.1　虚拟货币的发展趋势

虚拟货币是在网络经济飞速发展的背景下产生的一种新的货币形态,这种货币形态在促进网络经济发展的同时,自身也经历着发展和完善。前文把虚拟货币划分为泛虚拟货币、服务币、游戏币和类货币四种类型,这并不是一个严格的划分。随着计算机技术的发展和网络厂商的创新,虚拟货币的种类可能会更加丰富。从虚拟货币的发展历程来看,由于文化环境、技术水平和经济制度等方面的差异,不同种类的虚拟货币在不同国家和地区流行与发展的程度不尽相同。因此,下文根据虚拟货币的不同种类,从国外和国内两个角度来分析虚拟货币的发展趋势,国外主要指欧美等经济发达国家,虚拟货币发展相对成熟,比较有代表性。

1. 泛虚拟货币的发展趋势

泛虚拟货币主要指通过网络购买商品或服务累计积分,可抵扣相应现金,享受商家提供的积分服务的一种虚拟货币形式,主要有促销积分、折扣积分、里程数等形式。这种虚拟货币主要是商家为了吸引消费者,锁定和扩大客户群体,实现销售利润增长的一种促销手段,同时也是对忠诚客户的一种奖励措施。无论在欧美等国家还是中国,这种积分形式的虚拟货币作为商家的促销工具都有一定的发展空间。

2. 服务币的发展趋势

服务币主要是指虚拟社区运营商为了鼓励用户之间进行资源共享而设立的一种虚拟货币。用户要获得这种虚拟货币,必须按照虚拟社区的规则参与特定的虚拟社区活动。以论坛币为代表,主要是为了激励用户上传电子资料并为论坛知识增加做出贡献而产生的。

在欧美等国家,类似人大经济论坛币这样的虚拟货币非常少见。原因有两个,一是欧美有完善的知识产权法,对发明、文学和艺术等原创性作品有着严格的保护,同时对侵犯知识产权的行为进行制止和打击,使得人们不能随便上传拥有知识产权的电子资料数据,因此通过论坛币来激励用户上传电子资料不具有可行性;二是在欧美社会,人们已经习惯于互相帮助,凡是不受知识产权限制和免费的电子资料,大多数人都会上传到互联网与他人进行资源共享,像论坛币这样的激励手段也就没有存在的必要。所以,类似论坛币这种服务币在欧美等国家发展缓慢,今后也不会有继续发展壮大的可能性。

在中国,知识产权法尚不完善,人们对侵犯知识产权的行为不够重视,相关惩处不够严格,用户可以随意上传电子资料而不必担心侵犯他人的知识产权,因此通过论坛币来激励用户上传电子资料的做法有其可行性。但是随着知识产权保护法的不断完善和人们合作共享意识的加强,用户会自觉上传免费电子资料与他人共享,服务币种类会逐渐减少,服务币的激励合作功能会逐渐转化为会员荣誉功能。

3. 游戏币的发展趋势

网络游戏技术源自欧美,欧美率先创造了网络游戏产业和网络虚拟货币。在欧美地区已经发展得较为成熟的网络游戏主要分为纯粹的娱乐世界和直接模拟现实商业社会的与现实接轨的虚拟世界两种,前一种网络游戏中的游戏币与法币之间没有直接兑换关系,而后一种网络游戏将虚拟世界中的财富与现实世界相挂钩,主要以前文提及的"第二人生"及林登币为代表。

欧美等国家普遍建立了比较完善的适应现代市场需要的政治法律体系,能够为现代市场经济发展提供一个较为宽松的环境,并充分激励每个人运用智力为自己和社会创造财富。政府对于经济发展中的创新保持谨慎监管,原则上不做过多干预,通过立法来为经济发展提供一个良好公正的竞争环境,保证经济的自由。也正是由于这种经济环境,网络游戏中不能通过法币购买的虚拟货币和可以自由兑换法币的虚拟货币占据了大部分的市场份额,而且在目前以及未来相当长的时间内会保持这样的基本格局。同时,由于欧美各国金融自由化程度和支付信息化程度较高,网络技术发展较快,能够较好地保障支付的安全性,银行间的激烈竞争也使得通过网上银行实现微支付功能的交易成本较低,许多网络微型支付工具可以直接通过网上银行进行交易,因此,类似Q币这样的微型支付工具不会有太多发展。

在中国,网络游戏发展受中国传统文化影响较大,成王败寇的逻辑使中国玩家希望通过金钱手段直接获得游戏效果的机会主义思想在相当长的时间内仍将存在。对于中国玩家而言,通过金钱解决比通过在游戏中运用自己的体力和智力去获得游戏的胜利更为划算。运营商则抓住了中国玩家的赌徒和好胜心态,提供了可以直接用法币购买的虚拟货币来满足玩家需要,直截了当地赚取利润。因此在网络游戏中可以用法币直接购买的虚拟货币占据了虚拟货币市场的大部分份额。不过,随着欧美文化的影响和公民社会的成长,中国网络游戏玩家对于公平的追求会越来越强烈,网络游戏的收费模式会出现新的变化,按时间收费模式或包月收费模式将会成为网络游戏的主要收费模式,而有金钱竞争嫌疑的道具收费模式所占份额将越来越少,因此可以用法币购买的虚拟货币在未来的发展空间有限。

类似林登币这种可以自由兑换法币的虚拟货币不可能在中国发展,这是由中国现代市场经济的现状决定的。由于中国的现代市场经济发展尚处于起步阶段,与现代市场经济发展相适应的政治、法律体制还有待建立和完备。目前中国经济发展的基本模式主要还是国家和政府主导与市场调节并行的双轨制。具体来说就是在银行、保险、证券、石油、铁路、电信等方面限制民营资本的进入,实行政府统一管理,而与百姓生活密切相关的生活类商品实行完全的市场化运行。因此,像林登币这类可以与法币自由兑换、并能影响到人民币法币地位的虚拟货币,在中国这样的经济背景下,不可能被批准运营,可以推断,在将来较长的时间内不会出现能与法币自由兑换的虚拟货币。另外,由于中国金融自由化程度和支付信息化程度较低,许多网民对网上银行的安全性保持怀疑,而且中国银行业具有一定垄断性,使用网上银行支付的交易成本较高,未来一段时间内,类似Q币这种起到微型支付作用的虚拟货币还有很大的发展空间。

4. 类货币的发展趋势

类货币没有发行主体,与现实货币有兑换汇率,用户既可以用现实货币来购买,也可将其出售换成现实货币。以比特币为例,比特币自身具有很多优点:不依托现实世界金融体系,不是由某个机构任意制造,算法保证交易公平,具有无限分割的能力,总量上相对恒定和产出难度使得其价值相对稳定等。它的诞生使得货币系统的发行不再基于对中央发行机构的信任,即"去中心化"。目前,比特币已经开始进入实体经济领域,比特币交易者大部分来自电子商务领域,很多国家和地区的组织和企业开始接受比特币,比特币的开发者和推广者也在积极主动地促使比特币被更广大的市场所认可。

货币的本质是一种社会契约和价值共识。任何东西都能成为货币,只要它的价值被全社会所认可。比特币与其他虚拟货币一样具备货币的基本职能,不过由于比特币既缺乏传统货币的商品职能,又缺乏信用货币的强制力保证,它的价值取决于全社会的认可和信任。如果人们建立了对比特币整套机制的信心,它的交易范围就会逐渐扩大,认可度也会越来越高。不过由于近阶段比特币与现金兑换的价格起伏较大,使得一部分用户只是为了投机而持有比特币,而不是用于购买商品和服务,这正是因为比特币的使用范围和实际影响不够大,所以容易被投机者拿来当作投资品进行炒作。要保持比特币的持续发展就必须保证其稳定性,而疯狂炒作、囤积将使其失去信用,技术风险也会随之扩大,这种错误的理念必定阻碍比特币的发展。

对于比特币这种互联网新兴产物,欧美一些国家展现出开放包容的态度,认为这是一种金融创新。例如美国华盛顿州金融管理局网站于2014年1月公布了关于汇款服务和货币兑换服务的新规定,将比特币认定为一种虚拟货币。美联储主席伯南克认为,比特币或具有长期的承诺,会促进更快速、更安全和更高效的支付体系形成。欧洲央行一份报告显示,比特币是迄今为止最成功的但也是最有争议的虚拟货币方案。不过随着比特币在发展过程中自身风险的暴露,比特币虚拟货币系统会逐渐纳入监管范围内,但终究是为了让比特币更好地为现代市场经济服务。因此,这类虚拟货币在欧美等国家还有一定的发展空间。

在中国,为了防范比特币带来的金融风险,中国人民银行等5个部委及时地印发了《关于防范比特币风险的通知》,宣布比特币在中国政府监管范围内,将不被视为有效的交易结算工具,而是被认定为一种特定的虚拟商品,不具有与货币等同的法律地位,不能且不应作为货币在市场上流通使用。

8.6.2 虚拟货币的未来展望

1. 虚拟货币汇兑和统一的展望

从目前现代市场经济的发展情况来看,虚拟货币之间的直接汇兑不会有较大的发展空间。由于每个虚拟货币的发行商都立足于自身的利益需要,绝对不会轻易放弃自身发行虚拟货币从而扩大市场影响力的机会,并且虚拟货币的发行对于各个虚拟货币的发行商来说具有很强的外部性,直接进行虚拟货币之间的兑换将会产生产权难以清晰界定的问题。同时,虚拟货币之间的直接汇兑对于每个消费者来说也没有太大的意义,而且会导致管理成本的提高。所以,在未来较长的时期内,虚拟货币之间通过法币来进行间接兑换的格局不会有太大的变化。

虚拟货币的统一发行在未来的一段时期内没有可能性。因为,从发行的技术层面上看,虚拟货币的发行技术难度较小,对资金的投入量也没有太大的要求,一般小型企业就可以发行虚拟货币进行运营和收费。而且虚拟货币走向统一从某种程度上来说就是走向垄断,垄断模式并不利于虚拟货币的发展。像类货币这种没有发行主体的虚拟货币,它的进一步发展可能会威胁到传统货币的利益,货币发行者不会把权利全部让给计算机技术,所以其今后发展的最大可能性就是各国政府对其进行有效的法律界定和限制,建立完善的监管体系。由此推断,虚拟货币走向统一的可能性极小。

2. 虚拟货币国际化展望

互联网是一个开放的全球性网络,是一种公用信息的载体,这是虚拟货币国际化的重要基础。但是由于存在运用技术、法律等手段进行国家管制的问题,使得虚拟货币的国际化进程受到了阻碍。虚拟货币交易与流通必须以金融自由化和金融国际化为前提条件,各国由于在政治、经济和文化上发展水平参差不齐,而这种差异在短期内难以消除,而且虚拟社区服务器在各个国家分布不均衡的状况很难改变,这些都不利于虚拟货币交易和流通的国际化。

在欧美地区,一些虚拟货币已经实现了局部的自由交易和流通,基本上不受国家限制。例如"第二人生"的林登币可以在美国和欧洲自由兑换美元,无论是美国用户还是欧洲用户都可以在"第二人生"中使用林登币并与美元自由兑换。在中国,要到"第二人生"等境外虚拟社区注册必须通过境内代理商才能进行,加上中国实行金融外汇管制政策,还未完全实现外汇自由持有和自由贸易,林登币不可能与人民币自由兑换,更不可能自由进出中国。因此,虚拟货币交易和流通的国际化在中国很难推进。

因此，在互联网络国际化的前提条件下，在未来相当长的时期内，虚拟货币的国际化主要表现为在虚拟社区进行国际注册，一国的用户可以持有另一国服务器上的虚拟货币。随着互联网技术的创新，国际金融交易成本可能会降低，加上虚拟社区注册人数的不断增加，使得虚拟货币大规模的跨国交易成为可能，专门从事虚拟货币跨国交易的公司数量也会随之增加。不过虚拟货币的跨境交易也增加了国际金融监管的难度，要防范利用虚拟货币跨国交易进行的犯罪活动，需要各国金融监管部门的协力配合。

从货币的发展和演变过程来看，由于电子货币和虚拟货币的出现，当前的信用货币体系在技术和理念不断创新的情况下正向虚拟化发展，进入虚拟化货币和实体货币并存的新阶段。虚拟货币是构建网络虚拟经济的基础，虚拟世界的经济运行必须依靠虚拟货币来支撑，未来的电子商务、网络虚拟经济的发展都离不开虚拟货币。虚拟货币形式不断创新，而且已经出现了一些比较成熟的虚拟货币系统，这些系统也在网络虚拟经济不断发展的促进下更加完善，来满足互联网用户交易和使用的需要。虽然虚拟货币的出现伴生着一系列的风险，但是在科技不断进步和监管水平不断提高的情况下，不管是企业还是个人，都应及时采取应对风险的防范措施，引导虚拟货币健康发展，虚拟货币才能逐渐发展成熟。

由于不同种类的虚拟货币发展程度不同，同时虚拟货币的国际化进程会受到各国政治、法律、经济、文化差异性的制约，因此，在未来一定时期内，虚拟货币走向一体化的可能性较低，但是伴随着经济全球化的进程及信用货币体系的不断改进和完善，虚拟货币的流通范围将逐步扩大，获得更高的普及率。

参 考 文 献

[1] 吴腾华.货币银行学[M].上海：上海财经大学出版社,2008：5-13.
[2] 苏宁.虚拟货币的理论分析[M].北京：社会科学文献出版社,2008：170-180.
[3] 孙宝文,王智慧.网络虚拟货币研究[M].北京：中国人民大学出版社,2012.
[4] 周远慧.虚拟货币现状研究及监管构建[D].成都：西南财经大学,2010.
[5] 凌健.我国网络虚拟货币现状与对策研究[D].昆明：云南财经大学,2010.
[6] 王智慧.虚拟货币的理论研究[D].北京：中央财经大学,2011.
[7] 武庆悦.虚拟货币及其对货币政策的影响研究[D].西安：西安电子科技大学,2009.
[8] 王慧丽.网络虚拟货币产生的根源探讨及趋势分析[D].北京：北京邮电大学,2009.
[9] 姜金忠.网络虚拟货币法律问题研究[D].南昌：南昌大学,2012.
[10] 万辉.虚拟货币交易征税法律制度研究[D].郑州：郑州大学,2010.
[11] 张小荣.虚拟货币现状及其发展趋势研究[D].北京：北京邮电大学,2006.
[12] 高鸿.虚拟货币及其对货币政策的影响研究[D].大连：东北财经大学,2011.
[13] 张涛.虚拟货币运行的系统动力学研究[D].北京：北京邮电大学,2011.
[14] 张樊.虚拟货币法律问题研究[D].北京：中国政法大学,2007.
[15] 赵钟宜.虚拟货币的理论分析与展望[D].上海：复旦大学,2010.
[16] 何凤莲.网络虚拟货币的演进趋势研究[D].北京：北京邮电大学,2010.
[17] 蒋晓艳.侵害网络虚拟财产权的侵权责任构成要件[D].烟台：烟台大学,2011.
[18] 万星.网络虚拟货币比较研究[J].哈尔滨铁道科技,2006(3)：20-25.
[19] 肖薇,陈森,朱蜻.虚拟货币初探[J].成都电子机械高等专科学校学报,2006(4)：63-67.

第9章 互联网征信

9.1 互联网征信的概念

互联网征信主要是通过采集个人或企业在互联网交易或使用互联网各类服务过程中留下的信息数据,并结合线下渠道采集的信息数据,利用大数据、云计算等技术进行信用评估的活动。作为传统征信的有益补充,互联网征信的发展将极大扩展征信体系的数据范畴,带来全新的服务理念和先进的信息处理方式,推动传统信用评分模式的转变,进而对完善我国征信体系乃至社会信用体系发挥重要作用。

从表面上看,互联网征信和传统征信似乎只是数据的获取渠道不同,前者主要来自互联网,后者主要来自传统线下渠道,但是二者存在较大的区别,主要表现在以下四个方面。

(1) 在数据范畴和内涵方面,传统征信数据来自借贷领域并主要应用于借贷领域,而互联网征信获取的主要是信息主体在线上的行为数据,包括网上的交易数据、社交数据以及其他互联网服务使用中产生的行为数据等,而互联网的行为轨迹和细节更多反映人的性格、心理等更加本质的信息,可以用来对信息主体的信用状况进行推断。

(2) 在信用评价思路方面,传统征信的思路是用昨天的信用记录来判断今天的信用。这就存在两个问题,一是昨天信用记录不好的人今天是否仍然是一个高风险者;二是对于没有信用记录的人,如何判断其信用状况。对于第一个问题,互联网征信所获取的数据可以实时地反映个人的行为轨迹,并以此推断个人相对稳定的性格、心理状态和经济状况,进而推断其未来的履约能力。第二个问题则引出了两者的第三个差异。

(3) 在覆盖人群方面,截至2013年年底,人民银行的征信系统中有征信记录的约3.2亿人,约占总人口数的23.7%,远低于美国征信体系85%的覆盖率。随着互联网的不断普及,征信数据范围和来源渠道日益广泛,同时互联网技术的使用极大地降低了数据采集成本。因此,互联网征信可以覆盖过去没有信用记录的人,利用他们在互联网留下的信息数据做出信用判断。

(4) 在应用领域方面,互联网征信因为数据来源、数据内涵、模型思路的不同,信用评价更趋于对人的一些本性的判断,可以运用于借贷以外更广的场景,生活化、日常化的程度更高,例如应用于租房、租车、预订酒店需要支付押金或预授权等现实中非常常见的各种履约场景。

9.2 互联网征信现状分析

互联网金融的兴起,对发展普惠性、包容性金融,提高金融的效率,破解中小微企业融资难问题和促进民间金融规范发展具有重要的意义。同时,它在为我国征信业带来发展、提供机遇的同时,也对现有征信体系提出挑战。

9.2.1 我国征信业的发展现状

中国征信体系在时间上比欧美发达国家滞后非常多,跟美国比起来有着100多年的差距,中国是在1993年第一张"贷款证"诞生后才开始真正意义上的社会征信体系建设,从开始建设到目前只历经20年。目前人民银行征信系统是由个人和企业两个信用信息基础数据库组成的。企业信用信息基础数据库在1997年开始筹建,2006年7月正式运行。个人信用信息基础数据库始建于1999年,2006年1月个人信用信息基础数据库正式运行。2008年,中国人民银行被国务院赋予"管理征信业,推动建立社会信用体系"的职责。经过多年发展,截至2013年12月31日,共有8.39亿自然人纳入个人信用信息基础数据库,1 919万家企业和其他组织纳入企业信用信息基础数据库,覆盖范围广泛。2013年3月15日,《征信业管理条例》的出台解决了征信业发展中无法可依的问题,对管理征信市场,规范征信机构、信息提供者和信息使用者的行为,保护信息主体权益意义深刻,有助于发挥市场的作用,加快社会信用体系建设进程。鉴于互联网具有成本低、覆盖广、服务便捷的特点,2013年年初人民银行在四川、重庆、江苏三省市开展基于互联网的个人信用信息服务平台的验证试用工作;同年10月28日起,新增北京、广东、山东、辽宁、湖南、广西六省市,验证试用范围扩展到9个省市。目前,随着小额信贷行业发展和互联网金融的兴起,特别是P2P网络信贷平台的迅猛发展,对征信行业市场的需求不断旺盛,加上《征信业管理条例》的出台,为个人征信服务市场的发展提供必要的法律保障,使得市场化经营的个人征信机构发展再度升温,如北京安融惠众、上海资信等私营征信机构开始搭建互联网金融信用信息共享平台。

9.2.2 我国互联网金融征信体系的建设现状

互联网金融的兴起有益于征信业务创新。互联网金融服务对象的特殊性导致不同的征信需求,使征信业在以下方面得到发展新机遇。

1. 征信业务需求迅速增长

互联网金融模式将给金融消费者带来个性化的金融服务、精细化的金融营销和批量化的业务处理,准确掌握服务对象的信用状况、消费习惯及风险偏好更为重要,征信业务的需求也将快速增加。

将原有查询信用报告开展信贷业务,扩大到对电子商务领域和互联网平台上小微企业、个人的信用信息征集。P2P、网络小额信贷以及电子商务的开展高度依赖交易对象的信用信息,也将产生巨大的征信需求。此外,金融服务和产品的升级为有效防范违约风险也需要征信机构提供行业历史违约率、重要风险预警和个人信用评分等高端产品。因此,互联网金融兴起及发展将为征信业带来更广阔的市场空间。

2. 征信产品将更丰富

互联网技术已经相当成熟,基于互联网收集信息数据、提供服务给征信服务带来便利,大数据、搜索和云计算等也将推动传统征信服务方式的升级和产品的创新。传统征信业务将得到优化,例如利用互联网平台开展信用信息报告的查询、个人身份信息验证,以及将村镇银行和小额贷款公司等小型金融机构接入互联网平台。高端征信业务也将得到发展,通过互联网,资金需求方的信息在社交网络显示和传播,由搜索引擎组织和标准化,云计算进行高速处理,变成动态变化、时间连续的信息序列,最终得出资金需求者的风险定价和动态违约概率。在积累了完整历史数据后,还可以利用大数据技术挖掘行业分析、重大风险预警和宏观的经济形势预测等服务。

3. 信用信息征集范围更广

通过互联网技术的应用,传统的社会征信机构将扩大征集范围,同时阿里巴巴、腾讯、京东和百度等互联网企业依托电商平台、社交网络和搜索引擎等工具整合加工信用信息,各级政府部门也将进行电子政务工程改革,为依托互联网实现各部门间信用信息共享提供可能。最终,在征集互联网信用信息后,原本以征集信贷数据为核心的人民银行征信系统可以归集到包括信贷、证券、保险、电子商务、政务和司法等领域的信用信息,进一步提高专业化和完整性。

4. 征信机构种类更加丰富

当前,国内的公共征信组织主要有中国人民银行征信中心和其他70多家社会征信机构。在互联网金融模式下,互联网企业、金融机构也将开展征信业务。第一类是电子商务公司组建征信机构,依托自身电商平台和支付渠道,建成覆盖广泛的信用信息数据库,开展小额贷款、网络联保贷款和网络理财等业务,其中阿里金融尤为突出。第二类是金融机构拓展业务成立征信机构,征集银行信贷记录、P2P借款信息以及其他公共部门提供的信用信息等,成为专门挖掘金融数据的中介组织,如平安集团下属的P2P平台陆金所。第三类是第三方公司利用共享平台,借着互惠互利的机制,为会员机构提供信息查询及征信报告,深圳鹏元、上海资信、北京安融惠众是这一类市场化征信机构的代表。

9.2.3 我国互联网金融征信体系面临的挑战

互联网金融的发展方兴未艾,创新型金融服务平台如雨后春笋般出现,而现有征信体系建设已滞后于金融业的发展,制约着互联网金融的发展。目前我国互联网金融征信系统建设缺位,互联网金融的信用信息尚未被纳入人民银行征信系统。征信系统的数据主要来源并服务于银行业金融机构等传统意义上的信贷机构,P2P、电商小额贷款机构等新型信贷平台的信贷数据游离于征信体系之外,无法利用征信系统共享和使用征信信息,对借款人的信用缺乏了解,导致坏账率升高,风险加大。

许多公司已经看到互联网金融征信系统缺位产生的机会,并展开行动做P2P咨询平台。2013年3月,安融惠众在北京发布了"小额信贷行业信用信息共享服务平台"(MSP),该平台以会员制同业征信模式为基础,采用封闭式的会员制共享模式,目的是帮助P2P公司、小额贷款公司、担保公司等各类小额信贷组织防范借款人多头借款,降低违约风险和减少坏账损失,提供行业借款信息共享服务,形成业内失信惩罚机制。而上海资信旗下的征信业务已经获得央行颁发的征信牌照,于2013年6月正式上线"网络金融征信系统"(NFCS),服务于人民银行征信系统尚未涉及的互联网金融领域,为网络金融机构业务活动提供信用信息支持。

但是,这些信用信息共享平台有着各自的风控模型,数据或是通过与线下的小贷公司共享数据的方式获取,或是通过自己的线下团队人工获取数据搭建数据库。而且,这些数据全都是割裂开来的,由每个平台各自使用,截至目前,没有一家平台将数据与其他平台共享。总体而言,自发组织或市场化运营的共享平台的信用信息远远满足不了互联网金融行业发展的需求,征信业的发展脚步已跟不上金融的创新脚步。

9.2.4 国外征信体系建设模式

发达国家经历长时间的市场经济发展早已形成了较为完善的社会信用体系,但因各国在文化、历史、经济及法律体系方面存在差异,形成不同的社会信用体系建设模式,目前国际上主要有以下三类征信体系模式。

1. 市场主导型模式

此模式下的征信系统由私人组织开发运营,用于商业目的,通过收集、加工信用信息,为个人和企业提供第三方信用信息服务盈利。而政府的作用只是立法和监督法律执行。市场主导型征信体系的特点是政府只处于辅助地位,仅负责信用管理的立法和监管法律的执行,而市场信用机构却占据主导地位,通过发达的行业自律,依靠市场经济法则和运行机制来形成具体的运作细则。典型代表是美国,采取此类信用体系模式的还有英国、加拿大及北欧国家。

2. 政府主导型模式

此类模式下的社会信用体系以"中央信贷登记系统"为主体,以私营征信机构为辅助,"中央信贷登记系统"由政府主导的中央银行或金融管理部门牵头建立。主要用于银行业金融机构防范贷款风险、中央银行加强金融监管及执行货币政策。政府主导型的征信系统主要有强制提供征信数据、隐私保护、保密、报告贷款信息的最低贷款规模和计算机密集型技术等特点。主要在意大利、奥地利、德国、西班牙、葡萄牙、比利时和法国等国家广泛使用,其中,除法国外,其他国家存在一定的私人征信机构作补充。

3. 会员制模式

此类模式既不同于以美国为代表的市场主导型征信模式,也区别于政府主导型征信模式,可以说是介于前两类模式间的一类特殊的行业协会会员制征信模式。它是以行业协会为主建立信用信息中心,通过搭建互换平台,达到会员间信用信息共享的目的,不以盈利为目的,只收取成本费用。将自身掌握的个人或者企业的信用信息提供给信用信息中心是会员的义务,反过来信用信息中心则给予会员信用信息查询的服务。会员制征信体系模式主要在日本使用。

4. 比较借鉴

比较上述三种模式的区别和利弊,分析它们各自适用的国家类型,对我国选择适合我国国情的互联网金融征信建设模式具有重要意义。

市场主导型模式优点在于高度的市场化,征信服务覆盖面广,公共财政投入不大,在促进信用消费、扩大信用市场规模、充分调动民间资本参与和提高经济运行效率方面优势明显;不足在于需要长期的市场充分竞争和筛选,对国家法律环境、人文环境等软实力和政府部门的监管水平要求较高,否则容易出现侵犯隐私和因重复建设而造成的资源浪费,难以在较短的时间内建立起覆盖面广、市场占有率高的征信系统。

政府主导型模式的优点在于建设周期短,能有力地保护信息安全,规避金融机构信贷风险,且政府与私营机构互相配合,各有分工,相得益彰;不足在于前期投入较大,政府与私营机构的职责和责任分工、成本和收益分配难以权衡。建设周期长短、强制性和全体参加是政府主导型模式与以美国为代表的市场主导型模式之间的关键差别。

会员制模式优点在于通过共享机制降低会员各自的系统建设、信息收集处理成本,扩大信用信息覆盖范围;不足在于不考虑商业性信用服务需求,信息采集面仅限于会员间,覆盖面难以推广到全社会,商业化程度低。

这三种模式是在不同历史条件、法律制度、文化氛围和社会信用状况等背景下产生的。市场主导型模式适合市场化程度较高的国家,政府主导型模式既适合小国,也适合处于转型阶段、私营征信机构不发达和对债权人保护较差的国家;会员制模式则适合行业协会较发达的国家。

从目前我国互联网金融征信业发展的现状与趋势来看,要选择符合我国基本国情的模式来发展我国的互联网金融征信体系,必须结合我国当前的历史条件、征信市场化状况、社会信用环境状况和社会信用体系建设模式等实际情况,做到借鉴与创新相结合。我国尚处在转轨时期,征信市场化状况和社会信用环境不甚理想,单纯采取市场化的互联网金融征信模式并不现实,还需要充分发挥政府的作用。

综合以上比较结果,在借鉴国外经验的基础上,建设政府主导型的互联网金融征信体系更符合中国国情。

9.2.5 国外互联网金融征信体系建设经验启示

征信业在国外历经的100多年的发展,以及近20年的互联网金融征信体系建设经验,能给我国互联网金融征信体系建设以启示,我们可以从中获得一些思考和借鉴。

1. 逐步健全征信法律体系

20世纪60年代,美国便开始颁布信用监管的法律,发展至今其信用信息服务业的法律体系已经比较齐备。其主要做法:一是使法律范畴涵盖信用产品生产、销售、使用的全过程。涉及信用管理的主要法律有《消费者信用保护法》《诚实借贷法》《公平信用报告法》《公平债务催收作业法》《平等信用机会法》《公平信用结账法》等。二是对信用报告机构和信用报告使用者均进行规范。《公平信用报告法》是美国信用管理法律框架中最核心的法律,消费者信用报告机构和使用信用报告的消费者都要遵守《公平信用报告法》的条款,并以这些条款为依据保护消费者权益。三是及时对法律法规进行完善。上述法律伴随着美国的经济发展变化都进行了相应修改完善,其中1970年出台的《公平信用报告法》在1996年、2002年分别进行了重大修改。在英国,为了明确信用管理服务供应者的资格条件,于1974年出台了《消费者信用法》;为了规范信用数据的取得和使用,1998年又颁布了《数据保护法》。两个法案的实施对保护消费者个人隐私、规范征信业发展起到了重要作用。

2. 组建行业协会,充分发挥行业协会的自律作用

在英美,自律对互联网金融行业的良性竞争、规范运营和保护消费者权益起到很好的促进作用。美国早在19世纪末就成立了民间信用管理组织,目前,消费者数据业协会、美国国际收账者协会和全国信用管理协会三家信用行业协会影响力较大。其中1896年成立的全国信用管理协会规模最大、历史最悠久。协会通过联系会员单位举办交流会议、开展专业教育培训、制定技术标准、为客户提供商账追收服务、为授信机构提供决策咨询服务、进行政府公关等活动，推动信用行业良性发展。在英国，2011年3家共占英国人人贷市场份额92%的公司成立了全球首个互联网金融行业自律协会。2012年，英国的12家众筹公司也成立了众筹协会并设立相应行为准则，通过制定融资平台最低资本额、信用评级、IT信息安全管理、反欺诈和反洗钱措施等，约束筹资人，保护出资人权利，促进行业良性发展。

3. 自律先行，适度加强监管

为鼓励金融创新，避免"一管就死"，英国政府采取行业自律先行、监管随后跟进的方针，初期阶段不设立专门的政府监管机构或出台针对性法律和法规，而是让行业协会进行自我管理，让其自由发展，随着互联网金融行业发展壮大，才开始逐步进行监管。在美国，网络信贷被列为信贷类理财产品，需要经美国证券交易委员会批准准入，只有取得证券经纪交易商牌照的网络信贷企业才可以营业。此外，美国证券交易委员会坚持以信息披露为准的监管方法，要求P2P平台对收益权凭证和对应的借款信息做全面的披露，从监管的角度促使美国P2P行业的业务发展走向合法化、透明化，间接要求P2P平台提高其信用风险管理能力。

4. 信息共享畅通，建立失信惩戒机制

信息共享畅通，建立失信惩戒机制，鼓励人们守信用，惩罚失信的人，提高违约成本，使信用体系得到健康发展。在英美等P2P借贷业务起步较早的国家，注册借款人账号或注册互联网金融公司，都需要注册其社保账号，关联银行账号，披露学历、以往不良支付的历史记录等信息，信用信息共享程度较高，违规成本也因之较高。在美国，企业和个人都十分重视保持自身良好的信用记录，因为美国的信用交易随处可见，信用制度很完备，并且信息共享渠道畅通，没有信用记录或信用记录有污点的企业或个人，将很快被披露并给其生存和发展带来很大的麻烦。美国为了惩戒失信行为和失信者：一是通过大量信用产品的频繁交易和使用，使之与信息主体的日常生活的各个方面息息相关，并最大限度地扩大失信者与全社会的对立，达到约束和威慑失信者的目的；二是对失信者进行罚款和行政处罚；三是司法介入。

5. 拥有成熟、覆盖面广的信用服务业

美国的信用服务行业全面覆盖了个人信用服务、机构信用服务以及信用评级三个方面：一是从事个人信用服务的三家大征信机构：环联公司、艾可飞公司和益百利公司，都具有信用管理人员众多、信用信息数据库庞大的特点；二是从事企业征信的主要是邓百氏公司，该公司为99%的全球1000强企业提供经营决策参考，它的"世界数据库"拥有全球5700万家企业的信用档案；三是信用评级机构如标准普尔和穆迪，业务涵盖证券评级、保险公司支付能力评级、金融机构评级和国家主权信用评级。英国早在1830年就成立了世界上第一家征信公司，经过市场化的竞争，目前比较大的两家征信公司分别是益百利和艾可飞，其丰富成熟的信用服务机构为信用评分的发展奠定了基础。

6. 完善的信用评分机制

在英美，信用评分不仅决定一个人是否如愿以偿，而且还会决定他要付出的代价。信用评分越高，表示风险越低，享受的信贷利率越优惠。信用评分是动态的，是一个人在某一特定时刻信用风险的写照。在美国，社会信用体系是以个人信用制度为基础的，具有完

善的个人信用档案登记制度、规范的个人信用评分机制、严密的个人信用风险预警系统及其管理办法，以及健全的信用法律体系。美国的信用评分通常由费埃哲公司（FICO）根据个人信用报告计算得出，对贷款机构的决定有重要参考价值，其评分分数从 300 分到 850 分不等，超过 720 分就意味着达到社会平均水平以上，信用记录较好，如目前美国最成功的 P2P 公司 Lending Club 的借款人 FICO 信用评分平均为 715 分，而针对评级较低的客户，Lending Club 将提高贷款利率。据成立于 2005 年的全球首家 P2P 公司 Zopa 介绍，英国互联网金融公司通过较小成本即可从征信公司购买客户信用信息进行信用评分。目前，Zopa 通过信用评分对贷款人进行把关，拒贷率高达 80%，有效避免了商业欺诈等风险，该公司成立 8 年来，贷款坏账率不到 1%。

9.3 网络行为数据与个人信用的关系

信用本质上是由行为产生的，同时也体现在行为中，个人的行为是个人信用评估的基础。

传统征信工作中，往往更注重客户在财务指标方面的表现，而忽视了用户真实的信用水平，这主要是由以下三个原因导致的。

(1) 以财务指标来衡量用户在信贷活动中的还款能力更加直接和高效。

(2) 用户行为数据难以获取或者获取成本较高。

(3) 对用户行为数据的分析需要极高的计算水平。

随着社会的不断发展，个人信用的使用场景不断丰富，而这就要求对个人信用的评估更加全面，这种全面的评估需要以更加丰富并且可以被分析的用户行为数据为基础，而互联网用户行为数据正是这样的数据，互联网用户行为是伴随现代网络技术出现的，是人类行为在互联网载体上的实现形式，其本质与社会行为一致，并具有社会行为的一般特征和基本要素，更为重要的是互联网行为与社会行为不同，其本身就是电子化数据，其收集和处理相对于社会行为更加简单、高效，这些特点让使用互联网用户行为数据进行个人信用评估成为一个理所当然的选择。

9.3.1 互联网用户行为及其特征

用户的互联网行为有两个维度，微观层面上，互联网行为是指用户在互联网上的具体操作行为，如点击、浏览次数、浏览时长、发布内容等；宏观层面上，互联网行为是指用户使用了不同类型的应用，从而满足自身某种需求的行为，如观看视频、网络购物、网络游戏等。微观层面的互联网行为研究针对的是具体的某个互联网应用，本文希望探讨互联网用户行为与用户信用的关系，因此，文中所指的用户行为专指宏观用户行为。

互联网价值的本质是服务，而各种应用是互联网服务的载体，因此，互联网用户使用互联网完成的任何活动都可以具体到某个应用，这种现象被称为互联网的应用化。基于互联网应用化的事实，目前对用户互联网行为的研究，主要是基于对互联网应用的研究，而本文对用户互联网行为的研究也以互联网应用为载体。

互联网用户的行为从现阶段来看，具有以下两个明显特点。

（1）社会化。互联网应用在发展过程中，为人与人之间的交流、知识共享提供更好的支持，具有越来越明显的社会化特征，更加个性化和开放化，并鼓励个人行为。

首先，社交平台开始成为用户最近距离获取互联网服务的平台，封闭的社交生态系统开始向开放的生态系统转变，开放后的社交平台能够容纳更多互联网服务和新的应用模式，在此趋势下，社交应用在内容上更加垂直化、专业化、个性化，通过与开放平台的连接，带来更多的社交创新服务模式。在此背景下，用户在互联网上的互动行为更加丰富，社交行为也成为用户的基本互联网行为。

其次，社会化趋势改变了传统的信息类应用，互联网信息的价值链将基于社会化趋势进行重构，互联网进入了以人为中心、以社交关系为算法的社会化搜索引擎时代，在此背景下，用户传统的信息获取行为开始向社会化媒体迁移，互联网的自媒体特征使得人人成为信息产生的中心。

最后，社会化改变了互联网的商业应用以及行为，电子商务开始更多地满足个体的小众需求，用户的电子商务行为极大地依赖于社交网络以及社会化媒体。

（2）融合趋势。融合趋势的主要表征是互联网应用的平台化，重要的互联网应用成为其他类型应用的基础，应用之间开始不断融合。目前看来，主要的应用将是由很多的基础应用构成的，使得单一应用内能够进行不同类型的应用行为。从行为层面来看，基础应用对应着基本行为，这种基本行为可以由很多单一的使用行为构成。融合化也导致了应用生态的融合，借助社会化应用的发展，互联网应用之间开始对用户的社会化生态进行融合，原有的应用类型之间进行融合重构，从而产生新的应用类型，而新的用户行为也会随之产生。

了解互联网行为及其特征是我们对其进行分类和分析的基础。互联网的应用化是我们将互联网行为按不同的应用进行分类的依据，根据互联网行为的社会化特征以及社会资本的相关理论，我们在之后的信用评估模型中加入了社交因素，互联网行为的融合趋势则为我们在对不同类型互联网行为所能体现的用户个人特质分析提供了参考。

9.3.2　互联网用户行为的分类

同社会行为一样，用户的互联网行为来自个人内心的动机，行为动机源于人类希望满足某种层次的需求，因此，对互联网行为的分类需要从个人需求入手。从个人需求的角度，用户在互联网中主要有以下五种需求。

（1）社交需求。社交需求即用户希望帮助他人、表达自我、认识新人等互动型需求。

（2）信息搜索需求。信息搜索需求即用户寻找特定新信息的需求。

（3）方便快捷需求。方便快捷需求即用户希望获得更简单的过程、更便宜的价格、更方便的方式的需求。

（4）娱乐需求。娱乐需求即用户获得令自身愉悦的产品和服务的需求。

（5）打发时间需求。打发时间需求即在无事可做时经营时间的需求。

基于用户的互联网需求，我们把用户的互联网行为分为以下五种。

（1）信息获取类。利用互联网寻找自己感兴趣的内容，获取知识和信息，代表应用为搜索引擎。

(2)沟通交流类。利用互联网及时、廉价、无距离限制的方式进行信息的沟通交流,代表应用为即时通信工具。

(3)电子商务类。利用互联网的便利和快捷,进行商品和服务的交易,代表应用为电子商务网站。

(4)休闲娱乐类。通过网络资源获取视觉、听觉、心理上的快感,代表应用为网络游戏。

(5)电子服务类。利用互联网无时空差距来提供服务,代表应用为网络教育。

由于互联网的应用化,互联网的用户行为是以不同类型的网络应用来实现的,依据互联网应用的具体产品形态,用户的行为进一步划分为以下17类:即时通信,搜索引擎,网络新闻,网络音乐,网络视频,网络游戏,网络购物,网上支付,网络文学,网上银行,电子邮件,微博,旅行预定,团购,论坛,博客,互联网理财。根据中国互联网络信息中心2015年1月发布的第35次中国互联网发展状况统计报告,上述用户互联网行为规模和使用率如图9-1所示。

应 用	2015年6月		2014年12月		半年增长率（%）
	用户规模（万）	网民使用率（%）	用户规模（万）	网民使用率（%）	
即时通信	60 626	90.8	58 776	90.6	3.1
网络新闻	55 467	83.1	51 894	80.0	6.9
搜索引擎	53 615	80.3	52 223	80.5	2.7
网络音乐	48 046	72.0	47 807	73.7	0.5
博客/个人空间	47 457	71.1	46 679	72.0	1.7
网络视频	46 121	69.1	43 298	66.7	6.5
网络游戏	38 021	56.9	36 585	56.4	3.9
网络购物	37 391	56.0	36 142	55.7	3.5
微博客	20 432	30.6	24 884	38.4	−17.9
网络文学	28 467	42.6	29 385	45.3	−3.1
网上支付	35 886	53.7	30 431	46.9	17.9
电子邮件	24 511	36.7	25 178	38.8	−2.6
网上银行	30 696	46.0	28 214	43.5	8.8
旅行预订	22 903	34.3	22 173	34.2	3.3
团购	17 639	26.4	17 267	26.6	2.2
论坛/bbs	12 007	18.0	12 908	19.9	−7.0
网上炒股或炒基金	5 628	8.4	3 819	5.9	47.4
互关网理财	7 849	11.8	7 849	12.1	0.0

图9-1 用户互联网行为规模和使用率

(图片来源:第36次中国互联网发展状况统计报告)

9.3.3 互联网用户行为数据的知识发现

互联网用户行为数据的知识发现是指,从互联网的用户行为信息中提取人们感兴趣的内容,这些内容可能是隐含的、潜在的,在被组织起来进行知识发现前,单独并没有特殊的价值,但是经过某种方式的组织及处理后,就能产生新的发现,其具有以下特点。

(1) 数据规模大、维度高。
(2) 数据源具有无序性和非结构性。
(3) 数据源是动态的。
(4) 发现的目标具有多样性。

根据上文的分析,我们可以看到用户在互联网上的行为是丰富的,并且产生了大量的可分析数据,这些数据具有客观揭示用户自身特点以及预测其行为的潜力,通过这些数据的分析,我们有可能更为客观准确地评估个人信用水平。但是实现这样的分析存在一定条件,根据互联网用户行为数据的知识发现的特点,以及目前互联网数据挖掘的技术水平,我们认为在满足以下四个条件时,这些数据是可以被挖掘并用来评估个人信用的,具体条件如下。

(1) 收集和处理用户行为数据是得到用户许可或者法律允许的。一方面,从国家政策和法规方面暂时缺乏对互联网用户行为数据使用的规定和监管,用户行为数据的所有权和使用范围等内容尚未明确;另一方面,互联网产品在用户首次使用或者需要使用用户行为数据时一般会提示用户签署同意数据被使用的用户协议。由于我国网民对数据隐私不敏感,绝大多数情况下会同意协议。在此情况下,我们认为本条件现阶段是满足的。

(2) 用户行为数据是结构化或者可以进行结构化处理的。通常而言,文本化数据被认为是结构化的,而多媒体数据,由于目前处理技术的限制,暂时无法进行结构化处理,如图片、视频数据等,但是由于目前网络发展所处阶段以及互联网基础设施建设的水平,用户网络行为的绝大多数数据还是文本数据,即数据是结构化或者可结构化处理的。

(3) 自然语言处理(NLP)的分析技术能够准确地分析文字内容。对文本数据进行识别和处理的重要技术即为自然语言处理技术,现阶段的自然语言处理技术已经能够非常准确地识别文本数据的含义。

(4) 存在一个通用账号体系,可以将用户散落在各个互联网产品中的行为数据进行统一收集处理。

互联网征信要求征信机构拥有用户多种行为维度的数据,这就要求有一个统一的账号体系,能够将用户在不同互联网应用上的行为数据进行关联,虽然目前整个互联网行业没有这样统一的账号体系,但是如阿里巴巴、百度、腾讯等互联网巨头拥有涉足互联网行为各个方面的产品体系,在各自产品体系内是存在这样的通用账号体系的,因此该条件目前是部分满足的。

综上所述,通过互联网行为数据进行知识发现从而对个人信用进行评估,在技术上是可行的。接下来,我们从互联网用户行为对个人信用水平的反映角度进行分析。

9.3.4 网络行为对个人信用的反映

个人信用,有广义和狭义之分,其中广义信用是指,参与经济活动的当事人之间建立起来的以诚实守信为基础的践约能力;狭义信用是经济学中的信用,特指借贷行为,其本质是债务债权关系,是以偿还和付息为条件的价值单方面运动。

个人信用征信,是指征信机构经过与相关机构约定,把分散在不同机构中的自然人信用信息,进行收集、处理、储存,形成信用数据,为相关自然人的信用状况提供依据的经营性活动。通过上文的论述,我们已经发现用户的互联网行为非常丰富,并且通过用户网络行为数据进行个人信用评估的知识发现条件也是满足的,那么现在我们探讨互联网用户行为如何反映个人的信用水平。

1. 个人信用的"5C"模型

个人征信以个人信用数据为基础,以征信体系最发达的美国为例,个人需要向美国征信局提供三方面信息:个人身份信息、个人信贷信息、个人公开信息。三方面信息具体又可分为以下指标:信用卡指标、工龄指标、债务收入比例指标、银行卡户信息指标、信用档案年限指标、职务指标、毁誉记录指标、住房指标、住址指标、居住时间指标、收入指标等,指标的制定依照"5C"模型(图 9-2)。

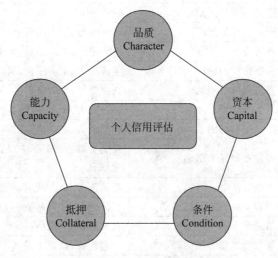

图 9-2 个人信用评估的"5C"模型

"5C"模型是金融机构对客户做风险分析的专家分析方法之一,主要从品质(character)、能力(capacity)、资本(capital)、担保(collateral)、条件(condition)五个方面对客户的还款能力和意愿进行评估,从而确定风险程度,其具体含义如下。

(1) 品质。品质指客户在履行义务、承担责任方面的可能性,是评估客户信用水平的首要指标,品质评估的是对客户的付款意愿及诚意的综合描述,属于道德范畴,因为品质直接决定了应收账款的回收速度和数额,因而用户的品行是信用评估最为重要的因素。

(2) 能力。能力指客户的偿债能力,即其流动资产的数量和质量,及其负债情况,通常以用户的偿债记录等信息为指标。

(3) 资本。资本指客户的财务实力和财务状况,用来描述客户在偿还债务时可以依靠的经济背景,例如用户的负债比率、资产净值等指标。

(4) 抵押。抵押指客户在发生违约行为时能够通过抵押来清偿债务的资产状况,这对于首次交易或信用状况有争议的客户尤为重要。

(5) 条件。条件指可能会导致用户产生违约风险的经济环境,如客户在经济困难时期的消费记录变化等。

2. 基于"5C"模型的网络行为划分

互联网行为和社会行为一样,源于人类满足某种层次需求的动机,因此,互联网行为中,也包含着能够反映个人品质、资本、能力等方面的数据。按照上文对互联网行为的分类,我们进一步分析不同互联网行为反映的个人特质信息,如表9-1所示。

表9-1 互联网用户行为可反映的用户特质

行为	描述	反映的用户特质
即时通信	用户的社交活动	身份信息、社交关系、个人品质、兴趣爱好
搜索引擎	用户获取所需信息的活动	兴趣爱好、知识水平、所处经济环境、职业信息
网络新闻	用户获取即时资讯的活动	知识水平、兴趣爱好
网络音乐	用户使用电子音乐的活动	兴趣爱好
网络视频	用户使用网络视频的活动	兴趣爱好
网络游戏	用户参与网络游戏的活动	经济能力、个人品质
网络购物	用户进行网络交易的活动	经济能力、个人品质、兴趣爱好、知识水平
网上支付	用户进行网络交易的活动	经济能力、个人品质、兴趣爱好、知识水平
网络文学	用户进行网络阅读的活动	兴趣爱好、个人品质
网上银行	用户在网络上进行银行业务的行为	经济能力、个人品质
电子邮件	用户进行网络通信的活动	社交关系、职业信息
微博	用户的微博发布和互动活动	社交关系、兴趣爱好、知识水平、个人品质、职业信息
旅行预订	用户的旅行交易活动	经济能力、个人品质、职业信息
团购	用户进行团购交易及消费的活动	经济能力、个人品质
论坛	用户的网络论坛活动	社交关系、个人品质
博客	用户的发表和浏览博客的活动	兴趣爱好、知识水平
互联网理财	用户在互联网上交易理财产品的活动	经济能力

在上述条件满足的情况下,基于"5C"模型,我们把上文划分的互联网行为进行分类,如表9-2所示。

表9-2 用户行为按照"5C"模型的划分

维度	描述	对应行为
品质	用户的个人品德素养,以及还款意愿	即时通信、搜索引擎、网络新闻、网络游戏、网络购物、网上支付、微博、旅行预订、团购、论坛、博客
能力	用户的偿债能力	网络游戏、网络购物、网上支付、网上银行、旅行预订、团购、互联网理财
资本	用户的财务状况	网络购物、网上支付、网上银行、旅行预订、团购、互联网理财
条件	所处经济环境对用户的还款影响	网络购物、网上支付、旅行预订、团购、互联网理财
抵押	用户的抵押资产	

3. 基于"5C"模型的互联网征信评估模型

通过上述分析我们可以发现,用户的互联网行为能够反映除"抵押"维度外的其他四个维度,而且能被反映的维度都有丰富的行为方式以及数据可供选择。抵押维度实际上是目前个人征信普及的较大制约因素,现实中存在大量客户因为无法提供抵押物进行初次贷款从而缺失信用记录。

而在对互联网行为数据的分析中,我们发现,互联网行为能够提供除"抵押"维度的评估数据外其他四个维度的数据,不仅如此,由于互联网的社会化趋势,大量的互联网行为中反映了用户个人的社交数据,根据社会资本理论,社交资本和经济资本是可以转化的,从而能够反映个人的信用水平。因此,在剔除"抵押"维度并加入社交维度后,得到新的基于互联网行为的信用评估模型,如表9-3所示。

表9-3 基于互联网用户行为的信用评估模型

维度	描述	可用评估指标
品质	用户的个人品德素养,以及还款意愿	即时通信、搜索引擎、网络新闻、网络游戏、网络购物、网上支付、微博、旅行预订、团购、论坛、博客
能力	用户的偿债能力	网络游戏、网络购物、网上支付、网上银行、旅行预订、团购、互联网理财
资本	用户的财务状况	网络购物、网上支付、网上银行、旅行预订、团购、互联网理财
社交	用户的社交关系	即时通信、微博、论坛
条件	所处经济环境对用户的还款影响	网络购物、网上支付、旅行预订、团购、互联网理财

9.4 芝麻信用评估体系案例介绍

阿里巴巴集团是中国最具影响力的互联网公司之一,作为中国电子商务的第一批探索者,阿里巴巴见证了中国电子商务的发展历程,同时,出于其独特而有预见性的战略眼光及其模式上的持续创新能力,阿里巴巴以领跑者的身份,在电子商务、互联网金融行业掀起颠覆性狂潮。阿里巴巴除了在电子商务领域建造闭环生态外,还利用其在金融、技术、广告等领域的资源及技术优势,充分开发其积累十余年的用户行为及交易数据价值。

阿里巴巴信贷业务是其金融领域的重要组成部分,源起于电子商务业务中小企业和淘宝卖家对小额贷款的需求。早在2007年,阿里巴巴便尝试与银行合作,帮助银行评估贷款人风险,同时也为电商平台提供融资增值服务,但是由于商业银行征信工作手续繁杂、条件苛刻,2010年,阿里巴巴终止了与银行的合作,并建立小额贷款公司,利用自有数据及评估体系向其平台上的小微企业发放贷款。

2014年9月,央行放开了个人征信业务,阿里巴巴旗下的芝麻征信成为首批试点单位,也是8家试点单位中两个互联网征信公司之一,经过在信贷领域的多年探索及依托于丰富产品线产生的数据优势,芝麻征信在2014年年底便正式推出了国内首个基于互联网用户行为数据的征信产品——芝麻信用。

芝麻信用是阿里巴巴旗下的芝麻信用管理公司推出的面向社会公众的信用服务体

系,依据用户包括互联网行为在内的各方面信息,运用大数据及云计算技术的分析,来客观呈现用户的个人信用情况,并通过与各种商品和服务的连接,让每个人都能享受信用带来的价值。芝麻信用是国内首款基于用户互联网行为信息生成的个人征信产品,其评估体系和建立过程对我国互联网征信行业的发展有着重要意义,本章将分析互联网用户行为数据与个人信用的关系并对芝麻信用的征信体系建立进行分析。

9.4.1 芝麻信用的用户行为数据分析

芝麻信用是国内首款基于用户互联网行为数据的征信产品。与传统征信数据主要来源于借贷领域不同,基于用户互联网行为的芝麻信用的数据来源更加广泛,涵盖信用卡、网购、转账、理财、生活缴费、社交关系等方面,本节将对芝麻信用评估所使用的用户行为数据进行分析。

1. 芝麻信用的用户行为数据来源

用户的互联网行为是以互联网应用为载体的,用户的互联网行为数据也是分散在不同的互联网应用中。因此,我们可以从阿里巴巴的产品线来分析芝麻信用的用户数据来源。总体上看,阿里巴巴涉及用户网络行为数据的业务可分为以下几个部分。

1) 电商平台部分

这是阿里巴巴的核心业务,主要由 C2C 平台淘宝网、B2C 平台天猫商城、团购平台聚划算、跨境零售平台 AliExpress、国内批发平台 1688 和跨境批发平台 Alibaba 构成,整个平台贯穿从批发到零售的全产业链,经过 15 年的发展,平台上积累了大量的买家、卖家以及交易数据,这也是阿里巴巴最为核心的数据部分。截至 2014 年,中国的网络购物用户规模为 3.6 亿人,网络购物行为的普及率为 55.7%,其中以淘宝网、天猫商城以及聚划算构成的网络购物平台,从 2014 年第二季度的交易规模上看,占据着国内网络零售市场 76.18% 的市场份额,淘宝网、天猫商城、聚划算中积累的大量用户行为数据是芝麻征信的重要数据来源。

2) 互联网金融部分

这是阿里巴巴近年来业务发展的重点,主要有支付、小额贷款、担保、金融零售(理财+保险)四大业务。其中,支付业务以支付宝为核心,以第三方身份为消费者提供资金安全服务;贷款业务主要是面向阿里巴巴卖家、天猫卖家以及淘宝卖家的阿里小贷;担保业务由商城融资担保有限公司向平台卖家提供融资担保业务;金融零售业务由保险和理财两部分组成,其中,保险业务由众安保险提供针对商家和消费者的保险服务,理财业务主要以支付宝为载体,向普通用户售卖理财类产品。经过多年发展,阿里金融板块的体量不断增大,目前,除了吸储业务外,阿里金融已经覆盖到金融的各个领域,积累了大量用户的金融数据。

3) 云业务

阿里云已经成长为一个集合弹性计算、数据储存、大规模计算、安全与管理、应用服务等技术的综合性技术平台。随着基础服务和产品的逐渐完善,阿里云已将其服务对象扩展至全网,并开始关注细分行业,推出移动云、游戏云、金融云等服务。不仅中小型互联网企业不断加入阿里云平台,2013 年以来,浙江、海南、贵州、广西、宁夏、河南等省份相继与阿里云合作开展智慧城市、大数据方面的业务,这都为阿里巴巴提供了大量的用户行为数据。

4)互动娱乐业务

这是阿里巴巴的非核心业务,目前主要通过收购股权进入已获得市场地位的应用来实现。阿里巴巴的泛娱乐业务由影视、游戏、音乐、阅读等板块构成,阿里巴巴不满足于仅仅对线上产品布局,在线下的智能硬件方面,阿里巴巴也在积极参与,这为阿里巴巴进行用户画像描述的研究提供了更加多样化的数据。

此外,阿里巴巴还在流量入口、社交和生活服务领域进行了积极的布局,但是因为应用的体量较小,能够提供的用户行为数据有限,在此不做过多描述。

经过梳理,我们根据阿里巴巴的业务体系绘制了阿里巴巴的用户行为数据分布图,如图 9-3 所示。

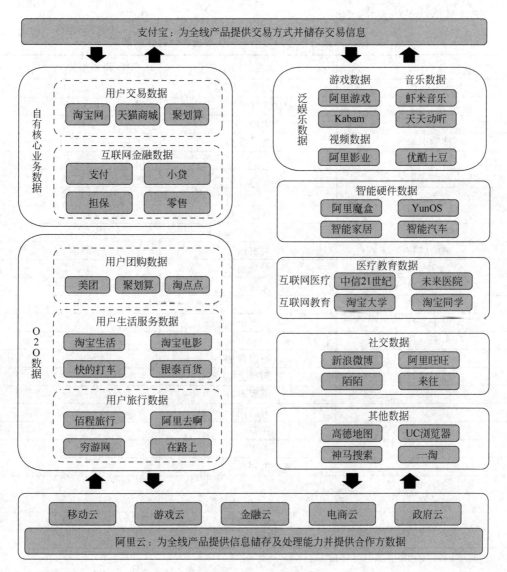

图 9-3　阿里巴巴的用户行为数据分布

第 9 章　互联网征信

经过分析发现,阿里巴巴的用户行为数据来源非常丰富,并且覆盖了绝大多数用户互联网行为,但是,在用户行为覆盖率最高的即时通讯和搜索引擎数据方面,由于产品线的弱势,无法提供太多有价值的数据。

2. 芝麻信用的用户行为数据分类

根据对互联网用户行为的分类,现在将阿里巴巴可用的个人征信数据源进行整理,为了方便之后的分析,在统计时加入了市场份额数据,计算市场份额规定如下。

(1) 交易类应用市场份额:应用交易额/市场总交易额。

(2) 非交易类应用市场份额:应用覆盖人数比例/排名前 N 的应用覆盖人数比例之和(根据具体情况,N 取 5 或 10)。

(3) 市场份额在 1% 以下的应用不计入统计。

统计具体结果如表 9-4 所示。

表 9-4 阿里巴巴可用的个人征信数据统计具体结果

行 为	应 用	市场份额(%)
即时通信	阿里旺旺	12.60
	来往	8.10
	陌陌	6.30
搜索引擎	神马搜索	\
网络新闻	\	\
网络音乐	虾米音乐	3.10
	天天动听	14.10
网络视频	优酷土豆	16.83
网络游戏	阿里游戏	\
网络购物	淘宝网	50.37
	天猫商城	25.81
网上支付	支付宝	49.20
网络文学	\	\
网上银行	Mybank	\
电子邮件	\	\
微博	新浪微博	88.70
旅行预订	阿里去啊	\
	佰程旅行	\
	穷游网	\
	在路上	\
团购	美团	55.23
	聚划算	\
论坛	\	\
博客	\	\
互联网理财	余额宝	27.10
	招财宝	\

(数据来源:艾瑞咨询,2014 年中国互联网核心经济数据)

可以看出,阿里巴巴的用户行为数据基本覆盖了信用评估模型的5个维度,并且在每个维度上可以提供一种以上的用户行为数据,从而在数据的多样性上有一定保证。

9.4.2 芝麻信用的征信评估体系建立

芝麻信用是国内首个基于互联网用户行为数据建立的征信评估体系,其出现对我国征信行业发展有着重要意义。根据上文的分析,可以发现阿里巴巴拥有规模巨大并且维度较为丰富的用户互联网行为数据,如何利用这些数据建立芝麻征信的信用评估体系是本节将要探讨的问题。

1. 芝麻信用概述

芝麻信用是在大数据和云计算等技术的支持下,通过对用户包括互联网行为数据在内的多种信息进行分析后,对用户信用水平进行描述的新型信用评估体系。

从评估数据上看,芝麻信用采用"FICO"分的评分体系,从信用历史、行为偏好、履约能力、身份特质、人脉等方面综合评分,分数分为五个级别:较差(350~550分)、中等(550~600分)、良好(600~650分)、优秀(650~700分)、极好(700~950分)。数据来源方面,除了阿里自有产品体系提供的用户行为数据,还包括众多合作伙伴以及政府机构的数据,保证了数据来源的多样性。

芝麻信用于2015年1月28在支付宝内测试上线后反响强烈,基于阿里巴巴在网络购物和网络支付领域强势的产品线,芝麻信用面临丰富的使用场景。截至2015年4月,芝麻信用已经提出凭借信用进行打车、入住酒店、短租房等信用使用场景,达到一定信用的用户还可以从阿里小贷获得对应额度的消费贷款。

同传统征信评估体系相比,芝麻信用在评估数据、评估技术以及应用场景上拥有优势,具有数据来源更加丰富、产品服务更加便利、评估结果更加灵活等特点。

2. 芝麻信用的评估模型

芝麻信用在评估模型上以"FICO"分评分体系为基础。该评分体系是以"5C"模型为标准的,通过对用户品德、资本、财务状况等信息评估后综合给出用户信用得分的评估模型。

FICO信用分是美国个人消费信用评估公司开发的一套个人信用评级法,已经得到社会的广泛接受。由于美国三大信用局都使用FICO信用分,每一份信用报告上都附有FICO信用分,以致FICO信用分成为信用分的代名词。它是美国Fair Isaac & Company的专有产品,FICO信用分由此得名。FICO信用分模型利用高达100万的大样本数据,首先确定刻画消费者的信用、品德,以及支付能力的指标,再把各个指标分成若干个档次以及各个档次的得分,然后计算每个指标的加权,最后得到消费者的总得分。FICO信用分的打分范围是300~850分。虽然在审查各种信用贷款申请时,每个金融机构都有各自的方法和分数线,但FICO信用分仍可以帮助他们决策。

芝麻信用虽然参考了"FICO"模型,但是,作为基于互联网用户行为数据的评估体系,芝麻信用有自己的特点。

芝麻信用的评估维度分为:身份特质、信用历史、行为偏好、履约能力、人脉五个维度。

(1) 身份特质。身份特质指用户的年龄、性别、职业、家庭状况、婚姻状况、收入水平等基本信息。

(2) 信用历史。信用历史指用户在过往发生的债务活动中的表现,主要是过往信用卡的还款记录以及信用账户历史。

(3) 行为偏好。行为偏好指用户在购物、缴费、转账、理财等活动中的偏好及稳定性。

(4) 履约能力。履行能力指用户在进行各类信用服务中的履约表现,如使用打车应用最终是否完成与司机的约定,预订酒店后是否按时到店,等等。

(5) 人脉。人脉指用户好友的信用等级以及用户和好友的互动程度。

可以看出,上述五个维度和我们上文建立的基于"5C"模型的互联网信用评估模型是一致的,具体表现如下。

(1) 身份特质,可以提供用户的"品质""能力""条件"信息。

(2) 信用历史,可以提供用户的"品质""能力""资本""条件"信息。

(3) 行为偏好,可以提供用户的"品质""能力""资本""条件"信息。

(4) 履约能力,可以提供用户的"品质""资本"信息。

(5) 人脉,可以提供用户的"社交"信息。

3. 芝麻信用的评估指标

由于芝麻信用拥有较为丰富的评估数据来源,因此其评估指标也非常多样,经过分析,我们把芝麻信用的评估指标分为基本信息、消费偏好、支付和资金、人脉、黑名单信息五类基本信息类指标。

基本信息类指标主要包括用户的身份信息和注册信息两方面,其中,身份信息有用户的年龄、性别、家庭状况、职业等指标,注册信息包括用户在芝麻信用注册时的注册方式、是否实名认证、注册时长等指标。基本信息类指标主要是反映用户的大致形象,让授信机构对用户的身份特质有初步了解。

消费偏好类指标主要包括消费场景、消费层次、是否进行消费分享等指标。其中,消费场景是指用户网络消费时购买的商品或服务的类型,如出行是乘坐飞机还是火车、预订什么星级的酒店、购买服饰的种类等;消费层次是指用户在一定时间段内(周、月、年)的消费总额,以此来反映用户的经济水平以及其经济能力的变化情况。

支付和资金类指标主要包括信用卡数量、信用卡开户时长、银行卡数量、银行卡种类、信用卡额度等,通过这些指标来反映用户的资产状况以及还款能力。

人脉类指标主要包括人脉圈信用度,即社交圈内其他用户的信用水平、微博活跃度、微博粉丝数、微博影响力及微博转发评论数量等指标。人脉信息类指标是互联网征信独有的评估维度,人脉指标可以反映用户的社会资产状况。

黑名单信息类指标主要包括是否有公检法不良记录、信用卡是否有逾期还款行为、网络消费时是否有欺诈行为、水电气缴费是否及时、预约酒店出租车是否有违约行为等,主要用来反映用户的个人品行及履约能力。

通过分析,我们发现,芝麻信用的评估指标体系(图 9-4)有以下特点。

(1) 传统评估指标和互联网评估指标相结合。芝麻信用的评估指标中,基本信息类指标与支付和资金类指标属于传统征信评估指标,而消费偏好类指标、人脉类指标、黑名单信息类指标则属于互联网征信特有的评估指标,所以,芝麻征信是利用互联网数据对传统征信进行的拓展即革新,并没有完全脱离传统征信。

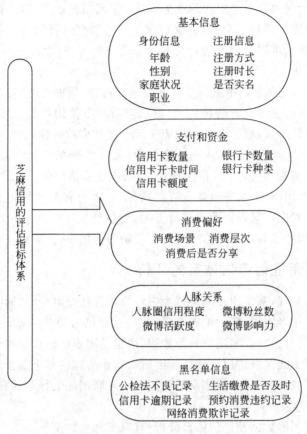

图 9-4 芝麻信用的评估指标体系

(2) 动态指标和静态指标相结合。芝麻信用除了包括基本信息类指标、支付和资金类指标等静态评估指标,还包含消费偏好类指标、人脉类指标、黑名单信息类指标等动态指标,动态指标的加入意味着用户的信用评估不再是独立和固定不变的,而是通过用户最新消费及经济水平等信息的评估得到的实时结果。

(3) 信用使用与信用评估相结合。芝麻信用具有丰富的使用场景,如通过信用使用出租车、入住酒店等服务,但同时,这些使用场景下用户的行为也是用户信用评估的指标,这就使得芝麻信用可以保持实时更新,从而更准确及时地反映用户的信用水平。

4. 芝麻信用的评估体系

芝麻信用的评估体系是一个动态评估体系,主要由三部分构成。

(1) 数据收集。芝麻信用拥有较为丰富的数据来源,主要可以分为以下四类。①来自淘宝、天猫体系的电商数据,可以为评估提供用户的财务状况、个人偏好等信息;②来自蚂蚁金服的互联网金融数据,可以为评估提供用户的财务状况、信用历史、履约能力等信息;③来自众多合作企业以及合作机构的信息,可以为评估提供用户的身份特质、履约能力、人脉等信息;④用户自主上传的经过认证的信息,可以为评估提供其他所需信息。

(2) 技术处理。芝麻信用的数据从储存到生成结果,使用的是阿里巴巴通用的大数据平台业务,该平台主要由三个层次的业务组成:①阿里云业务,提供数据储存和处理的基础设施服务;②数据平台事业部,提供对收集到的数据进行结构化处理的"数据清洗"工作,让收集到的数据可以被用来进行分析;③商业智能部,对清洗后的数据进行分析,供各个业务部门使用。

(3)应用场景。芝麻信用虽然诞生时间较短,但是在阿里巴巴丰富的产品体系下,拥有多种使用场景,仅从目前公开的信息中,就已经有以下使用场景:旅行信用入住,即芝麻信用达到一定分数,可以享受在合作酒店无须押金和房款直接入住,在一定时间内补齐房款即可;信用租房,即芝麻信用达到一定分数,可以享受在合作租房机构免费入住,入住一定时间内补交房租即可;个人信用贷款,即根据芝麻信用分数,可以在阿里小贷申请对应额度的贷款,无须审核,快速放款。可以预见,未来会有更多的阿里产品和合作伙伴使用芝麻信用作为对用户某种资质的审核参考,而各种应用场景下的用户行为数据又会反馈到芝麻信用,进一步对用户的信用进行更准确的评估,从而形成一个动态评估过程。

9.4.3 芝麻信用征信评估体系的评价

通过研究我们发现,基于用户网络行为进行信用评估是可行的,而阿里巴巴作为国际领先的电子商务公司,经过多年的生态布局,其产品线已覆盖到互联网的各个领域,从而拥有了数量巨大、并且多样性的用户行为数据,这也是阿里巴巴在拿到个人征信业务试点牌照后能够最快速上线芝麻信用产品的原因所在。作为国内首个基于用户网络行为的个人征信产品,芝麻信用的征信评估体系对我国未来互联网征信行业的发展具有重要意义。

1. 芝麻信用评述

通过对芝麻信用的数据及评估体系分析,有以下几点结论。

(1)芝麻信用是一款互联网产品。首先,从数据来源上看,其主要数据来源于用户的互联网行为;其次,其评估过程主要依托于互联网大数据技术;最后,其使用场景大多与互联网产品相关。

(2)芝麻信用是传统征信在互联网时代的继承。芝麻信用虽然是一款互联网产品,但是其基础仍然是传统征信理论和评估技术。如上文分析的,芝麻信用虽然采用了互联网行为数据作为评估指标,但是其评估维度依然遵循传统信用评估的"5C"模型,其评分体系则借鉴了"FICO"分体系,是传统征信在互联网时代的发展。

(3)芝麻信用实现了对传统征信的两大变革。芝麻信用的诞生完成了对传统征信的两项革命:一方面,芝麻信用将征信工作从评估个人经济信用水平变成了评估个人践约能力,完成了从狭义信用到广义信用的革命;另一方面,芝麻信用将个人信用由静态信用升级为实施动态信用。虽然芝麻信用在发展中还存在一些亟待解决的问题,但是作为先驱者,它的出现为我国互联网征信行业的发展提供了宝贵的借鉴和参考价值。

2. 芝麻信用与传统征信的比较

互联网征信是传统征信理论和互联网技术及思维结合的革命性产物,互联网征信源于传统征信,但又拥有传统征信不具备的特点。以芝麻信用为例,二者的区别主要有以下几方面。

(1)数据来源区别。传统征信的数据主要来源于金融信贷机构以及公共机构,而芝麻信用的数据来自用户的互联网行为,以及各种合作机构,互联网行为包含能够反映用户特质的各种信息,种类丰富,易于获取,因此,互联网征信在数据来源上比传统征信更加丰富。

(2) 评估维度区别。传统征信主要考察用户的财务状况,从而判断用户在经济上的还款意愿及能力;而芝麻信用除了考察用户的财务状况外,更综合考虑用户的品质、行为偏好、社交人脉等信息,相比于传统征信衡量个人的经济信用,芝麻信用评估的是个人的践约能力,这是对用户广义信用的评价。

(3) 个人信用用途区别。传统征信的信用评估仅针对贷款、购置房屋等特定的使用场景,而芝麻信用通过与互联网产品和服务的结合,让用户的信用有了更加广泛的用途,如信用旅馆、信用租房等,让用户的信用能够产生更大的价值。

(4) 评估体系的灵活性区别。传统征信是静态的,而芝麻信用通过对用户互联网行为的即时检测,以及对芝麻信用在不同场景下使用的数据反馈,能够不断调整用户的信用评分,是一个动态的评估体系。

综上所述,芝麻信用是利用互联网技术对征信行业进行的一次革命性尝试,其拥有传统征信无法比拟的优势。

3. 芝麻信用面临的问题

虽然芝麻征信是对互联网征信一次成功的尝试,但是作为新兴产品,面对一个崭新的行业,其在未来发展中仍面临以下几方面问题。

(1) 数据孤岛问题。通过研究,我们清楚地看到,芝麻信用在用户的互联网行为数据上的主要优势来自阿里巴巴的核心业务,如网络购物、互联网金融等数据,虽然在其他行为方面也有相当数量的产品作为数据来源,但是在搜索引擎、社交、网络游戏等行为上,其数据来源相对匮乏,而这些行为数据所在的领域是由少数几家企业占据支配地位的,这就决定了阿里巴巴很难通过入股或者兼并某个企业来获取该行为的数据,而拥有数据的企业由于自身业务的需要,也不大可能向阿里巴巴出售这些行为数据,在这样的情况下,未来芝麻信用的发展就会受到很大的制约,其对用户信用评估的准确程度也会因为某些行为数据的缺乏而陷入"瓶颈"。

(2) 用户隐私问题。目前,由于国内尚未对互联网征信的数据采集做相关规定,所以互联网企业对用户行为数据的使用实际上是无限制的,但是这种无限制在一些情况下会对用户的隐私造成侵犯。随着我国法制的不断健全,很难判断未来对互联网征信所收集的用户行为数据有哪些限制,如果评估的重要行为数据无法合法采集,就会对评估体系有重要影响。

(3) 用户非结构化数据日益增多问题。随着时代发展,人们在互联网行为中产生的非结构数据,如图片、视频、音频等内容在用户行为数据中的占比不断增加,而处理非结构数据的技术却发展相对缓慢,如果未来无法准确地分析用户产生的非结构数据,互联网征信可能会陷入数据匮乏的境地。

(4) 基于传统征信评分体系的适用性问题。互联网征信目前处于探索性发展阶段,当下只能以传统信用相关理论和评估技术为基础,但是由于互联网用户行为与社会行为的差异,传统的信用理论和技术未必一定适合互联网征信,其适用性将对评估结果的准确性产生影响。

9.5 互联网金融征信体系建设对策建议

在大数据时代背景下,征信业的发展面临机遇与挑战,大数据征信行业的健康、稳健发展需要从法律顶层设计、信息共享机制、适度有效监管以及消费者的隐私保护等维度不断进行创新、发展和完善,而法律的建构与完善则是最重要的一条主线,它对大数据征信行业的发展起到基础性的支撑和规范作用,必须审慎思考,探索出适合大数据征信本质和特征的新型包容性法律框架与体系。

1. 加强法律顶层设计,完善大数据条件下的征信法律体系

以保护金融信用为价值目标,明确界定公民在个人信用数据分享与公开环境下的隐私权保护问题,制定关于隐私权保护的专门性法律法规,或者在其他民法规范中增加与信用征信相关的隐私权保护内容。

加快推动关于信用征信活动的法律法规的出台,从制度设计上为征信提供一整套行之有效的行为规则,从信用数据的采集、使用范围信息披露以及征信主体、信息主体相关各方的具体权利和义务等维度进行明确规定。毋庸置疑,信息产权的明晰化有助于减少信息传播与使用环节的法律纠纷、维护个人隐私、保护商业秘密并在一定程度上减少金融风险的发生。

充分考虑以大数据征信为代表的互联网金融发展背景下信用征信的新特点,现有征信法律法规都是基于传统数据模式而制定的,现实中,很难满足互联网技术条件下信用征信的发展需求。因此,建议对现有征信法律规范进行补充完善,将新金融业态下的征信业务发展模式纳入法律规制体系中,赋予其合法地位,明确大数据技术条件下信息数据的采集、整合以及使用的流程规范,最终促进民间征信与央行征信协调、多元化发展。

2. 切实有效地提升信用征信业的监管水平与能力

对于大数据时代的征信业,要切实加强对行业的监督管理,有效防范系统性金融风险。央行作为征信业的主要监管机构要切实提高自身监管能力,在充分了解行业现状、问题的基础上,制定金融信用信息基础数据库的用户管理规范和征信业的信息安全规范标准,加强对信息主体权益的保护,保障征信机构运行中的信息安全;建立统一的信息主体标识规范、征信基本术语规范,为扩大信息采集范围,促进信用信息共享和应用提供统一的信息技术参考;尽快出台符合大数据征信业发展的监管措施和法律规范;研究层级清晰、结构完善的征信业总体标准和基础类指标体系,提高征信标准化工作的适用性和科学性;同时要建立多部门联动、协调合作的监管机制,推动大数据征信业的规范、有序、稳健发展。

3. 切实加强金融消费者权益保护,建构扎实有效的保护框架

互联网时代,特别是在大数据技术被广泛应用的时代背景下,金融消费者面临资金、技术和个人信息泄露等诸多潜在风险,因此加强对消费者个人信息保护势在必行。总体而言,个人信息保护的逻辑应当是既有效保护个人隐私,又不过度抑制征信行业的创新,从而达到两者的均衡,促进大数据征信现实价值的实现。在大数据时代,个人数据呈现集中化态势,同时伴随着对体量巨大的样本数据的挖掘和整合,导致对个人信息数据的防护变得困难重重,隐私保护和数据安全成为制约大数据征信发展的最大"瓶颈"。因此,必须适时建设和完善符合大数据条件下的信息安全保护机制,应当着力强化对互联网个人信息的法律保护,对互联网领域内涉及个人隐私的数据、信息进行有效界定,制定金融信用信息基础数据库的用户管理规范,从征信信息主体、信息来源以及大数据征信机构等从业主体的角度对其权利、义务以及法律责任进行明确界定,同时明确个人隐私的种类、范围和使用的前置性条件,确保信息主体的信息、数据依法应用,不侵害金融消费者的合法权益。从技术角度考量,要采用先进的网络安全技术和信息保护手段,对信息采集、加工、整合、应用等全过程进行有效防控和保护。同时,应当加强对泄露和贩卖个人数据、隐私等不法行为的打击力度,及时有效地威慑和惩戒侵犯个人隐私的不法分子。

加强对金融消费者的教育,强化金融消费者的自我保护意识和风险防范能力,也是我国相关监管机关、征信机构以及征信行业自律组织的一项必不可少的工作,当前的工作重点是加强个人信息保密工作,积极引导金融消费者对征信工作深入认识与了解,加强金融消费者个人隐私的信息安全保护,依法对侵害消费者权益的各种行为加强监管,拓宽个人信息保障渠道,健全权益救济机制,完善异议处理和侵权责任追究制度。切实保护公民的隐私权,最终完善个人隐私的保护框架与法律建构。与此同时,也应当加强对金融机构、征信机构的宣传教育和业务培训,提高其对征信信息主体权益保护工作的认识,增强其业务能力和守法规范经营的意识;开展面向征信信息主体的权益保护教育,引导其通过合法手段维护自身权益。

参 考 文 献

[1] 林钧跃.社会信用体系理论的传承脉络与创新[J].征信,2012(1):1-12.
[2] 黄震,臧文静.我国互联网信用管理文献述评[J].中国征信,2013(9):39-40.
[3] 莫易娴.P2P网络借贷国内外理论与实践研究文献综述[J].金融理论与实践,2011(12):101-104.
[4] 李博,董亮.互联网金融的模式与发展[J].中国金融,2013(10):19-21.
[5] 宋世伦,刘岩松.关于电子商务信用体系建设的思考[J].征信,2012(1):54-57.
[6] 袁新峰.关于当前互联网金融征信发展的思考[J].征信,2014(1):39-42.
[7] 陈敬民.关于互联网金融的若干思考[J].金融纵横,2013(9):13-15.
[8] 黄海龙.基于以电商平台为核心的互联网金融研究[J].上海金融,2013(8):18-23.
[9] 沈琨.NFCS助互联网金融风控升级[J].金融电子化,2014,1:44-45.
[10] 阮德信.网络信用体系构架与建设路径[J].中国集体经济,2008(12):36-37.
[11] 黄玺.互联网金融背景下我国征信业发展的思考[J].征信,2014(5):6-12.
[12] 吴晶妹.未来中国征信:三大数据体系[J].征信,2013(1):4-12.
[13] 毕家新.美国征信体系模式及其启示[J].征信,2010(2):75-77.
[14] 彭冬梅.我国网络经济下信用体系构建过程中的问题分析[J].中小企业管理与科技(下刊),2012(6):170-171.
[15] 吴晶妹.2015展望:网络征信发展元年[J].征信,2014(12):8-13.
[16] 牛禄青.互联网金融需要适度监管——专访中国社科院金融研究所研究员曾刚[J].新经济导刊,2013(10):44-47.

[17] 杨悦.金融消费者权益保护的国际经验与制度借鉴[J].现代管理科学,2010(2):115.
[18] 杨群华.我国互联网金融的特殊风险及防范研究[J].金融科技时代,2013(7):100-101.
[19] 王希军,李士涛.互联网金融推动征信业发展[J].中国金融,2013(24):60-61.
[20] 汪继宁.对金融业统一征信平台搭建的思考——基于银行、证券、保险信息共享的探索[J].征信,2013(3):43-46.
[21] 马毅.商业银行邂逅大数据:挑战与竞争战略演进[J].征信,2014(2):75-78.
[22] 刘芸,朱瑞博.互联网金融、小微企业融资与征信体系深化[J].征信,2014(2):31-35.
[23] 米勒.征信体系和国际经济[M].北京:中国金融出版社,2004:187-192.

第10章 互联网金融监管

10.1 我国互联网金融监管现状

10.1.1 互联网金融监管现状概述

2013年,互联网金融取得了飞速的发展,非金融支付机构以及众多互联网企业依托平台优势,开展第三方支付、P2P网络借贷、众筹融资等,涉及互联网金融业务,传统的金融机构也通过创新纷纷涉足互联网金融业务。2015年11月3日,《中共中央关于制定国民经济和社会发展第十三个五年规划的建议》正式发布,该建议首次将互联网金融写入国家的五年规划,这让行业看到了互联网金融的发展空间,同时也意味着互联网金融作为一种新的经济形态已经被正式确立。

互联网金融自进入我国之后,就取得了飞速的发展。在发展初期,各个监管部门对互联网金融这一新生事物持有支持肯定的态度,央行副行长刘士余曾经指出:"互联网金融是非常重要的包容性金融,它与传统金融体系相互渗透,相互促进,相得益彰。目前对于互联网金融进行评价,尚缺乏完整的时间序列和数据来支持,要留有一定的观察期。观察期要持包容的态度。"因此,对互联网金融的监管一直处于"空窗"状态。

互联网金融发展过程中,非法集资问题是监管部门坚决不能触碰的底线,为依法惩治非法吸收公众存款、集资诈骗等非法集资犯罪活动,2010年1月22日,由最高人民法院颁布了《最高人民法院关于审理非法集资刑事案件具体应用法律若干问题的解释》;2014年3月25日,最高人民法院、最高人民检察院及公安部共同颁布了《关于办理非法集资刑事案件适用法律若干问题的意见》,都对非法集资问题有所规定;《中华人民共和国刑法》(以下简称《刑法》)中,也对非法集资问题的处罚条例做了说明。

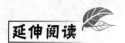

《中华人民共和国刑法》非法集资相关条款

第一百七十六条 非法吸收公众存款或者变相吸收公众存款,扰乱金融秩序的,处三年以下有期徒刑或者拘役,并处或者单处二万元以上二十万元以下罚金;数额巨大或者有其他严重情节的,处三年以上十年以下有期徒刑,并处五万元以上五十万元以下罚金。

单位犯前款罪的,对单位判处罚金,并对其直接负责的主管人员和其他直接责任人员,依照前款的规定处罚。

第一百九十二条 以非法占有为目的,使用诈骗方法非法集资,数额较大的,处五年以下有期徒刑或者拘役,并处二万元以上二十万元以下罚金;数额巨大或者有其他严重情节的,处五年以上十年以下有期徒刑,并处五万元以上五十万元以下罚金;数额特别巨大或者有其他特别严重情节的,处十年以上有期徒刑或者无期徒刑,并处五万元以上五十万元以下罚金或者没收财产。

第一百七十九条 未经国家有关主管部门批准,擅自发行股票或者公司、企业债券,数额巨大、后果严重或者有其他严重情节的,处五年以下有期徒刑或者拘役,并处或者单处非法募集资金金额百分之一以上百分之五以下罚金。

单位犯前款罪的,对单位判处罚金,并对其直接负责的主管人员和其他直接责任人员,处五年以下有期徒刑或者拘役。

第二百二十二条 广告主、广告经营者、广告发布者违反国家规定,利用广告对商品或者服务作虚假宣传,情节严重的,处二年以下有期徒刑或者拘役,并处或者单处罚金。

第二百二十五条 违反国家规定,有下列非法经营行为之一,扰乱市场秩序,情节严重的,处五年以下有期徒刑或者拘役,并处或者单处违法所得一倍以上五倍以下罚金;情节特别严重的,处五年以上有期徒刑,并处违法所得一倍以上五倍以下罚金或者没收财产:(一)未经许可经营法律、行政法规规定的专营、专卖物品或者其他限制买卖的物品的;(二)买卖进出口许可证、进出口原产地证明以及其他法律、行政法规规定的经营许可证或者批准文件的;(三)其他严重扰乱市场秩序的非法经营行为。

资料来源:《中华人民共和国刑法》相关条款。

互联网金融作为新兴的金融模式,向金融监管提出了严峻的挑战,除了非法集资问题外,由于互联网金融监管法律条例落后于其发展速度,利用法律监管"空窗期"打擦边球的互联网金融企业也不在少数。以P2P网络借贷问题平台为例,2011年全年,P2P问题平台数量仅为10家,至2014年已达到275家,2015年全年问题平台更是高达896家,给投资者带来了很大的损失。由此可见,互联网金融在带来巨大便利的同时,在发展过程中也暴露出一些问题和风险隐患。由于互联网金融的业务多借由互联网平台开展,这些风险一旦爆发,就容易通过互联网传播,导致系统性和区域性风险。

目前,在互联网金融的发展过程中,主要存在以下问题。

(1) 行业发展"缺门槛、缺规则、缺监管"。

(2) 客户资金安全存在隐患,出现了多起经营者"卷款跑路"事件。

(3) 从业机构内控制度不健全,存在经营风险。

(4) 信用体系和金融消费者保护机制不健全。

(5) 从业机构的信息安全水平有待提高等。

我国对互联网金融的监管也开始了摸索:

2013年年底,国务院办公厅颁布了《关于加强影子银行监管有关问题的通知》(国办发〔2013〕107号),该通知中明确规定:对第三方理财、非金融机构资产证券化、网络金融活动等,由中国人民银行会同有关部门共同研究指定办法,并且要求各机构在开展金融互联网业务时,遵守行业规范,不得超范围经营,不得利用互联网技术违规从事金融业务。

2015年7月18日,中国人民银行、工业和信息化部、公安部、财政部、国家工商行政管理总局、国务院法制办、中国银行业监督管理委员会、中国证券监督管理委员会、中国保险监督管理委员会、国家互联网信息办公室等十部委颁布了《关于促进互联网金融健康发展的指导意见》。

作为互联网金融形成发展以来第一部纲领性文件,《关于促进互联网金融健康发展的指导意见》表明了党中央、国务院对互联网金融行业健康发展的重视程度,一方面,鼓励创新,支持互联网金融稳步发展;另一方面,以国家政策形式规范互联网金融的市场秩序。

在行业自律方面,2013年8月9日,我国成立了首家互联网金融行业组织——中关村互联网金融行业协会。该协会发挥了中关村作为我国互联网等信息技术发展中心和国家科技金融创新中心的核心优势,其首批发起成立协会的会员单位包括京东商城、当当网等电商平台,拉卡拉、易宝支付、钱袋网等第三方支付企业,融360、天使汇、人人贷、有利网等互联网金融平台机构,用友软件、银达润和等中关村企业和中关村企业信用促进会、中国技术交易所等机构。

互联网金融作为新生事物,其工作原理、业务模式及风险防范等方面都有待深入研究,因此,为了加强互联网金融行业的沟通协作,并促进其发展,2013年12月3日,互联网金融专业委员会在北京召开了成员单位大会。

互联网金融专业委员会相关介绍

互联网金融作为新兴业态,向金融领域广泛渗透,规模不断壮大,但目前业内对于互联网金融的概念界定、业务规模、风险防范等问题都有待于进一步研究,对于互联网金融业务规则也需要进一步规范。

因此,2013年12月3日,中国支付清算协会互联网金融专业委员会在北京成立,委员会的成员包括中国平安综合性金融集团1家、工农中建等商业银行18家、中信证券和国泰君安证券公司2家、支付机构28家、人民银行相关单位2家、银行卡清算机构1家、翼龙贷及人人贷等从事P2P网络借贷业务的公司10家、高校和研究机构6家、其他相关机构7家。

委员会的主要职责是"研究、交流、服务、自律",具体包括:

(1)重点研究互联网金融运行机制和发展趋势,积极探索创新模式、发展规律,推动行业可持续发展。

(2)加强沟通交流,总结发展经验,分享发展成果,通过组织研讨会、论坛、培训等方式,促进同业交流,推动创新发展。

(3)为会员单位经营和行业整体发展做好服务,如加强与政府部门沟通、反馈行业发展情况等。

(4)推动自律,探索建立互联网金融自律机制,引导成员单位加强内控建设等。

该协会为各相关单位提供搭建有效的沟通平台,各单位可以共同对互联网金融业务进行研究,有利于加强互联网金融各界的沟通与协作,积极为互联网金融各方提供支持和帮助,探索推进行业自律,促进互联网金融与支付技术和手段的结合运用,推动行业健康发展。

资料来源:75家机构发起成立互联网金融专业委员会[EB/OL].2013-12-04,http://www.nbd.com.cn/articles/2013-12-04/792204.html.

  2013年12月4日,在北京召开的2013互联网金融论坛上审议通过了《互联网金融专业委员会章程》及《互联网金融自律公约》。

  2016年1月27日,在深圳召开的"2015互联网金融行业规范化发展研讨会"上,上海、江苏、杭州、福建和深圳等地方联合发布了全国首部多地联盟的《地方互联网金融协会自律联盟(公约)》。该公约所涵盖的行业不仅仅局限于P2P网络借贷平台、众筹、第三方支付,还包括在线理财、金融电子商务等新兴事物。公约重视对客户权益的保障,对信息披露制度有严格要求,要求机构对信息真实性的保证,等等。

  2016年3月25日,中国互联网金融协会在上海成立,该协会是由中国人民银行会同银监会、证监会、保监会等国家有关部委组织建立的国家级互联网金融行业自律组织。协会旨在通过自律管理和会员服务,规范从业机构市场行为,保护会员及用户的合法权益,推动从业机构更好地服务社会经济发展,引导行业规范健康运行。

  以下章节将针对主要的互联网金融模式的监管现状进行分析,展开对互联网金融监管的研究。

10.1.2 我国第三方支付的监管现状

  1999年北京首信易支付成立,标志着我国第一家第三方支付平台成立,2000年上海环迅支付成立,2002年银联电子支付服务公司成立,借由第三方支付的快速发展,我国的传统线下交易开始逐步向网上交易模式转变。尤其是2004年阿里巴巴推出"支付宝",进一步推动了第三方支付在我国的快速发展。在我国,规模比较大的第三方支付企业有支付宝、财付通、银联在线、拉卡拉等。

  第三方支付在交易过程中,一方面,使得交易更加便捷快速,降低了交易成本;另一方面,在交易过程中作为第三方资金保管者,发挥了信用中介的职能。虽然第三方支付发展前景一片光明,但是其安全性问题也不容忽视,例如仅第三方支付机构的账户安全体系设置得不够严密,导致用户信息泄露;使用网络支付过程中存在木马、钓鱼网站严重威胁客户的交易安全性;客户资金的使用不够透明,第三方支付机构的资金沉淀;信用卡持卡人利用第三方支付进行套现等。

1. 监管现状

  电子商务的发展进一步带动了第三方支付的发展,我国开始逐步探索第三方支付的监管。近几年来,我国颁布的适用于第三方支付的法律法规主要有如下几部。

  1)《电子支付指引(第一号)》

  2005年10月26日,中国人民银行发布的《电子支付指引(第一号)》,发布该文件的目的:一方面,是给电子支付业务的发展提供较为宽松的发展环境;另一方面,也是保障电子支付的资金安全,规范和引导电子支付的发展。其规范的主体涵盖了银行及接受其电子支付服务的客户,适用范围包括网络支付及移动支付、自动柜员机交易和其他电子支付方式,主要内容是对银行从事电子支付业务的指导性要求,包括电子支付业务的申请、电子支付指令的发起和接收、安全控制及差错处理几部分内容。

《电子支付指引(第一号)》保障交易安全的相关要求

《电子支付指引(第一号)》在引导和规范电子支付业务方面,为保障交易安全,主要提出了以下几点要求。

(1) 严格要求办理电子支付的银行进行充分的信息披露,除了正常开展业务所需的基本信息外,还要进行风险性提示。

① 要求银行明示特定电子支付交易品种可能存在的全部风险,包括该品种的操作风险、未采取的安全措施、无法采取安全措施的安全漏洞。

② 要求银行明示客户使用特定电子支付交易品种可能产生的风险。

③ 要求银行提醒客户妥善保管、妥善使用、妥善授权他人使用电子支付交易存取工具。

④ 要求银行建立电子支付业务运作重大事项报告制度,按有关法律法规披露电子支付交易信息,及时向有关部门报告电子支付业务经营过程中发生的危及安全的事项。

(2) 保障电子支付的安全性。

① 要求银行采用符合有关规定的信息安全标准、技术标准、业务标准。

② 建立针对电子支付业务的管理制度,采取适当的内部制约机制。

③ 保证电子支付业务处理系统的安全性,以及数据信息资料的完整性、可靠性、安全性、不可抵赖性。

④ 提倡使用第三方认证,并应妥善保管密码、密钥等认证数据。

⑤ 明确银行对客户的责任不因相关业务的外包关系而转移,并应与开展电子支付业务相关的专业化服务机构签订协议,并确立综合性、持续性的程序,以管理其外包关系。

⑥ 要求银行具有一定的业务容量、业务连续性、应急计划等。

⑦ 要求银行根据审慎性原则,针对不同客户,在电子支付类型、单笔支付金额和每日累计支付金额等方面做出合理限制。

(3) 保障信息安全,树立客户信心。

① 要求银行在物理上保证电子支付业务处理系统的设计和运行,能够避免电子支付交易数据在传送、处理、存储、使用和修改过程中被泄露与篡改。

② 采取有效的内部控制措施为交易数据保密。

③ 在法律法规许可和客户授权的范围内妥善保管与使用各种信息和交易资料。

④ 明确规定按会计档案要求保管电子支付交易数据。

⑤ 提倡由合法的第三方认证机构提供认证服务,以保证认证的公正性。

⑥ 要求在境内完成在境内发生的人民币电子支付交易信息处理及资金清算。

资料来源:《电子支付指引(第一号)》及央行有关负责人就电子支付指引第一号答记者问[EB/OL].新浪财经,2005-10-31,http://finance.sina.com.cn/money/bank/bank_yhfg/20051031/18402082057.shtml.

直到2010年,我国仍缺少专门针对第三方支付行业的系统的法律法规。这一时期第三方支付企业已经展露出其巨大的发展前景,但要是不闻不问,不完善相关的法律监管,可能会阻碍该市场的健康发展,进而影响电子商务的发展。由于国家对电子商务领域高度关注,全社会也开始热烈讨论对于第三方支付监管的立法问题,为之后各项法律办法的出台奠定了舆论基础。

2)《非金融机构支付服务管理办法》

2010年6月14日,中国人民银行颁布了《非金融机构支付服务管理办法》。该办法为促进支付服务市场健康发展,规范非金融机构的支付服务行为,防范支付风险,保护当事人的合法权益,规定了非金融机构开展支付服务的要求,包括企业注册资本最低限额、高管任职资格、反洗钱措施、组织架构、内控制度和风险管理制度,并且要求企业必须通过央行的审核才能获得支付服务资格。

《非金融机构支付服务管理办法》对非金融机构支付服务进行了定义,其主体不仅包括第三方支付从事的网络支付,还包含预付卡的发行与受理、银行卡收单及中国人民银行确定的其他支付服务。

3)《非金融机构支付服务管理办法实施细则》

《非金融机构支付服务管理办法》出台半年后,即2010年12月,中国人民银行又出台了《非金融机构支付服务管理办法实施细则》。该实施细则主要解释和补充了《非金融机构支付服务管理办法》中不够细致和比较模糊的条款,包括明确预付卡的范围、细化高管任职的资质、具体规定反洗钱措施等。

4)《支付机构网络支付业务管理办法(征求意见稿)》

2014年3月13日,中国人民银行发布《关于暂停支付宝公司线下条码(二维码)支付等业务意见的函》,该文件叫停了支付宝、腾讯的虚拟信用卡产品,同时也叫停了条码(二维码)支付等面对面服务。随后,2014年3月14日,央行发布了《支付机构网络支付业务管理办法(征求意见稿)》。该意见稿主要针对以下部分进行了规范:业务开通与客户管理、业务管理、风险管理与客户权益保护、监督管理与相关惩罚等方面内容。

央行紧急暂停支付宝线下二维码支付及虚拟信用卡

2014年3月13日,央行支付结算司下发文件,叫停支付宝、腾讯的虚拟信用卡产品,同时叫停的还有条码(二维码)支付等面对面支付服务。

支付宝的条码支付,实际上是将线下刷卡业务通过二维码等条码技术转换为线上交易,对现有的市场格局带来了巨大的冲击:首先,二维码支付对于商户而言,在费率上存在着极大的诱惑力,如目前微信支付对所有类目商户的费率均为0.6%,而线下POS机刷卡费率为0.78%~3%,而且还不需要铺设POS机等费用;其次,对于消费者而言,便利的支付体验很容易获得年轻一族的欢迎。然而,二维码技术作为近几年的新兴技术,缺乏安全认证,相比于POS机等专业设备,其交易信息技术保障能力较弱,在一定程度上加大了交易的风险系数。而开展线下刷卡业务,应该严格遵守《银行卡收单业务管理办法》,

支付宝等机构的条码支付技术,实际上规避了国家对线下交易的监管要求,与现行的《银行卡收单管理办法》存在一定程度的冲突。

《银行卡收单管理办法》第 16 条规定:"收单机构应当对实体特约商户收单业务进行本地化经营和管理,通过在特约商户及其分支机构所在省(区、市)域内的收单机构或其分支机构提供收单服务,不得跨省(区、市)域开展收单业务。对于连锁式经营或集团化管理的特约商户,收单机构或经其授权的特约商户所在地的分支机构可与特约商户签订总对总银行卡受理协议,并按照前款规定落实本地化服务和管理责任。"

如果严格按照此项规定,就意味着支付宝、财付通必须在全国建立分支机构后,才能与全国各地的实体特约商户签订收单协议。但问题在于,二维码支付所采取的是网上支付通道,而并非线下支付通道。那么该类业务到底属于网上支付,还是线下支付?业内资深人士表示,按照当前的监管规定无法对其进行明确的定义。

《关于暂停支付宝公司线下条码(二维码)支付等业务意见的函》认为,"线下条码(二维码)支付突破了传统受理终端的业务模式,其风险控制水平之间关系到客户的信息安全与资金安全。目前,将条码(二维码)应用于支付领域有关技术,终端的安全标准不明确,相关支付指令验证方式的安全性尚存质疑,存在一定的支付风险隐患"。并且,"虚拟信用卡突破了现有信用卡业务模式,在落实客户身份识别义务,保障客户信息安全等方面尚待进一步研究,为维护支付体系稳定,保障客户合法性权益,总行有关部门将对该类业务的合规性、安全性进行总体评估"。

因此,央行支付结算司要求,支付宝、财付通"全部暂停线下条码(二维码)支付、虚拟信用卡有关业务。并采取有效措施确保业务暂停期间的平稳过渡,妥善处理客户服务、减少舆论影响",同时要求支付宝、财付通将有关产品详细介绍、管理制度、操作流程、机构合作情况及利润分配机制、客户权益保障机制、应急处理等内容书面报告央行杭州中心支行支付结算处、深圳中心支行支付结算处,由这两个分支机构全面评估线下条码(二维码)支付、虚拟信用卡的合规性和安全性,并于 3 月 31 日前将支付宝报告材料和有关监管建议报送支付司。

资料来源:央行紧急暂停支付宝线下二维码支付及虚拟信用卡[EB/OL].中金在线,2014-3-14,http://news.cnfol.com/guoneicaijing/20140314/17273629_2.shtml.

5)《非银行支付机构网络支付业务管理办法》

2015 年 12 月 28 日,人民银行发布《非银行支付机构网络支付业务管理办法》,明确了监管思路和支付机构的法律责任,具体规范了非银行支付机构进行客户管理、业务管理的措施,如为保证账户所有人的资金安全,防范和遏制金融犯罪,严格要求支付账户实名制;为了兼顾支付的安全和效率,满足不同客户的需要,对个人账户进行分类;为加强客户资金安全保护,规定了支付账户的交易限额;等等。该文件还重点关注了网络支付业务的风险管理及客户权益保护方面。

近年来,网络支付服务的进步促进了电子商务和互联网金融的快速发展,电子商务和互联网金融的兴起又进一步推动了网络支付服务的普及。但是,在支付机构的网络支付业务快速发展的过程中,也面临着不少的问题和风险。

(1) 客户身份识别机制不够完善,为欺诈、套现、洗钱等风险提供了可乘之机。

(2) 以支付账户为基础的跨市场业务快速发展,沉淀了大量客户资金,加大了资金流动性管理压力和跨市场交易风险。

(3) 风险意识相对较弱,在客户资金安全和信息安全保障机制等方面存在欠缺。

(4) 客户权益保护亟待加强,存在夸大宣传、虚假承诺、消费者维权难等问题。

针对以上问题,中国人民银行按照统筹把握鼓励创新、方便群众和金融安全的原则,结合支付机构网络支付业务发展实际,人民银行确立了坚持支付账户实名制、平衡支付业务安全与效率、保护消费者权益和推动支付创新的监管思路,发布了《非银行支付机构网络支付业务管理办法》(以下简称《办法》),主要涵盖了以下几方面的内容。

1) 监管措施

(1) 清晰界定支付机构定位。坚持小额便民、服务于电子商务的原则,有效隔离跨市场风险,维护市场公平竞争秩序及金融稳定。

(2) 坚持支付账户实名制。账户实名制是支付交易顺利完成的保障,也是反洗钱、反恐融资和遏制违法犯罪活动的基础。针对网络支付非面对面开户的特征,强化支付机构通过外部多渠道交叉验证识别客户身份信息的监管要求。

(3) 兼顾支付安全与效率。本着小额支付偏重便捷、大额支付偏重安全的管理思路,采用正向激励机制,根据交易验证安全程度的不同,对使用支付账户余额付款的交易限额做出了相应安排,引导支付机构采用安全验证手段来保障客户资金安全。

(4) 突出对个人消费者合法权益的保护。基于我国网络支付业务发展的实际和金融消费的现状,《办法》引导支付机构建立完善的风险控制机制,健全客户损失赔付、差错争议处理等客户权益保障机制,有效降低网络支付业务风险,保护消费者的合法权益。

(5) 实施分类监管,推动创新。建立支付机构分类监管工作机制,对支付机构及其相关业务实施差别化管理,引导和推动支付机构在符合基本条件与实质合规的前提下开展技术创新、流程创新和服务创新,在有效提升监管措施弹性和灵活性的同时,激发支付机构活跃支付服务市场的动力。

2) 个人支付账户分类

个人支付账户分类如表 10-1 所示。

表 10-1 个人支付账户分类

账户类别	余额付款功能	余额付款限额	身份核实方式
Ⅰ类账户	消费、转账	自账户开立起累计 1 000 元	以非面对面方式,通过至少一个外部渠道验证身份
Ⅱ类账户	消费、转账	年累计 10 万元	面对面验证身份,或以非面对面方式,通过至少三个外部渠道验证身份
Ⅲ类账户	消费、转账、投资理财	年累计 20 万元	面对面验证身份,或以非面对面方式,通过至少五个外部渠道验证身份

3) 支付机构分类监管

人民银行按照"依法监管、适度监管、分类监管、协同监管、创新监管"原则,建立支付机构分类监管工作机制。

(1) 支付机构在开立Ⅱ类、Ⅲ类支付账户时,既可以按照"三个""五个"外部渠道的方式进行客户身份核实,也可以运用各种安全、合法的技术手段灵活制定其他有效的身份核实方法,经评估认可后予以采用。

(2) 对于从事电子商务经营活动、不具备工商登记注册条件的个人卖家,支付机构可以参照单位客户进行管理,以更好地满足个人卖家的支付需求,进一步支持电子商务发展。

(3) 支付机构可以扩充支付账户转账交易功能,可以同时办理支付账户与同名银行账户之间、支付账户与非同名银行账户之间的转账交易。

(4) 支付机构可以根据客户实际需要,适度提高支付账户余额付款的单日交易限额。

(5) 在银行卡快捷支付交易中,支付机构可以与银行自主约定由支付机构代替进行交易验证的具体情形。

4) 风险管理措施

(1) 综合客户类型、客户身份核实方式、交易行为特征、资信状况等因素,建立客户风险评级管理制度和机制,并动态调整客户风险评级及相关风险控制措施。

(2) 建立交易风险管理制度和交易监测系统,对疑似风险和非法交易及时采取调查核实、延迟结算、终止服务等必要控制措施。

(3) 向客户充分提示网络支付业务潜在风险,及时揭示不法分子新型作案手段,对客户进行必要的安全教育,在高风险业务操作前、操作中向客户进行风险提示。

(4) 以"最小化"原则采集、使用、存储和传输客户信息,采取有效措施防范信息泄露风险。

(5) 提高交易验证方式的安全级别,所采用的数字证书、电子签名、一次性密码、生理特征等验证要素应符合相关法律法规和技术安全要求。

(6) 网络支付相关系统设施和技术,应当持续符合国家、金融行业标准和相关信息安全管理要求。

(7) 确保网络支付业务系统及其备份系统的安全和规范,制定突发事件应急预案,保障系统安全性和业务连续性。

5) 客户权益保护措施

(1) 知情权方面。要求支付机构以显著方式提示客户注意服务协议中与其重大利害关系的事项,采取有效方式确认客户充分知晓并清晰理解相关权利、义务和责任;并要求支付机构提高信息透明度,定期公开披露风险事件、客户投诉等信息,加强客户和舆论监督。

(2) 选择权方面。要求支付机构充分尊重客户真实意愿,由客户自主选择提供网络支付服务的机构、资金收付方式等,不得以诱导、强迫等方式侵害客户自主选择权;支付机构变更协议条款、提高服务收费标准或者新设收费项目,应以客户知悉且自愿接受相关调整为前提。

(3) 信息安全方面。要求支付机构制定客户信息保护措施和风险控制机制,确保自身及特约商户均不存储客户敏感信息,并依法承担因信息泄露造成的损失和责任。

(4) 资金安全方面。要求支付机构及时处理客户提出的差错争议和投诉,并建立健全风险准备金和客户损失赔付机制,对不能有效证明因客户原因导致的资金损失及时先行赔付;要求支付机构对安全性较低的支付账户余额付款交易设置单日累计限额,并对采用不足两类要素进行验证的交易无条件全额承担客户风险损失赔付责任。

资料来源:人民银行有关负责人就《非银行支付机构网络支付业务管理办法》答记者问[EB/OL]. 2015-12-28. http://www.pbc.gov.cn/zhifujiesuansi/128525/128527/2996377/index.html.

6)其他

第三方支付相关规范性文件如表10-2所示。

表10-2 第三方支付相关规范性文件

颁布时间	文件名称	颁布单位
1997年9月19日	支付结算办法	中国人民银行
1999年1月5日	银行卡业务管理办法	中国人民银行
2005年1月8日	国务院办公厅关于加快我国电子商务发展的若干意见	国务院办公厅
2005年4月1日	中华人民共和国电子签名法	全国人民代表大会常务委员会
2009年4月16日	对从事支付清算业务的非金融机构进行登记的公告	中国人民银行
2011年6月16日	非金融机构支付服务业务系统检测认证管理规定	中国人民银行
2012年1月5日	支付机构互联网支付业务管理办法(征求意见稿)	中国人民银行
2012年3月5日	支付机构反洗钱和反恐怖融资管理办法	中国人民银行
2012年9月26日	关于进一步加强预付卡业务管理的通知	中国人民银行
2012年9月27日	支付机构预付卡业务管理办法	中国人民银行
2013年6月7日	支付机构客户备付金存管办法	中国人民银行
2013年7月5日	银行卡收单业务管理办法	中国人民银行
2014年3月19日	中国人民银行关于手机支付业务发展的指导意见	中国人民银行
2015年1月29日	支付机构跨境电子商务外汇支付业务试点指导意见	国家外汇管理局

2. 监管不足

虽然我国陆续颁布了《非金融机构支付服务管理办法》及其实施细则等一系列重要规范,初步规范了第三方支付市场,但是这些方法仍不尽完善,无法完全覆盖第三方支付在发展过程中遇到的问题。主要体现在以下几个方面。

1)监管模式落后

目前对第三方支付平台的监管模式,主要分为功能性监管模式、机构性监管模式和目标性监管模式。

功能性监管模式主要关注的是第三方支付平台发挥的功能,在监管过程中强调监管的连续性及一致性;机构性监管模式主要根据第三方支付平台的性质不同而设置不同的监管机构,不同的监管机构职权范围不同,彼此互不干涉;目标性监管从计划实现的目标出发,明确不同的目标后设置不同的监管机构,对金融机构实施统一监管以达到目标。

我国对第三方支付机构的监管采用的是以央行为核心的机构性监管模式,第三方支付作为互联网时代的新兴事物,其业务一直在不断地创新和扩展中,部分业务甚至跨越多个行业,一旦发生业务风险,就很容易波及其他行业,然而央行的监管职权有限,无法全面覆盖,因此容易形成监管漏洞,从而引发犯罪。而且,第三方支付为了吸引消费者的眼球、提高其竞争力,其创新速度会不断加快,央行为了控制金融风险,往往会采取限制创新产品使用的举措,此举打击了金融创新的积极性,阻碍了金融业的进步和发展。

2) 监管机构单一

在我国,由央行负责对第三方支付行业的监管,然而第三方支付是金融和网络相结合而诞生的新兴产物,仅仅依靠中国人民银行对第三方支付进行监管是远远不够的。第三方支付借由网络平台完成交易,其网络性与计算机技术、公共网络等息息相关,支付业务又属于金融领域的核心业务之一,由此可以看出第三方支付业务涉及了几个截然不同的领域,央行的监管职责不能完全覆盖。除此之外,《非金融机构支付服务管理办法》中第29条规定:备付金的存管银行有义务对第三方支付平台存放在该行的客户备付金进行监督管理,并向中国人民银行的分支机构报告客户备付金有关情况。说明第三方支付平台接受商业银行监督,然而,商业银行受银监会监督,这在一定程度上削弱了央行对第三方支付的监管地位。

由以上分析可以发现,仅仅依靠央行对第三方支付进行监管往往会造成监管不力的局面,不利于监管的全面性和有效性。

3) 法律法规不够健全

《电子支付指引(第一号)》和《中华人民共和国电子签名法》等法律的颁布,在一定程度上促进了我国的网络支付和电子商务的发展,但并没有涉及对第三方支付进行监管的具体规定,没有明确规定支付企业的监管部门。《非金融机构支付服务管理办法》及其实施细则的颁布在一定程度上规范了第三方支付的发展,但是仍有不全面的地方。

(1)《非金融机构支付服务管理办法》规定了从事支付服务的非金融机构的准入机制,要求"申请人拟在全国范围内从事支付业务的,其注册资本最低限额为1亿元人民币;拟在省(自治区、直辖市)范围内从事支付业务的,其注册资本最低限额为3 000万元人民币",同时还要求申请人的主要出资人需要"连续为金融机构提供信息处理支持服务2年以上,或连续为电子商务活动提供信息处理支持服务2年以上"并且"连续盈利2年以上"。严格的准入机制将淘汰许多中小型第三方支付企业,当未达到准入资格的企业被淘汰后,可能会引发消费者的纠纷、未完成交易的延续、沉淀资金的处理等一系列后续问题,然而该办法并未对机构的退出机制做出相应规定,没有具体的条款作为退出指导。

(2) 第三方支付行业不断发展的过程中,其范围也在不断扩大,然而《非金融机构支付服务管理办法》及其实施细则并未具体规定外国资本的投资范围、资格限制、出资比例等方面的内容,为了进一步规范外商注资的第三方支付企业,需要对于外资进入的相关问题做进一步完善的规定。

(3) 非金融机构在从事支付业务时,巨额的流动资金在体系内流动,将会产生庞大的孳息,《非金融机构支付服务管理办法》及其实施细则未明确规定沉淀资金之孳息的所有权问题。我国的民法中规定,若沉淀资金的所有权归属于用户,相应地,其孳息也应当归属于该用户。然而,大部分第三方支付机构都在协议中设置了孳息的免责条款,单方面地将孳息风险转移到用户身上。一旦第三方支付机构与消费者就此问题产生纠纷,由于无法可依,监管部门也难以决断,消费者的合法权益就无法得到保障,不利于维护第三方市场的正常秩序。

(4)《非金融机构支付服务管理办法》的法律层级不高,是由中国人民银行颁布的部门规章,法律效力较低,一旦与《合同法》《中华人民共和国侵权责任法》等法律中的规定发生冲突,部门规章就会失效,导致该办法的监管效用大大降低;在实施过程中,由于法律层级过低还会导致处罚力度不足、跨部门监管难度大等突出问题,严重影响了监管效率。

4) 行业自律水平低

虽然早在2011年5月,我国就设立了中国支付清算协会,并在该协会下设立了第三方支付行业的自律机构——网络支付委员会,而且还分别在2012年、2013年修订了《网络支付行业自律公约》和《支付机构互联网支付业务风险防范指引》两部行业自律规范。然而,该委员会是作为一级协会中国支付清算协会下的二级协会存在的,较低的层次等级限制了该协会的自律作用,其所能使用的自律性惩戒措施有限,无法对行业内的成员起到良好的规范作用。

10.1.3 我国 P2P 网络借贷监管现状

1. 监管现状

伴随着 P2P 网络借贷的发展,我国对 P2P 网络借贷行业的监管也在逐步加强,地方政策的扶持有助于 P2P 网络借贷行业的发展,一系列法律政策的陆续出台,使得整个 P2P 网贷行业走向阳光化。本节选取部分政策规章进行介绍。

1) 部门政策

2011年8月,中国银监会办公厅发布了《关于人人贷有关风险提示的通知》,该文正式通知使用"人人贷"这一名称作为 P2P 的中文译名,提示了该模式存在的风险,要求各金融机构注意防范。银监会发文对 P2P 模式做出风险提示,表示行业的合法性得到了监管部门的承认。

2013年6月,中国人民银行首次对网络信贷表态,发布了《支付业务风险提示——加大审核力度提高管理水平防范网络信贷平台风险》,警示商业银行和第三方支付平台注意网络信贷业务风险。

2014年,中国人民银行发布了《中国金融稳定报告(2014)》,提及 P2P 和众筹融资要坚持平台功能,不得变相搞资金池,不得以互联网金融名义进行非法吸收存款、非法集资、非法从事证券业务等非法金融活动。

2014年12月18日,中国证券业协会发布《私募股权众筹融资管理办法(试行)(征求意见稿)》,向社会公开征求意见。规定股权众筹平台不得兼营个人网络借贷,即 P2P 网络借贷或网络小额贷款业务,不得提供股权或其他形式的有价证券的转让服务,不得对众筹项目提供对外担保或进行股权代持。

2015年7月,中国人民银行等十部委发布的《关于促进互联网金融健康发展的指导意见》中说明了个体网络借贷的具体内容、法律依据,并且要求个体网络借贷机构明确信息中介性质,主要为借贷双方的直接借贷提供信息服务,不得非法集资。

2015年8月,最高人民法院发布《最高人民法院关于审理民间借贷案件适用法律若干问题的规定》,主要说明:承担信息中介的 P2P 网贷平台无须承担担保责任,若有直接或间接声明为借贷提供担保的平台,人民法院可依法判决平台承担担保责任。明确划分出 P2P 平台的利率红线。自此开始,P2P 的高息时代一去不返,超过 24% 以上的年化收益率不为法律保护。

2015 年 9 月,国务院发文《关于加快构建大众创业万众创新支撑平台的指导意见》,鼓励互联网企业依法合规设立网络借贷平台,积极运用互联网技术优势构建风险控制体系,缓解信息不对称问题,防范风险。

2015 年 12 月 28 日,银监会会同工业和信息化部、公安部、国家互联网信息办公室等部门研究起草的《网络借贷信息中介机构业务活动管理暂行办法(征求意见稿)》正式发布,并向社会公开征求意见,重申了从业机构作为信息中介的法律地位,明确了网贷活动基本原则、网贷监管体制及各相关主体责任、网贷业务规则和风险管理要求,同时注重加强对消费者的权益保护,强调信息披露制度。

2) 地方扶持和监管政策

2013 年 5 月,重庆市金融办打非小组发布首个地方政府发布的关于人人贷的风险提示,解释人人贷及其衍生模式的风险,明确要求全市涉嫌违规的投资公司做出整改,并提醒市民不要盲目参与此类违规经营活动。

2014 年,北京、上海、深圳、天津、南京、贵阳等地纷纷出台互联网金融扶持政策:天津开发区发布《推进互联网金融发展行动方案》,将设立专项资金用于支持互联网金融的发展。南京设立了互联网金融中心,并在秦淮区设立了互联网金融产业发展专项资金鼓励互联网金融发展。上海市出台《关于促进本市互联网金融产业健康发展的若干意见》,提出支持 P2P 企业申领增值电信业务经营许可证(ICP 证)。

不同于往年,2015 年,各地区在支持互联网金融发展的同时也对 P2P 网贷平台的运营规范提出了要求,浙江、吉林、山东、安徽、福建、广东、河南等地都推出了相关政策。浙江省金融办推出《浙江省促进互联网金融持续健康发展暂行办法》中说明:P2P 网络借贷平台应当明确为借贷双方通过互联网渠道提供小额借贷信息服务,从事信息中介业务,不得从事贷款或受托投资业务;不得非法吸收公众资金,不得接受、归集和管理投资者资金;不得自身为投资者提供担保,不得出具借款本金或收益的承诺保证;建立信息披露制度;等等。

3) 行业自律规章

自 2013 年以来,各种互联网金融的协会组织纷纷成立,也相继出台了自律公约,希望能够通过自律规范这个新兴行业。

2013 年 8 月,中国小额信贷联盟发布了《个人对个人(P2P)小额信贷信息咨询服务机构行业自律公约》。

2013 年 12 月 3 日,由中国人民银行领导的中国支付清算协会牵头,在京发起成立互联网金融专业委员会,审议通过了《互联网金融自律公约》。

2013 年 12 月 18 日,上海网络信贷服务业企业联盟联合拍拍贷、陆金所等机构,在"2013 上海金融信息服务业年度峰会暨上海互联网金融高峰论坛"上发布全国首个《网络借贷行业准入标准》。

4) 其他

P2P 网络借贷相关规范性文件如表 10-3 所示。

表 10-3　P2P 网络借贷相关规范性文件

颁布时间	规范性文件名称	颁布单位
2001年4月26日	中国人民银行办公厅关于以高利贷形式向社会不特定对象出借资金行为法律性质问题的批复	中国人民银行
2011年4月12日	第三方电子商务交易平台服务规范	商务部
2011年12月2日	最高人民法院关于依法妥善审理民间借贷纠纷案件促进经济发展维护社会稳定的通知	最高人民法院

2. 监管不足

1）未设置市场准入门槛

P2P 在我国兴起时，设立的准入门槛过低，只需到工商部门注册领取营业执照，到工信部申请《IC 许可证》，再到工商部门申请增加"互联网信息服务"经营范围，就可以开展网贷业务，导致大量平台涌入，平台经营呈现良莠不齐的状况。

2015 年 12 月 28 日，银监会会同工业和信息化部、公安部、国家互联网信息办公室等部门发布的《网络借贷信息中介机构业务活动管理暂行办法（征求意见稿）》对平台也未设置准入门槛，而是采用备案制管理。P2P 平台在领取营业执照后，需要向地方金融监管部门和通信主管部门进行备案登记，规定"地方金融监管部门有权根据本办法和相关监管规则对备案后的机构进行评估分类，并及时将备案信息及分类结果在官方网站上公示""未按规定申请电信业务经营许可的，不得开展网络借贷信息中介业务"。但是并未具体规定平台的注册资本或者运营资金，这样无法确保平台有足够的偿债能力。

2）客户资金管理制度不健全

为了交易结算的需要，我国 P2P 网贷平台通常在银行或第三方支付平台开设中间账户。出借人的资金汇入该账户，再由平台转给借款人，网贷平台可以独立支配账户内的资金。目前，该账户基本不受监管，客观上也加大了平台非法集资的可能性，而且也存在客户资金被网贷平台挪作他用、卷款跑路的道德风险，近年来的多起案例已反复证明了这一点。

《网络借贷信息中介机构业务活动管理暂行办法（征求意见稿）》中再次声明 P2P 网贷平台需要与银行建立合作关系，借由银行存管借贷资金，但是目前尚未规定资金存款的门槛、托管账户的监管方式，客户资金管理制度还不健全。

3）没有设立统计指标监管机制

目前 P2P 网贷相关交易数据由网贷平台发布，第三方信息平台整理后展现给用户，没有特定部门对网贷相关数据指标进行监督和管理，P2P 网贷相关交易数据也未纳入央行金融统计监测管理系统或地方经济金融各指标体系，统计指标监管机制缺失。第三方信息平台发布平台的交易数据时，往往容易受到干扰，难以保证信息的真实性、全面性和有效性，缺乏完善的统计指标监管机制，不能充分了解 P2P 网贷风险状况，难以实现对流动性、违约情况、杠杆率及信用风险等情况的有效监管，就难以从宏观层面上把握其个体及整体风险，并对网贷平台的发展情况进行预测和分析。

4）征信监管主体缺失

随着 P2P 网络借贷的发展，P2P 网贷行业对征信系统的构建越发重视，目前较为人熟知的有网络金融信息系统（NFCS）、小额信贷行业信用信息共享服务平台（MSP）、中国人民银行征信中心旗下的上海资信还推出了全国首个基于互联网的专业化信息系统,用于收集P2P网贷业务中产生的贷款和偿还等信用交易信息,并向P2P机构提供查询服务。但是以上征信系统大多为行业内的征信系统,涵盖面有限,还存在数据内容、格式不统一等问题,而且,由于P2P网络借贷在我国出现以来,行业定位一直很模糊,因为P2P网贷平台不属于传统金融机构,因此P2P网贷平台无法对接中国人民银行的金融信用信息基础数据库,央行无法实现对P2P网络融资平台进行直接的征信情况监管,缺乏明确的征信监管主体。

5) 缺乏反洗钱监管

由于P2P网络借贷的交易是借由互联网平台发生的,因此存在进入门槛低、借贷资金来源及用途不明、客户身份识别存在缺陷等问题,再加上平台对出借人的资金来源和资金用途审核力度小,这些往往为犯罪分子将犯罪资金通过放贷或捏造虚假借贷信息进行资金清洗提供了便利,从而使网络信贷公司极易成为新的洗钱通道。洗钱犯罪分析只需要通过伪造虚假身份信息,利用多个身份和多个账户在多个平台上进行交易,即可把自己非法获取的钱财通过网络平台分批次出借给借款人,将大额资金分散化,再通过资金收回使钱财由非法变为合法,达到洗钱的目的。我国《中华人民共和国反洗钱法》还未涉及互联网金融领域,P2P网络借贷平台可能发展成为法律漏洞下洗钱的新场所。由于缺少对交易记录保存和上报可疑交易报告等履行反洗钱的义务约束,有些平台受利益驱使,罔顾风险,相继推出了概念模糊的理财、债权转让、信托等存在较大洗钱风险的准金融业务,更加大了风险,给投资者造成了损失。

10.1.4 我国众筹融资监管现状

1. 监管现状

众筹行业在我国发展的初期,没有专门的法律法规作为其监管依据,只能参照现有的法律规范,如《证券法》《公司法》等。《证券法》主要规定了对于公司人数的限制,《企业法》则规定了企业对于公开发行股票的有关要求。

1)《私募股权众筹融资管理办法》

2014年12月18日,为规范私募股权众筹融资业务,保护投资者的合法利益,制定了《私募股权众筹融资管理办法》,该管理办法对私募股权的定义为:"私募股权众筹融资是指融资者通过股权众筹融资互联网平台以非公开发行方式进行的股权融资活动。"规定由中国证券业协会对股权众筹融资行业进行自律管理,而股权众筹融资业务的备案和后续检测管理由证券业协会委托中证资本市场检测中心有限责任公司负责。除此之外,该管理办法涉及的内容还包括投资者的门槛、众筹平台的门槛、众筹平台的义务、限制行为等。

《私募股权众筹融资管理办法》相关规定

1. 众筹平台准入门槛

申请开展股权众筹业务的平台,应当在证券业协会备案登记,并且申请成为证券业协会的会员。除此之外,还有以下要求。

(1) 净资产不低于500万元人民币。

(2) 有与开展私募股权众筹融资相适应的专业人员,具有3年以上金融或者信息技术行业从业经历的高级管理人员不少于2人。

(3) 有合法的互联网平台及其他技术设施。

(4) 有完善的业务管理制度。

2. 合格投资者

要求投资者提供相关财产、收入证明,并且投资者还应当能辨识、判断和承担相应投资风险。

(1) 投资单个融资项目的最低金额不低于100万元人民币的单位或个人。

(2) 社会保障基金、企业年金等养老基金,慈善基金等社会公益基金,以及依法设立并在中国证券投资基金业协会备案的投资计划。

(3) 净资产不低于1 000万元人民币的单位。

(4) 金融资产不低于300万元人民币或最近三年个人年均收入不低于50万元人民币的个人。

3. 对投资者的保护措施

由于大众投资者缺乏投资经验,抗风险能力较弱,因此,该管理办法对投资者有一定的保护措施。

(1) 平台必须确认投资者具有必要的风险认知能力和风险承受能力。

(2) 平台加强自律管理,要求其有能力判定投资者识别风险和承担风险的能力,有能力承担可能出现的涉众风险。

(3) 保证投资者资金和平台资金账户之间的账户独立性。

(4) 要求融资者适当程度的信息披露。

4. 自律管理

(1) 由证券业协会对股权众筹融资行业进行自律管理。

(2) 市场监测中心应建立备案管理信息系统,该备案管理信息系统应当加入中国证监会中央监管信息平台。记录股权众筹融资活动的相关信息,该信息与中国证监会及其派出机构、证券业协会共享。

(3) 证券业协会对股权众筹平台开展自律检查,对违反自律规则的单位和个人实施惩戒措施,相关单位和个人应当予以配合。

(4) 对于违规操作的股权众筹平台及其从业人员,证券业协会有权对其进行自律管理,视情节轻重给予纪律处分,同时将采取自律管理措施或纪律处分的相关信息抄报中国证监会。涉嫌违法违规的,由证券业协会移交中国证监会及其他有权机构依法查处。

资料来源:《私募股权众筹融资管理办法》相关条款。

2)《关于对通过互联网开展股权融资活动的机构进行专项检查的通知》

2015年8月3日,证监会发布了《关于对通过互联网开展股权融资活动的机构进行专项检查的通知》,该通知发布后,证监会逐步开展对当前股权众筹行业的摸底调查,对监管细则的出台做前提调研。

3)《场外证券市场业务备案管理办法》

2015年8月10日,中国证券业协会发布了关于调整《场外证券市场业务备案管理办法》个别条款的通知,这次修改中,将"私募股权众筹"修改为"互联网非公开股权融资",这个通知的发布,明确了对股权众筹业态的界定。开展股权众筹活动的平台中,阿里巴巴、京东和平安已经取得了股权众筹试点资质,其他大部分的互联网股权融资平台因此被归属到"互联网非公开股权融资"的范畴。

4)其他规范性文件

众筹相关规范性文件如表10-4所示。

表10-4 众筹相关规范性文件

颁布时间	规范性文件名称	颁布单位
2006年12月12日	国务院办公厅关于严厉打击非法发行股票和非法经营证券业务有关问题的通知	国务院
2015年7月18日	关于促进互联网金融健康发展的指导意见	中国人民银行
2015年7月29日	场外证券业务备案管理办法	中国证券业协会

2. 监管不足

美国的JOBS法案诞生于金融危机后经济下滑、市场活力不足、失业率居高不下及IPO逐年下降的背景下,该法案的颁布,不仅明确了众筹的合法性地位,还在一定程度上刺激了美国的经济发展。众筹具有灵活、高效、低成本等特点,因此,在我国也受到了投资者的欢迎。然而,我国尚未出台明确的众筹监管法律,目前我国的众筹融资发展还游走在非法资金的边缘,尚未得到相关法律的认可,众筹服务的对象是不特定的广大小微投资者,实质上是证券的公开发行,《证券法》中将非法集资定义为:"承诺在一定期限内以货币、实物、股权等方式还本付息或者给付回报"及"向社会公众即非特定对象吸收资金",众筹融资模式与非法集资模式之间的差别仅一线之隔,这种模式很难符合《证券法》关于公开发行的监管要求。我国的《公司法》规定公司若公开发行股票,股东应该限制在50人以内,而众筹融资模式的参与者往往远远大于50人,也使得股权融资不能合法化,有可能被认定为《刑法》第一百七十六条规定中的"非法吸收公众存款或者变相吸收公众存款",以及《刑法》第一百七十九条规定中的"擅自发行股票、公司、企业债券罪"。

《刑法》中的相关规定

《刑法》第一百七十九条规定:"未经国家有关主管部门批准,擅自发行股票或者公司、企业债券,数额巨大、后果严重或者有其他严重情节的,处五年以下有期徒刑或者拘役,并处或者单处非法募集资金金额百分之一以上百分之五以下罚金。单位犯前款罪的,对单位判处罚金,并对其直接负责的主管人员和其他直接责任人员,处五年以下有期徒刑或者拘役。"

资料来源:《中华人民共和国刑法》相关条款。

第10章 互联网金融监管

在我国,众筹模式还属于新生事物,尤其是股权型众筹模式,尚处法律规范的灰色地带,在处理开展业务、相关纠纷时,还存在很大的法律障碍,由于现有的规章制度法律层级较低,使众筹融资方式的运作不能得到法律保护,使监管无法可依,容易与非法集资混淆,由此引发法律风险。

(1) 监管主体不明确。我国金融市场采取的是分业监管的模式,主要由"一行三会"(中国人民银行、银监会、证监会、保监会)负责监管。众筹模式主要分为捐赠型众筹、借贷型众筹、股权型众筹等,其中借贷型众筹的运作原理与P2P网络借贷相类似,而P2P网络借贷由银监会负责监管,《私募股权众筹融资管理办法》中规定,由证监会主管私募股权众筹,并将权力下放至中国证券业协会,因此股权众筹应归证监会监管。但由于尚未具体明确众筹性质,而各监管部门在监管过程中又未就此问题有明确的协商规定,因此,难以明确监管主体,形成有效的监管体系。

(2) 投资者门槛过高,不利于行业发展。中国证券业协会网站于2014年12月18日发布了《私募股权众筹融资管理办法(试行)(征求意见稿)》,该办法划定了投资者范围,基本将投资者限定为高净值人群,将绝大多数净资产较低、期望通过小额投资收取回报的投资者排除在外。这与众筹融资模式的"普惠金融"性质不相符合,可能不利于中小微企业的融资以及投资人的投资。

10.2 国外监管经验及启示

10.2.1 第三方支付的国际监管经验及启示

欧美国家的互联网金融行业发展早于我国,相对于我国拥有更多的监管经验,借鉴主要发达国家的监管经验,有助于启发我国对互联网金融的监管。

1. 欧盟第三方支付监管体制

自1998年起,欧盟就开始了对第三方支付的监管,欧盟对第三方支付的监管兼顾了机构监管与协调监管:机构监管模式的优势在于监管机构及其监管对象明确,能够实施有效监管;由于欧盟作为一个集合政治、经济实体的区域一体化组织,其成员国有权依据第三方支付机构的业务特点自主认定其第三方支付机构性质。例如,PayPal在英国获得了电子货币机构许可,在卢森堡却获得了银行牌照,因此在发挥监管作用时,欧盟主要是以超越国家形式的立法指引保障监管的协调。

欧盟将第三方支付机构认定为电子货币机构,部分成员国将第三方支付认定为银行,因此,欧盟对第三方支付平台进行监管主要是通过规范电子货币、银行等金融机构的活动来实现的,为了规范和指引第三方支付行业的发展,欧盟陆续颁布了一系列指引文件及相关指令,包括:《Directive 2000/46/EC》《Directive 2000/28/EC》《Directive 2002/65/EC》《Directive 2002/58/EC》《Directive 2006/24/EC》《Directive 2009/110/EC指令》等。

欧盟对第三方支付的监管是连续性的,在第三方支付市场的发展壮大过程中,不断对其法律体系进行完善:自2011年4月30日起,《电子货币机构》被废除,包括PayPal在内的第三方支付机构被重新认定为信贷机构,对这些机构的监管要求也融合在《信贷机构指令》《支付服务指令》等法律文件中。

(1) 在市场准入方面,第三方支付机构的设立需要满足以下条件。

① 必须申请到电子货币公司或者银行业经营执照。

②《Directive 2009/110/EC 指令》规定,第三方支付机构需要拥有 35 万欧元以上的初始资本以及除该初始资本之外的自有资金。

③ 在经营过程中产生的资金必须列入资产负债表中的负债业务。

④ 必须有科学的、合理的内部控制机制,慎重的、高效的行政管理习惯和统一的、标准的会计核结算系统及财务管理系统。

⑤ 需要向所在成员国的主管当局提交包括设立电子货币机构的商业计划、初始资本金证明、内控制度等材料在内的申请材料。

(2) 在记录和报告方面,欧盟要求第三方支付机构需要定期提交财务报告、审计报告,并且保留一定时期内的交易记录。

(3) 欧盟在《关于电子货币机构业务开办、经营与审慎监管的 2009/110/EC 指令》中,提出了限制利用电子货币机构进行交易的金额,以遏制洗钱犯罪。

除了较为完善的司法保障体系之外,欧盟委员还利用自身的地位保证法律的实施及其效力,除了加强监管,欧盟鼓励和促进发展第三方支付业务,为其发展创造了较为宽松的环境。例如,欧盟规定,拥有欧盟某一成员国的"单一执照"的第三方支付企业,在欧盟境内可以通用。

2. 美国第三方支付监管体制

美国采用功能性监管模式对第三方支付实施监管,根据第三方支付机构开展的支付服务业务进行监管,将监管的重点放在第三方支付过程中的金融风险问题。在美国,第三方支付被认为是传统货币服务的延伸,被视为货币转移业务,因此,美国将对第三方支付的监管纳入了银行业的监管体系。同时,美国的监管特色还体现在其监管主体上,包括联邦和州政府多个层级,实现了多元化和多层化监管。

美国联邦政府将第三方支付机构归为非银行金融机构,1999 年通过的《金融服务现代化法案》中,将第三方支付机构纳入了国家金融监管框架,随后国会、财政部货币监理署、美联储、联邦存款保险公司的监管机构陆续颁布了大量适用于第三方支付机构的法律法规,如《金融现代化法》《统一货币服务法案》《爱国者法案》《美国金融改革法》《多德-弗兰克华尔街改革与消费者保护法案》《电子资金划拨法》等。其中,1999 年 11 月颁布的《金融现代化法案》规定对第三方支付企业实行功能性监管模式,其监管主体为联邦政府和州政府;《电子资金划拨法》对第三方支付的电子资金转移问题做了有关规定;《爱国者法案》则严格要求第三方支付平台开展支付业务时必须在 FinCEN 上注册,以规避金融犯罪问题。

2000 年 8 月颁布的《统一货币服务法案》作为美国各州指定第三方支付平台监管法律法规的重要依据,其内容涵盖了第三方支付平台的准入门槛、动态的检查报告制度对沉淀资金和反洗钱的监管部分。

1) 准入要求

(1) 要求所有从事货币汇兑等业务的机构都必须登记注册、取得许可,并且,经营不同货币服务业务还需要取得不同的许可要求。第三方支付机构不仅需要在联邦层面登记,并提交交易报告,还需要在州层面获得监管当局的专项业务经营许可,如果第三方支付平台提供的支付服务范围涵盖不止一个州,还需要在各州申请牌照。

(2) 要求第三方支付平台在申请牌照时,缴纳一定数额的保证金作为对监管部门履行保证义务的资金,根据第三方支付平台的表现,监管部门有权调整保证金的数额。保证金在一定程度上能够对第三方支付平台的经营起到规范作用,并保障金融业务参与者的合法权益。

(3) 平台在递交申请材料时,需要提供详尽的资料,不仅包括申请机构的基本材料,还要包括申请机构过往是否发展过支付业务、将来计划开展业务的清单以及申请者是否曾有影响较大的历史犯罪记录等信息。

2) 动态的检查报告制度

该法案规定,第三方支付平台必须定期接受现场检查,如果需要变更股权结构,那么就必须获得批准。而且,第三方支付机构获得的许可并不是一劳永逸的,需要每年登记一次,对于不再符合规定的企业,监管部门可以终止、撤销和要求其退出该业务领域。

3) 对沉淀资金的监管

在沉淀资金监管方面,美国主要采取两个措施:一是由联邦存款保险公司(FDIC)负责实施监管;二是严格要求第三方支付平台将自有资金的银行账户与客户备付金的账户相分离,保证平台不会将客户资金挪作他用,以保证沉淀资金账户的独立性。

FDIC认定第三方支付机构的沉淀资金属于负债,因此,为了对留存在支付平台的沉淀资金实现更有效的监管,制定了"存款延伸保险"制度,要求第三方支付平台在其审计银行开立一个无息账户,平台上的沉淀资金需要存放在该账户中,每个用户账户的保险额上限为10万美元。当平台因为经营不善、倒闭等问题无法继续经营时,这项制度有利于保障存款人的合法权益不被侵犯。

4) 反洗钱监管

美国设有专门的反洗钱机构,金融监管部门需要配合反洗钱机构监管第三方支付机构履行反洗钱义务,而被监管的机构需要记录和保存交易记录,并且及时汇报可疑交易。

除了《统一货币服务法》以外,美国还通过《银行保密法》《爱国者法案》等法律法规保证网络交易过程的安全性。例如,《银行保密法》中规定,在美国参与网络第三方支付服务的机构需要建立相应的反洗钱工作规程。

3. 对我国的启示

1) 设计适合我国国情的监管模式

我国对第三方支付行业的监管采取的是以中国人民银行为主要监管机构的监管模式,这种模式存在较明显的弊端,因此,我国应借鉴欧美国家的先进经验,设计适合我国第三方支付行业发展的监管模式。

我国应将监管重点从机构监管转移到对业务的监管上来,由于第三方支付业务涉及多个领域,如果只依靠单个部门对其进行监管,往往会出现监管不力的局面,因此,需要联合多部门对第三方支付进行监管。通过细分业务,分配相应的监管机构,明确监管职责,实现专业化管理。当涉及跨领域、跨模块的业务时,针对业务进行监管而不是针对机构进行监管,一方面可以减少监管空白;另一方面不同部门利用各自的专业优势发挥监管效用,可以提高监管的效率。

2) 健全行业监管的法律法规

(1) 建立协调一致的法律体系。我国对金融机构和非金融机构的监管,往往采用的是分而治之的做法,这不仅破坏了法律体系的完整性,同时也加大了监管的难度。因此,可以借鉴欧盟在监管立法上的协调性,如欧盟的《电子货币指令》和《支付服务指令》,就将非金融机构的电子货币业务和支付服务都囊括到支付服务市场的监管范围中。

(2) 针对不同地区第三方支付业务发展程度不同,制定适应不同区域、不同机构发展状况的监管策略,能够在较为全面地满足行业发展需要的前提下,为行业的创新发展营造良好的环境。

(3) 关键在于制定相关法律,提高其法律位阶,由全国人大及其常委进行立法,能够提高监管的效力,增强监管部门的监管能力,保证监管的顺利实施,还能够加大对金融犯罪的震慑、打击力度,从而有效地降低风险发生的可能性。

3) 实施动态监管

对平台的监管不应该是一劳永逸的,而是应该根据行情的变化及发展的情形,对平台的监管措施进行及时更新并调整。例如,借鉴美国的监管经验,对平台的准入许可进行"年检",一旦平台经营无法达到要求,就可以采取终止、撤销和要求其退出该业务领域的举措;要求平台定期汇报经营情况,并及时报告可疑交易,预防潜在风险;根据行业发展规模,对平台资本金、保证金的要求也可以进行适当调整;等等。

4) 加强行业自律

中国支付清算协会作为支付领域的自律组织,应该发挥其主导作用,完善有关第三方支付的行业规范。加强行业自律有以下好处。

(1) 能够遏制同业之间的恶性竞争现象。同业恶性竞争不利于行业的健康可持续发展,机构之间在互相竞争的过程中,可能会以牺牲用户的利益为代价,严重损害用户的利益。

(2) 通过行业自律协会的协调管理,实现优胜劣汰,提高第三方支付行业中的机构质量,推动第三方支付行业的健康发展。

(3) 可以有效弥补政府监管的不足,还可以维护本行业的合法利益,以专业角度为政府的科学监管提供建议。

我们可以通过以下措施加强行业自律。

(1) 提高网络支付委员会的层级,将其从支付清算协会中独立出来,使其成为直接受中国人民银行指导的一级协会,专门用于第三方支付行业的自律管理。

(2) 根据行业发展情况及本国的国情特点,制定并推广专业的监管规范。

(3) 可以通过行业自律协会设置协调管理平台,为解决行业内各平台及平台与消费者之间的纠纷提供便捷渠道。

10.2.2 P2P网络借贷的国际监管经验及启示

我国P2P网络借贷行业起步较晚,在监管方面存在许多不足,英国作为P2P网贷行业的发源地,美国作为P2P网贷行业最发达的国家,其监管模式值得我国学习和借鉴。

1. 英国 P2P 网络借贷监管体制

作为 P2P 网贷发源地,英国为 P2P 网络借贷行业的发展提供了宽松的政策、良好的金融环境。英国网贷平台采用客户账户与网贷平台账户相互独立的模式,独立运转投资人与借款人的资金,提供居间服务,从事制定利率、担保、联合追款等多种复合中介业务,以降低投资人风险。英国比较著名的网贷平台有:Zopa、Funding Circle、Rate Setter 等。

2010 年,英国把金融服务管理局(FSA)改革拆分成审慎监管局(PRA)与金融行为监管局(FCA),才确立由 PRA 审慎监管各类金融活动,由 FCA 监管金融机构的业务行为,以保护金融消费者权益。然而,由于英国尚未制定具体的监管细则,所以 P2P 网贷行业也未受到 FCA 的实质监管,对 P2P 行业的监管主要是由 2011 年成立的 P2P 金融协会(Peer-to-Peer Finance Association, P2P FA)负责。直至 2014 年 3 月,FCA 细化监管规则,出台了《关于网络众筹和通过其他方式发行不易变现证券的监管规则》(简称《众筹监管规则》),同年 4 月对 P2P 网络借贷正式实行统一监管。

《众筹监管规则》对 P2P 借贷制定的规则主要包括以下五个方面。

(1) 市场准入要求。对资本金要求采取了阶梯型计算标准,根据平台规模资本金比例分别为平台贷款金规模的 0.2%、0.15%、0.1%、0.05%,以满足不同类别的最低资本金要求。

只有达到市场准入要求并获得 FCA 授权的网贷平台方能运营,设置市场准入要求,能够对平台资质进行有效筛选,提升其运营水平,确保市场质量。

(2) 保证平台自身运营资金与客户资金独立存管,防止平台设立资金池挪用客户资金。

(3) 信息披露与报告。P2P 网贷平台在进行推广或者开展业务的时候必须公平、清晰、无误导地告知投资者其商业模式、违约贷款评估方式等具体内容,同时网贷平台定期向 FCA 报告财务状况、客户资金、客户资金、上一季度贷款等信息。

(4) 争端解决规则。若平台并未设立二级转让市场,消费者可有 14 天冷静期,14 天之内可以不受限制地撤回投资且不承担任何违约责任。若投资者的投诉未得到妥善处理,可上诉至金融监督服务机构(FOS)解决纠纷。

(5) 充分保护投资者的权益。即使网贷平台破产,也须对已存续的借贷合同持续管理,妥善安排贷款管理金。

2. 美国 P2P 网络借贷监管体制

虽然美国的 P2P 网络借贷兴起晚于英国,但是却在美国得到长足发展。美国规模较大的 P2P 平台包括 Lending Club、Prosper、Lending Home 等,这三个平台也是国际上极具有代表性的平台。美国网络借贷管理以立法为核心,实行动态管理方式,根据网络借贷不同发展阶段加以监管。

针对 P2P 网贷平台使投资人的资金安全风险加大,为了保护投资人,2008 年监管部门对营利性 P2P 网贷平台实行双线多头监管体制,即由联邦和州的多个不同政府机构负责监管。

网络借贷初期通过现有法律进行监管,发展到一定程度后,结合网贷性质,将其归入证券交易委员会(The U.S. Securities and Exchange Commission, SEC)监管,SEC 对 P2P 网络借贷的具体规定如下。

(1) 设置准入门槛。网贷平台需在 SEC 以证券经济商身份进行注册登记,注册时提供平台全面信息如公司背景、运作模式、管理团队、风险管理措施等,注册"会员偿付支持债券"时要向 SEC 递交《债券募集说明书》,取得 SEC 颁发的证券经纪交易商牌照方能经营。美国对 P2P 平台设置的准入门槛较高,阻止了此类金融组织的低层次无序竞争,提高了平台的债务偿付能力及抗风险能力。

(2) 建立信息披露制度。SEC 要求平台进行信息的全面披露,定时披露财务状况及重大事项,平台还有向借款人披露投资者信息的义务,甚至要求网贷平台每天递交和更新补充材料,严格披露贷款细节和风险揭示、发行的收益权凭证等内容。

(3) 解决纠纷的机制。网贷平台向 SEC 提交的信息披露材料,会作为存档记录,投资人通过 SEC 的数据系统可以及时查询数据信息,以备纠纷提起诉讼时使用。

(4) 市场退出机制。美国的网贷平台均制订了破产后备计划,一旦平台经营不善面临破产,第三方机构就可以接管继续经营,使投资者的投资不受损失。

除此之外,美国的网贷平台在相关州开展业务,还需要在该州的证券部门登记,并受到该州证券部门的监管。

以上监管措施主要是为了保护投资者的利益,SEC 对借款人的保护弱于投资人,对借款人的保护主要是由联邦存款保险公司(FDIC)、消费者金融保护局(CFPB)、州一级证券监管部门提供支持。

由以上内容可知,虽然美国 P2P 网贷监管体制从投资人和借款人的不同角度对借贷双方提供了保护,但是美国 P2P 网络借贷监管体制也存在一些问题。例如,对投资人和借款人的保护力度不对等、强制要求的信息披露与借款人的隐私保护相冲突、没有设定专门的监管机构和适用的法律、缺乏监管的适用性和有效性等。而且,强制借贷平台高频率披露信息提高了成本,降低了监管效率,制约了借贷平台的发展。

3. 对我国的启示

从以上内容可以看出,英国实行的是以统一金融行为监管体制,注重行政监管和行业自律,美国实行的是以证券化监管为主的双线多头监管体制,偏重行政监管;英美两国的共同特点是在 P2P 网贷监管方面拥有完备的法律法规支撑体系,注重信息披露和报告,注重对投资者和借款人权益的保护。国际网贷监管情况对我国的监管有如下启示。

(1) 设立准入门槛及退出机制。目前 P2P 网络借贷已经逐步加强控制行业的准入门槛,2015 年 12 月发布的《网络借贷信息中介机构业务活动管理暂行办法(征求意见稿)》中说明,P2P 网络借贷平台实行备案管理制度,平台在工商部门获得营业执照后,需要到注册地地方金融监管部门登记,再到通信主管部门进行网站备案,涉及经营性电信业务的需要申请相应的电信业务经营许可备案。但是,目前对 P2P 网贷平台设立具体的准入门槛并没有详细说明。借鉴英国网贷监管经验,应该设置与 P2P 网络借贷平台运营能力相匹配的准入门槛,设定注册资本金制度,规定最低固定注册资本及同平台贷款规模相匹配阶梯型计算标准;为了维系业务的正常开展,还需要配备足够的技术、人才、资金,保证行业内的平台资质;设立完备的退出机制,以保证平台在准入运营后,若出现因市场竞争或经营不善等问题而难以为继的情况,可以最大限度地降低投资者损失。

(2) 构建"三位一体"的监管模式。P2P 网络借贷作为互联网金融的创新产品,在监管问题上,应该坚持鼓励发展、规范发展的原则,既要加强监管,防范风险,保护社会金融秩序,又要避免过度监管,将这种新型金融业态扼杀在摇篮里,以适当的监管方式,促进网贷良性发展、公平竞争。加强政府监管和法律体系建设,以保证网贷行业的监管充分有效。但是,由于P2P网络借贷属于创新金融的范畴,政府监管应充分考虑网络贷款的模式特点,为金融创新留有一定的试错空间,因此,仅仅加强政府监管和司法干预是远远不够的,还应该加强行业自律。通过行业自律,构建网贷行业内部约束机制、树立行业合法合规经营意识、强化行业风险管控能力,推进行业规则逐步健全,保证网贷行业在良好的环境中实现健康有序的发展。

因此,应该构建行业自律、政府监管和司法干预在内"三位一体"的网贷监管模式。政府监管同时指导和约束运营者承担对消费者的责任,在定期评估的基础上掌握网络贷款风险要点,事先予以规范;对那些挑战法律底线的平台,通过司法干预依法严厉打击其金融违法犯罪行为,推动网贷行业发展。

最后还要构建高规格的信息安全、数据安全机制。构建具体的适应网贷行业特点的信息、数据安全机制,防范黑客攻击、病毒传播、数据篡改、丢失、被盗、泄露等情况影响平台的资金安全,保护平台参与者的隐私。

(3) 构建网贷平台信息披露机制。网络借贷的一大特征是能够有效地降低信息不对称程度,及时有效的信息披露可以确保投资者在决策之前获得真实信息,降低投资者风险,确保平台规范经营。因此相关监管部门应督促平台构建多层次、低成本、高效率的监管体系,促使平台信息充分披露。当前平台披露的信息内容主要是涉及借款人方面,包括借款人的年龄、婚姻状况、学历、工作、信用评级、房贷车贷、认证情况等,平台还应该披露平台自身的运营信息,包括平台背景、运作模式、管理团队、风险管理措施、财务状况及重大事项等,充分保证投资人的知情权,以增强投资人信心。

10.2.3 众筹的国际监管经验及启示

1. 美国众筹监管经验

众筹虽然诞生于欧盟,但是却兴起于资本市场发达的美国,美国作为全球最大、最活跃的众筹市场,其市场占比超过40%,在监管方面也远远走在世界前列。美国众筹监管的立法过程,也是个不断探索的过程。

2001年9月,首个众筹草案(S.1970)并未通过参议院审核。

2002年3月,二次草案即《创业筹资法(草案)》经众议院审核通过后被纳入"JOBS法案"(审议稿)。

2012年4月5日,美国总统奥巴马正式签署了《初创企业推动法案》(*the Jumpstart Our Business Startups Act*,简称JOBS法案)。

法案推出过程及关于众筹部分的内容简述如下。

2012年3月8号,众议院通过JOBS法案。

2012年3月22日,美国参议院就JOBS法案关于众筹提出修改意见。

2012年3月27日,美国众议院通过了参议院的修改意见并将方案提交给美国总统。

2012年4月5日,美国总统奥巴马签署JOBS法案,使其成为法律。

2013年9月23日,美国JOBS法案(创业公司促进法案)条款Ⅱ开始实施。条款Ⅱ主要针对合规投资人,条款实施前,项目宣传只能私下进行,而现在,合规投资人被认为是有风险意识的,可以进行一般劝诱和广告宣传活动,例如通过互联网、广告和社交网络进行宣传。JOBS法案第三部分将众筹融资从法律层面上规范化和合理化。同时,也从不同方面对众筹的投资方式进行了风险控制。

JOBS法案中涉及众筹的部分约占40%,该法案颁布后,不仅认定了众筹的合法化,还成为美国众筹行业运行的基本法律依据。JOBS法案不仅针对美国众筹融资发展过程中存在的问题提出了监管规定,还以"新兴成长企业"界定众筹平台,并且,对于中介平台的注册登记不再限于经济上和集资门户,也可以在任何相关自律组织登记注册或者依法进行适当的信息披露,赋予众筹一定的豁免权,旨在使小型企业符合美国证券法法规的前提下,更容易获得投资者的青睐,既加强了规范,又进一步推动了众筹行业的发展。

JOBS法案就众筹投资者的法律保护进行了大量的制度安排,对众筹机构有如下规定,具体包括:

(1) 对于融资额度和投资额度设定限制。条例中规定,对于募集者,一个项目在一年内募集资金不能超过100万美元,对于风险过高的项目,起到了分散风险的作用;对于投资者,以年收入(或者个人资产净值,取二者之中较高值)为限,年收入低于4万美元的,投资金额不能超过2 000美元,年收入高于4万美元低于10万美元的,投资金额不能超过总收入的5%,年收入等于或大于10万美元的,投资额不得超过年收入的10%。这样就将投资者高风险投资限定在可承受范围内。

(2) 明确发起人的信息披露义务。相较于传统的证券发行信息披露规则程序烦琐、操作成本较高的缺点,法案对于众筹类的小规模融资信息披露进行简化,增加其便捷性,降低了融资成本。发起人需要披露多方面因素,如果是个人作为项目发起人,就要披露姓名、财务状况和经营现状、融资目的和预期用途、目标融资金额和最后期限等信息。如果是公司,则需要披露的信息较多,除了对公司业务和募集的资金使用计划要披露,还要求披露公司核心成员、董事和占公司20%以上股份的股东的信息,还有证券价格、目标发行量等信息,以及其他应该披露的信息,包括关联交易、公司财务状况和12个月内公司财务报表(必须包括公司的纳税申请表的副本或财务报表)等。筹集资金的用途和年报都要提供给美国证券交易委员会与投资者。项目发起人、经营者和公司董事对公众投资者承担责任,一旦涉及任何实质性虚假陈述或遗漏,投资者就可以要求赔偿损失或是全额退款。在发挥众筹这一新型融资方式推动创新、鼓励中小企业发展的作用的同时,也保护了投资者的合法权益。

(3) 明确了众筹中介的职能和义务。法案规定众筹融资的中介机构必须在证券交易委员会登记为经纪人或是融资平台,才能从事众筹融资的中介活动。项目发起人和投资者必须使用在证券交易委员会登记的众筹平台进行融资,不能直接进行众筹。中介机构还应在自律协会进行登记,接受自律协会的监督;对潜在投资者进行众筹的风险提示和投资者教育,并保护投资者的隐私权,严禁信息泄露;有义务对项目发起人背景进行调查,限制与发起人之间有利益关系。对于众筹平台的具体要求如下:为投资者提供指导材料,对于项目进行尽职调查,对发起人进行信用审核,提供沟通渠道,允许在网站平台上对产品进行讨论,促进众筹证券的发售和销售。禁止的事项有:提供投资意见和建议,拉客购买、出售或是承销证券,持有、控制或是处理投资者的资金或证券,在募集补偿方面施加限制。

2. 对我国启示

美国对众筹的监管措施和法律条款,采取了较为灵活及时的措施,既充分保护了投资者,又在一定程度上放宽了对众筹的限制,以期通过众筹的创新型融资模式,缓解小微企业融资困难的问题,调动金融活动的积极性,提高就业率。除了JOBS法案外,美国对众筹监管的举措还有:将对众筹的监管纳入到现有监管机构的监管范畴,要求除拥有特定豁免权的机构外,第三方支付机构都需要在监管机构登记注册,才能获得准入资格,等等,与此同时,重视高度完整的信息披露和有针对性的风险提示等举措,都值得我国借鉴。

1) 将众筹监管纳入法律规范的范畴

美国的众筹监管制度,采用了将众筹的监管与现有的法律相对接的形式,JOBS法案就对原证券法进行了适度的修改,为众筹的发展提供了制度保障。我国可以借鉴这种模式,逐步修改现有法律法规中关于众筹的相关规定,并根据修订后的法律实施后市场的反应,再进行下一步的修改。在现有法律框架内进行修改的优点是既可以保证监管的效率能够依托于法律的权威性,又不被法律框架所束缚,有利于监管的顺利实施。

2) 明确监管主体,完善监管体系

地方政府的金融机构拥有更加便利的执法条件,并且对当地的金融环境、存在的问题和风险状况更加了然于胸,因此,可以在证监会统一监管的前提下,赋予地方政府相应的管理权限,协助证监会对众筹进行监管。

除了加强政府发挥的监管作用外,还要鼓励行业协会等自律组织的发展,由行业协会以专业化的视角制定行为规范,鼓励行业协会内成员自觉遵守行业规范,加强自我约束,防范风险的发生。

3) 设定众筹平台的进入门槛

众筹平台经营的业务对专业程度的要求较高,不仅需要资深金融从业人员,还需要专业的网络维护人员及专业的法律支持团队,才能保证业务的正常开展。因此,要实现众筹业务的良好运作,需要划定合理的准入门槛,主要从以下两方面加强。

(1) 从平台的角度,对于符合监管要求的众筹平台,平台需取得经营业务许可证才能运营。对平台开展相关业务的团队成员的专业性进行严格的考核,通过考核的业务人员才具有从业资格。

(2) 从筹资者的角度,平台需要对筹资者,即项目的发起人做严格的尽职调查,并对项目进行严格的审核,保证项目的真实性,最大限度地保护处于信息劣势的投资者,减少投资者的经济损失。

严格的准入制度能够提高众筹行业的从业门槛,从源头上提高众筹机构的质量,保障该行业的健康发展。

4) 风险防范措施

(1) 完善信息披露制度。对众筹开展项目筹资业务的监管可以参考我国对证券发行的监管经验,借鉴证券市场公开募集股票的信息披露要求,要求发起众筹的企业提供企业基本信息、发展概况、经营情况、投资团队背景、研发团队背景、技术能力、募集资金的用途、发展规划等方面信息。项目运作期间,筹资者应定期向投资人公开项目的资金流向、运转情况,保障投资者的获悉权。

(2)建立资金托管机制。众筹平台作为中介机构,只能发挥信息匹配的作用,在融资的不同阶段,投资者和筹资者直接在第三方支付账户内进行划转,平台自有资金应该与其他参与者的资金相分离。

5)监管适度原则

众筹模式的发展能够弥补我国融资制度的缺陷,满足市场的融资需求,给投资者提供新的理财渠道,为市场注入活力,刺激经济的进一步发展,因此,我国对众筹的监管,应借鉴国外平衡监管成本与众筹效率的思路。

(1)充分保障参与者的合法权益,制定众筹平台和发行人信息披露、报告、合规等制度,保证投资者利益不被侵犯。

(2)鼓励众筹行业不断创新,使其充分发挥互联网精神,发挥融资功能,提升融资效率,实现普惠金融的美好希冀。

因此,应当采取适度监管的原则,要求平台配合监管的同时不能过多地加重其成本负担,影响众筹业的发展,尽量降低监管成本,提高监管效率,处理好创新与适度监管问题的关系。

10.3 互联网金融其他相关法律法规介绍

10.3.1 虚拟货币监管法律法规

虚拟货币相关规范性文件如表10-5所示。

表10-5 虚拟货币相关规范性文件

颁布时间	规范性文件名称	颁布单位
2007年1月25日	关于规范网络游戏经营秩序查禁利用网络游戏赌博的通知	公安部等四部委
2007年2月15日	关于进一步加强网吧及网络游戏管理工作的通知	文化部等十四部委
2008年9月28日	关于个人通过网络买卖虚拟货币取得收入征收个人所得税问题的批复	国家税务总局
2009年6月4日	关于加强网络游戏虚拟货币管理工作的通知	文化部、商务部
2009年7月20日	"网络游戏虚拟货币发行企业""网络游戏虚拟货币交易企业"申报指南	文化部文化市场司
2010年8月1日	网络游戏管理暂行办法	文化部
2013年12月3日	关于防范比特币风险的通知	中国人民银行等五部委

10.3.2 银行互联网业务监管法律法规

银行互联网业务相关规范性文件如表 10-6 所示。

表 10-6 银行互联网业务相关规范性文件

颁布时间	规范性文件名称	颁布单位
2005 年 11 月 10 日	电子银行业务管理办法	中国银监会
2006 年 1 月 26 日	电子银行安全评估指引	中国银监会
2014 年 4 月 9 日	关于加强商业银行与第三方支付机构合作业务管理的通知	中国银监会、中国人民银行

10.3.3 保险互联网业务监管法律法规

保险互联网业务相关规范性文件如表 10-7 所示。

表 10-7 保险互联网业务相关规范性文件

颁布时间	规范性文件名称	颁布单位
2012 年 5 月 16 日	关于提示互联网保险业务风险的公告	中国保监会
2013 年 9 月 3 日	中国保监会关于专业网络保险公司开业验收有关问题的通知	中国保监会
2014 年 4 月 15 日	关于规范人身保险公司经营互联网保险有关问题的通知（征求意见稿）	中国保监会
2015 年 7 月 22 日	互联网保险业务监管暂行办法	中国保监会
2015 年 9 月 30 日	互联网保险业务信息披露管理细则	中国保监会

参 考 文 献

[1] 吴坤阳. 我国第三方支付存在的问题及监管对策[D]. 合肥：安徽大学, 2015.
[2] 王磊涛. 第三方支付平台的金融监管研究[D]. 烟台：烟台大学, 2015.
[3] 芦盛. 第三方支付平台的监管模式研究[D]. 上海：上海师范大学, 2015.
[4] 杨勇. 第三方支付风险及其防范措施[J]. 甘肃金融, 2016(2)：45-47.
[5] 安从容. 第三方支付平台的法律监管研究[D]. 太原：山西财经大学, 2015.
[6] 兰王盛, 慎劼. P2P 网贷融资平台风险分析及监管探析[J]. 金融发展研究, 2014(11)：86-88.
[7] 王艳红, 安乔治, 王艳霞, 等. 国际网络借贷平台的监管实践与启示[J]. 对外经贸实务, 2015(2)：54-56.
[8] 贾丽平, 邵利敏. P2P 网络借贷的监管边界：理论探讨与中国的检验[J]. 经济社会体制比较, 2015(3)：175-184.
[9] 伍坚. 我国 P2P 网贷平台监管的制度构建[J]. 法学, 2015(4)：92-97.
[10] 胡薇. 股权众筹监管的国际经验借鉴与对策[J]. 金融与经济, 2015(2)：53-56.
[11] 张馨丹. 我国众筹融资法律监管研究[D]. 重庆：西南大学, 2015.
[12] 杨杰钦. 基于国际经验对我国互联网金融监管的探讨[J]. 湖南科技学院学报, 2016, 37(2)：

114-115.

[13] 满鑫,徐娜,李文华,等.股权众筹监管法律问题研究——以美国JOBS法案为借鉴[J].法制与经济(上半月),2015(6):89-91.

[14] 朱永超.股权众筹监管问题研究[D].重庆:西南政法大学,2015.

[15] 胡绍波,司昀鑫.谈我国众筹融资风险管理——基于美国JOBS法案视角[J].改革与战略,2015(11):77-79,117.

[16] 黄健青,刘雪霏,辛乔利,张琦.美国《JOBS法案》出台的背景分析、实施进展及其创新启示[J].国际金融,2015(5):75-80.

[17] 梁家全,陈智鹏.论众筹投资者的法律保护:以美国JOBS法案为例[J].金融法苑,2014(1):44-61.

[18] 孙宝文.互联网金融元年:跨界、变革与融合[M].北京:经济科学出版社.2014.

教师服务

感谢您选用清华大学出版社的教材！为了更好地服务教学，我们为授课教师提供本书的教学辅助资源，以及本学科重点教材信息。请您扫码获取。

❯❯ 教辅获取

本书教辅资源，授课教师扫码获取

❯❯ 样书赠送

财政与金融类重点教材，教师扫码获取样书

 清华大学出版社

E-mail: tupfuwu@163.com
电话: 010-83470332 / 83470142
地址: 北京市海淀区双清路学研大厦 B 座 509

网址: http://www.tup.com.cn/
传真: 8610-83470107
邮编: 100084